Jutta J. Eckes

L'italiano musicale

Jutta J. Eckes

L'italiano musicale

Standard- und Opernitalienisch

Ein Sprachkurs

Bärenreiter Kassel · Basel · London · New York · Prag

Zur Erinnerung an Prof. Dr. Kurt Ringger

Die Deutsche Bibliothek – CIP-Einheitsaufnahme
Ein Titeldatensatz dieser Publikation
ist bei Der Deutschen Bibliothek erhältlich.

Besuchen Sie uns im Internet:
www.baerenreiter.com

© Bärenreiter-Verlag Karl Vötterle GmbH & Co. KG, Kassel 2001
Lektorat: Jutta Schmoll-Barthel
Korrektur: Nicoletta Negri, Silvia Kordes
Innengestaltung und Satz: Dorothea Willerding
CD-Produktion: Christof Kehr. Es sprechen: Rosa Sorg, Vinicio Parma, Andrea Karachalios sowie Jutta Eckes.
Umschlaggestaltung: Jörg Richter, Bad Emstal-Sand
Druck und Bindung: Clausen & Bosse, Leck
ISBN 3-7618-1479-8

Contenuto
Inhalt

Prefazione	Vorwort	7
Uso	Wie Sie mit *L'italiano musicale* arbeiten können	11
Lezione 1 A	Al conservatorio	13
Lezione 1 B	Libretti misti	18
Lezione 2 A	Al concerto	23
Lezione 2 B	Libretti misti	31
Lezione 3 A	Daniela ed il suo amico Massimo	37
Lezione 3 B	Libretti da: *Così fan tutte*; *La Bohème*	45
Lezione 4 A	Cercare uno spartito	51
Lezione 4 B	Libretto da: *Le nozze di Figaro*	60
Lezione 5 A	Prima dello spettacolo	67
Lezione 5 B	Libretti da: *La Traviata*; *Norma*	75
Lezione 6 A	All'esame del concorso	81
Lezione 6 B	Libretti da: *Turandot*; *Don Giovanni*	89
Lezione 7 A	Amanti della musica	95
Lezione 7 B	Libretto da: *Don Carlo*	104
Lezione 8	Ripetizione	111

Contenuto

Lezione 9 A	Contrasti	117
Lezione 9 B	Libretto da: *Cavalleria rusticana*	125
Lezione 10 A	Strumenti musicali	131
Lezione 10 B	Libretti misti	140
Lezione 11 A	Un'intervista	147
Lezione 11 B	Libretto da: *Le nozze di Figaro*	156
Lezione 12 A	Prassi esecutiva	163
Lezione 12 B	Libretto da: *Il trovatore*	171
Lezione 13 A	Gelosia	178
Lezione 13 B	Libretto da: *Tosca*	185
Lezione 14 A	Tra musicisti	193
Lezione 14 B	Libretto da: *Macbeth*	200
Lezione 15 A	I gusti sono gusti	207
Lezione 15 B	Libretti misti	215
Lezione 16	Ripetizione	221
Glossario	Wörterverzeichnis Italienisch – Deutsch	227
Glossario della lirica	Wörterverzeichnis der Opernsprache	237
Soluzioni	Lösungen	242
Citazioni	Nachweis der Opern- und Arienzitate	262
Grammatica	Erläuterung grammatischer Begriffe	264
Indice	Wo finde ich die wichtigsten grammatischen Regeln?	266
Immagini	Abbildungsnachweis	267
	Trackliste	268

Prefazione
Vorwort

L'italiano musicale richtet sich an alle, die nicht *stonati come una campana* (»verstimmt wie eine Glocke«, also unmusikalisch) sind: an Musiker und Sänger, Musik- und Gesangstudierende, Opernliebhaber, Musikwissenschaftler, Chorsänger, Chorleiter, Korrepetitoren und Dirigenten, kurz an jeden, der sich in irgendeiner Weise mit Musik beschäftigt – sei es als Profi oder als Laie.

Italienisch ist nicht nur die Sprache der Oper, sondern die Sprache der Musik schlechthin: Die musikalische Begrifflichkeit ist Italienisch – man denke nur an Vortragsbezeichnungen wie *allegro, lento, adagio* oder an die Namen von Instrumenten wie *Viola da gamba, Oboe d'amore* oder *Piccoloflöte*. *Scherzo, Divertimento* oder *Da capo* sind selbst dem Laien bekannte Begriffe.

Das Angebot an Italienischlehrwerken ist immens, doch behandeln diese keine spezifisch musikalischen Themen. So wird man nach erfolgreich absol-

Prefazione

viertem Standardkurs zwar ein Hotelzimmer reservieren und eine Pizza bestellen können, Fortgeschrittene bringen es vielleicht sogar zur Debatte über den neuesten Polit-Skandal – aber Opernlibretti oder Texte über Musik wird man nicht ohne weiteres verstehen, Gespräche über Musik nur mit Mühe führen, und gesungenes Italienisch kaum richtig artikulieren können.

L'italiano musicale führt Sie ans Konservatorium, ins Theater und zur Musikalienhandlung. Sie lernen italienische Streitereien kennen, die beim gemeinsamen Musizieren entstehen, Sie erfahren etwas über die Vorteile, die es mit sich bringt, wenn man Intendantenkind ist, lernen, wie man an Premierenkarten kommt, Sie nehmen an einem Gespräch über Aufführungspraxis teil oder gehen zum Notenkauf – kurz, Sie werden mit verschiedenen Aspekten des Musiklebens vertraut gemacht, und das entsprechende Vokabular vermittelt sich, fast nebenbei, in kleinen Dialogen oder in Kommentaren am Rande. Dieses Vokabular beinhaltet die Welt »rund um das Opernhaus« ebenso wie spezifische musikalische Begriffe: Tonleitern, Vorzeichen, Intervalle, Instrumentenkunde.

Über das aktuelle »Musiker-Italienisch« hinaus lernen Sie die Besonderheiten der Opernsprache kennen, die vor allem Sängern und Gesangsstudierenden mit Pflichtfach Italienisch häufig Kopfzerbrechen bereitet, weil sie schwierig und unverständlich scheint. *L'italiano musicale* möchte diese Hürde gemeinsam mit Ihnen nehmen und das Opernitalienische so vermitteln, dass Ihnen das Erarbeiten eines Textes – ob Oper oder Oratorium, ob Madrigal oder Messe – sogar Freude bereiten kann.

Auf die besonderen Bedürfnisse der Sänger ist auch der phonetische Teil zugeschnitten: Ausspracheregeln werden erklärt und mit Hilfe der beigefügten CD eingeübt.

Wenn Sie *L'italiano musicale* vollständig durchgearbeitet haben, werden Sie sprachlich nicht für alle Fälle gerüstet sein. Diesen Anspruch hegt das Buch auch nicht. Aber Sie werden viel zu und über Musik sagen können und sicherlich auch in der Lage sein, mit Hilfe eines Wörterbuchs einen Librettotext annähernd zu übersetzen. *L'italiano musicale* gibt Ihnen das dafür notwendige Werkzeug an die Hand.

Prefazione

Es gibt bei *L'italiano musicale* keine unpraktische Trennung zwischen Lehr- und Arbeitsbuch, wie man sie von den meisten Lehrbüchern her kennt. Sie finden hier alles kompakt in einem Band: Lehrbuch, Arbeitsbuch, Glossar und Lösungsschlüssel.

L'italiano musicale ist wie folgt aufgebaut: Es umfasst
- 16 Lektionen (**Lezioni**),
- ein Vokabelglossar (**Glossario**), das in alphabetischer Reihenfolge alle Wörter verzeichnet, die im Buch vorkommen,
- ein Spezialglossar mit Opernvokabeln (**Glossario della lirica**),
- einen Lösungsschlüssel (**Soluzioni**), der die Lösungen zu allen Übungen des Buches enthält,
- Erläuterungen zu den wichtigsten grammatischen Begriffen (**Grammatica**).

Jede der **16 Lezioni** besteht aus einem A- und einem B-Teil: Der A-Teil führt mittels eines Dialogs in – im weitesten Sinne – musikalische Themen ein: Das kann ein Gespräch zwischen zwei Musikern beim Einstudieren eines Stückes sein, kann aber auch die Kontrollfragen einer eifersüchtigen Musiker-Ehefrau zum Gegenstand haben. Diese hörspielhaften Dialoge sind im heutigen Umgangsitalienisch verfasst und dienen dazu, musikalisches Vokabular und bestimmte grammatische Themen einzuführen. Der B-Teil besteht aus Originalzitaten der Opernliteratur. (Den entsprechenden Nachweis der Zitate finden Sie im Anhang). Im B-Teil wird die Grammatik aus dem A-Teil vertieft, erweitert oder ergänzt. Darüber hinaus werden die Besonderheiten der Librettosprache erklärt.

Sowohl A- als auch B-Teil sind immer nach dem gleichen Muster aufgebaut:
- **Dialogo (A)** oder **Libretto (B)**,
- **Vocaboli** (enthält die jeweils neuen Vokabeln der Lektion),
- **Teoria** (erklärt die neuen grammatischen Strukturen),
- **Pratica** (enthält die Übungen zum frisch Erlernten),
- **Parlando** (erklärt die Ausspracheregeln und übt sie mit Hilfe einer **CD** ein – die theoretischen Erläuterungen zur Aussprache finden Sie in der **Teoria**, die Übungen dazu in der **Pratica**).

Prefazione

Eine Ausnahme bilden die Lektionen **8** und **16**, die als **Ripetizione** (Wiederholung) konzipiert sind: Lektion 8 »auf halber Strecke« und Lektion 16, am Ende des Buchs, als letzte Möglichkeit, das Erlernte zu rekapitulieren.

L'italiano musicale hat ein paar Besonderheiten:
- **Die Aufteilung der Seiten**: In der Hauptspalte der Seiten finden Sie den fortlaufenden Text, Grammatik und Übungen, in den Randspalten Kommentare zur Grammatik oder zu speziellen Vokabeln, Übungsanweisungen und Übungshilfen.
- **Die Musikbox** in der Randspalte: Die so überschriebenen Kästchen enthalten musikalisches Vokabular, Erläuterungen zu Operninhalten, Näheres zu den Librettisten, kurz, alles, was sich zum Thema Musik so »beiseite sprechen« lässt. Die **Musikbox** bietet zusätzliche Informationen und lockert den Lernstoff auf.
- **Das Fettgedruckte**: In den Dialogen und Librettotexten gibt es fettgedruckte Stellen. Diese zeigen Ihnen, was in der betreffenden Lektion behandelt wird.
- **Die fettgedruckten Wörter im Vokabelteil** finden Sie in der Randspalte mit Kommentar versehen wieder.
- **Das Wörterverzeichnis der Opernsprache**: Wer *L'italiano musicale* nicht durcharbeiten will, kann zumindest im **Glossario della lirica** typische Begriffe der Opernsprache nachschlagen – denn nicht alle lassen sich ohne weiteres in jedem Standardwörterbuch finden.

Zum Erlernen einer Sprache reichen Lesen und Schreiben allein nicht aus. Man muss sie auch hören und sprechen. Deshalb ist *L'italiano musicale* eine **CD** beigefügt, auf der Sie **Dialogo** und **Libretto**, die Ausspracheübungen (**Parlando**) und auch ein paar musikalische Kostproben finden.

Uso
Wie Sie mit *L'italiano musicale* arbeiten können

L'italiano musicale kann im Unterricht verwendet werden. Beispielsweise im obligatorischen Italienischunterricht, der für Gesangstudierende an Musikhochschulen und Konservatorien angeboten wird. Sie können aber auch im Selbststudium mit dem Buch arbeiten. Den Selbstlernern sei folgende Vorgehensweise empfohlen:

- Sie hören sich **Dialogo** oder **Libretto** von der **CD** an, ohne ins Buch zu schauen. Vielleicht verstehen Sie ja schon das eine oder andere. Sie trainieren dabei außerdem Ihre Fähigkeit, nur über das Zuhören einen Text (wenigstens teilweise) zu erfassen.
- Sie hören **Dialogo** oder **Libretto** ein zweites Mal und lesen leise mit.
- Versuchen Sie beim dritten Hören, laut mitzulesen, auch wenn Sie den Text noch nicht verstehen. Sie dürfen die Sprecher gerne imitieren – so können Sie Ihre Aussprache trainieren.
- Erarbeiten Sie sich den Text mit Hilfe der **Vocaboli**. Übersetzen Sie den Text.
- Lesen Sie den Text noch einmal ohne Zuhilfenahme der CD.

Uso

- Lernen Sie die Vokabeln und nehmen Sie sich dann die **Teoria** vor.
- Machen Sie anschließend die Übungen (**Pratica**). Schreiben Sie die Lösungen am besten in ein Heft, nicht ins Buch – dann können Sie die Übungen beliebig oft wiederholen. Sollte Ihnen der neue Stoff noch nicht geläufig sein, dürfen Sie selbstverständlich auch zurückblättern.
- Machen Sie die Ausspracheübungen der **Parlando**-Teile mit der **CD**, aber auch »trocken«.
- Wenn Sie ein Wort vergessen haben oder einen grammatischen Begriff nicht kennen, konsultieren Sie das Vokabel- oder Grammatikglossar (**Glossario** und **Grammatica**) im Anhang. Dort finden Sie auch den Lösungsschlüssel (**Soluzioni**), mit dem Sie überprüfen können, ob Sie alle Aufgaben richtig gelöst haben.
- Wenn Sie ein bestimmtes Thema wiederholen möchten, können Sie im **Index** nachschlagen: Dort erfahren Sie, wo Sie was finden.
- Interessieren Sie sich für die Opernzitate der **B-Teile**? In der Zitatenliste des Anhangs finden Sie die Textnachweise.

Buon divertimento! **Viel Vergnügen!**

Dialogo · Lezione 1A

Al conservatorio
Am Konservatorium

 2

Che bella **voce**! **Sei un tenore**?
Was für eine schöne **Stimme**! **Bist du (ein) Tenor**?

No, **sono** un baritono.
Nein, **ich bin** (ein) Bariton.

Quando è **la prova** per il coro?
Wann **ist die Probe** für den Chor?

Domani sera.
Morgen Abend.

Musikbox

il soprano	der Sopran
il mezzosoprano	der Mezzo-sopran
il contralto	der Alt
il tenore	der Tenor
il baritono	der Bariton
il basso	der Bass

Al teatro
Am Theater

Signora … signora …
Signora … Signora …

Sì?
Ja?

La prova per *La Traviata* è domani.
Die Probe für die *Traviata* ist morgen.

Prova? *Traviata*? **Non** capisco …
Probe? *Traviata*? Ich verstehe **nicht** …

Ma Lei non è il soprano?
Sind Sie (denn) nicht der Sopran?

No, no, no! Io **sono** la guardarobiera.
Nein, nein, nein! **Ich bin** die Garderobiere.

Oh, scusi …
Oh, entschuldigen Sie …

La Traviata heißt wörtlich übersetzt »die auf Abwege Geratene«.

1 A · Vocaboli

Vocaboli

al	am
il conservatorio	das Konservatorium
che	was für ein/e
bello/a	schön
la voce	die Stimme
sei	du bist
essere	sein
un tenore	ein Tenor
no	nein
sono	ich bin
un baritono	ein Bariton
quando	wann
è	er/sie ist; Sie sind
la prova	die Probe
per	für
il coro	der Chor
domani	morgen
la sera	der Abend
il teatro	das Theater
la signora	die Frau, die Dame
sì	ja
La Traviata	Oper von Verdi
non	nicht, kein
capisco	ich verstehe
capire	verstehen
Lei	Sie
il soprano	der Sopran
io	ich
la guardarobiera	die Garderobiere
scusi	Entschuldigung, entschuldigen Sie

Musikbox

Bis
Zugabe

Kein Mensch ruft in Italien *Da capo*, wenn eine Zugabe gewünscht wird. Stattdessen skandiert man *bis*, was sich frei übersetzen lässt mit »mach's noch mal« (*bis* = ein zweites Mal).
Der Applaus heißt *applauso*.
Missfallen wird mit Pfiffen (*fischi*) zum Ausdruck gebracht.

Musikbox

Il soprano? La soprano?

Beim Stimmfach »Sopran« spricht man von *il soprano*. Ist die Sopranistin gemeint, kann man auch *la soprano* sagen, obwohl das Substantiv männlich ist. Das gilt übrigens auch für die anderen Frauenstimmen: *la mezzosoprano*, *la contralto*.

Teoria · 1 A

Teoria

essere (sein)

(io)	sono	ich bin
(tu)	sei	du bist
(lui/lei; Lei)	è	er/sie ist; Sie sind

Die Verbformen werden **meist ohne Personalpronomen** (*io, tu* ...) verwendet.
Nur wenn die Person hervorgehoben oder von einer anderen unterschieden werden soll, setzt man sie: *tu sei la guardarobiera, ma io sono il soprano.*

Maskulin und Feminin

il teatro   **un** teatro
il = bestimmter Artikel
un = unbestimmter Artikel

Männliche Substantive enden in der Regel auf **-o**.

la prova   **una** prova
la = bestimmter Artikel
una = unbestimmter Artikel

Weibliche Substantive enden in der Regel auf **-a**.

il tenore   **un** tenore
la voce   **una** voce

Substantive auf **-e** können männlich oder weiblich sein. Prägen Sie sich deshalb beim Vokabellernen den Artikel ein.

Verneinen

no	nein
non	nicht, kein
capisco	sono
ich verstehe	ich bin
non capisco	**non** sono
ich verstehe **nicht**	ich bin **nicht**

Wenn Sie einen Satz verneinen wollen, stellen Sie einfach **non** vor das Verb.

15   quindici

1 A · Teoria · Pratica

Parlando

Schreibweise	Aussprache	Beispiel
ch	k	che, Cherubino
c + e, i	tsch	voce, Ceprano
a, e, i, o, u	Vokale einzeln	sei, Lei, Euridice
qu	ku	quando
sc + a, o, u	sk	capisco, scusi
s	am Wortanfang meist stimmlos	sono, sera

Hören Sie die Wörter von der CD und sprechen Sie sie nach. 3

Preisfrage: Aus welchen berühmten Opern stammen Cherubino, Ceprano und Euridice?

Pratica

Wie lautet der unbestimmte Artikel?

1. Sono ...

1. Sono *un* baritono.
2. Sono .... guardarobiera.
3. Sono .... tenore
4. Sono .... soprano.
5. Sono .... signora.
6. Sono .... basso.

Wie heißt die jeweils richtige Form von *essere*?

2. Essere

1. Quando *è* la prova?
2. Io .... la guardarobiera.
3. Ma tu non .... un tenore.
4. La signora .... al conservatorio.
5. Scusi, Lei non .... il soprano?
6. Io .... un baritono.

Pratica · 1 A

3. Il? La?

1. ..... voce
2. ..... coro
3. ..... prova
4. ..... teatro
5. ..... tenore
6. ..... sera
7. ..... conservatorio
8. ..... guardarobiera

Welcher Artikel fehlt?

4. Non

1. Sono un tenore.
   /Non sono un tenore.
2. È una bella voce.
3. Sei la »traviata«.
4. Sono al teatro.
5. La signora è al conservatorio.
6. Sei un tenore.

Verneinen Sie die Sätze.

5. Traducete

1. Der Sopran ist eine schöne Stimme.
2. Die Probe ist am Theater.
3. Ich bin kein Tenor, ich bin ein Bariton.
4. Ich verstehe die Garderobiere nicht.
5. Morgen ist der Chor am Konservatorium.
6. Bist du nicht die »Traviata«?

Übersetzen Sie.

Satz 5: Zeitangaben können am Satzanfang oder am Satzende stehen.

Parlando

voce, concerto, violoncello, che, sei, duetto, oboe, viola, quando, quartetto, capisco, disco, scusi, sono, sera, solo, soprano

 4

Hören Sie die Wörter von der CD und sprechen Sie sie nach.

17   diciassette

1 B   Lezione · Libretto

5

Libretto

1. Ma se colpa io non **ho** …
   Aber wenn **ich** (doch) keine Schuld **habe** …
2. **Ho** trenta **soldi** in tutto!
   Ich habe dreißig **Sous** insgesamt!
3. **Ho** tante **cose** che ti voglio dire …
   Ich habe so viele **Dinge**, die ich dir sagen will …
4. Ed **hai** cor di tradirmi …
   Und **du hast** (das) Herz, mich zu betrügen/verraten …
5. Di sasso **ha** il core, o cor non **ha** …
   Ein Herz von Stein **hat er**, oder **er hat** kein Herz …

Musikbox

Syntax

Die italienische Opernsprache stammt überwiegend aus dem 17. und 18. Jahrhundert und klingt im Vergleich zum heutigen Italienisch ein wenig antiquiert. Das liegt an der oft eigenwilligen Wortstellung. Zerlina (Beispiel 1) würde heute vermutlich sagen: *Ma se io non ho colpa* statt *ma se colpa io non ho*. Und bei Leporello (Beispiel 5) hieße es: *Ha il core di sasso o non ha cor* statt *Di sasso ha il core, o cor non ha*.
Objekte und sonstige nähere Satzbestimmungen stellt man heute brav hinter Subjekt und Prädikat. Der freiere Umgang mit Satzteilen, wie er im Libretto (aber selbstverständlich auch in jeder anderen Art von Dichtung) praktiziert wird, erlaubt zum Glück andere, dramaturgisch oft sinnvollere Akzentuierungen. So kann ein wichtiges Wort auch einen musikalisch wichtigen Platz zugewiesen bekommen.

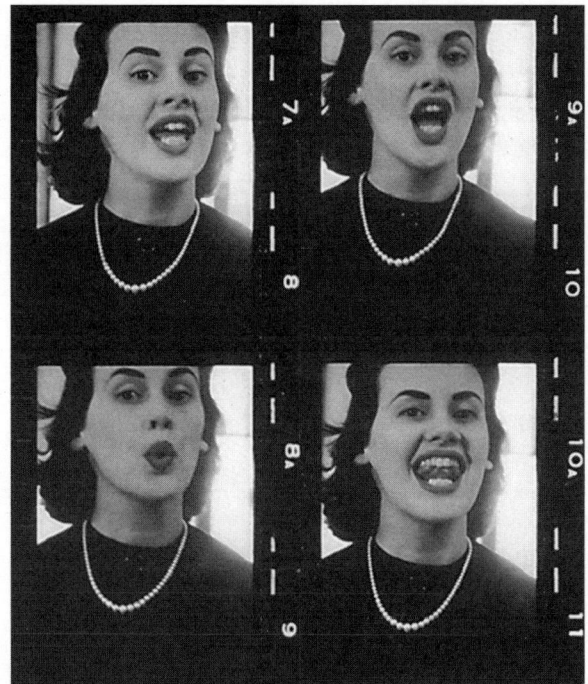

Vocaboli · 1 B

Vocaboli

se	wenn, falls, ob
la colpa	die Schuld
ho	ich habe
avere	haben
trenta	dreißig
i soldi (m, Pl.)	die Sous, das Geld
in tutto	insgesamt
tanti/e	viele
le cose (f, Pl.)	die Dinge
che	die, welche
ti	dir, dich
voglio	ich will
volere	wollen
dire	sagen
ed	und
hai	du hast
il cor(e)	das Herz
di tradirmi	mich zu verraten
tradire	verraten, betrügen
mi	mich, mir
di	von, aus
il sasso	der Stein
ha	er/sie hat; Sie haben
o	oder

Musikbox

Cor? Core? Cuore?

Manchmal lassen Librettisten einfach Vokale weg, z.B. am Ende eines Wortes *cor* statt *core*. Oder mitten im Wort: *cor* statt *cuore*.
Im heutigen Italienisch gibt es nur noch *il cuore*.

1 B · Teoria

Teoria

avere (haben)

(io)	**ho**	ich habe
(tu)	**hai**	du hast
(lui/lei; Lei)	**ha**	er/sie hat; Sie haben

Das **h** wird nicht gesprochen!

Pluralbildung

	Singular	Plural
maskulin	il soldo	i soldi
	il tenore	i tenori
feminin	la cosa	le cose
	la voce	le voci

»Die drei Tenöre« heißen auf Italienisch *I tre tenori*.

Artikel und Endungen der Substantive

	Singular		Plural	
maskulin	il	-o/-e	i	-i/-i
feminin	la	-a/-e	le	-e/-i

Diese Übersicht hilft Ihnen, Substantive, die im Singular auf **-o/-e** (maskulin) bzw. **-a/-e** (feminin) enden, mühelos in den Plural zu setzen: Aus Eins mach Zwei, Drei, Vier ...

Sonderfall:
il conservatorio – i conservatori: Substantive mit unbetontem **-io** am Ende haben im Plural nur ein **i**. Ebenso: *il repertorio* (das Repertoire).

Der Plural *soldi* wird im heutigen Italienisch als Sammelbegriff für »Geld« verwendet.

6

Parlando

Schreibweise	Aussprache	Beispiel
h	stumm	ho, hai, ha
gli	lji	voglio
r	gerolltes Zungen-r	trenta, cor

venti 20

Teoria · Pratica · 1 B

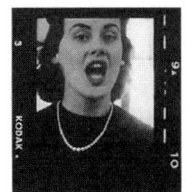

Sprechhilfe

Wer Schwierigkeiten beim gerollten Zungen-r hat, sollte es mit Üben probieren:
1. Sprechen Sie das Wort »bedins« mit lockerer Zunge viele Male hintereinander. Im Idealfall wird aus »bedins« ein »Prinz«.
2. Wiederholen Sie »Tri-Tra-Trullala« (noch besser: »Dri-Dra-Drullala«) immer und immer wieder. Zwingen Sie sich nicht dazu, r zu sprechen, sondern probieren Sie es stattdessen mit l. Versuchen Sie dabei, die Zunge so locker wie möglich in Gaumennähe zu bringen. Wenn es klappt, werden die l zu r.

Pratica

1. Ho, hai, ha

1. La soprano non .... soldi.
2. Tu .... una bella voce.
3. Il coro .... una prova domani.
4. Io non .... un cuore di sasso.
5. Zerlina non .... colpa.
6. Io .... una bella guardarobiera.

Setzen Sie die richtige Form von *avere* ein.

2. Mettete al plurale

1. il baritono — *i baritoni*
2. la signora — ....
3. la sera — ....
4. il teatro — ....
5. il conservatorio — ....
6. la voce — ....

Setzen Sie in den Plural.

Vorsicht bei Wort 5!

1 B · Pratica

7. il coro ....
8. la colpa ....
9. il tenore ....
10. il soldo ....

Setzen Sie das richtige Verb in der richtigen Form ein.

3. *Essere* o *avere*?

1. Tu non .... una prova?
2. La signora non .... colpa.
3. Ma Lei non .... la mezzosoprano?
4. La prova per il coro .... domani.
5. No, no! Io non .... il soprano.
6. Don Giovanni .... il cor di sasso.
7. Ma tu non .... la guardarobiera?
8. Io .... tanti soldi.

Übersetzen Sie.

4. Traducete

1. La guardarobiera ha il cuore di sasso.
2. Ho una bella cosa che ti voglio dire.
3. Quando sei al conservatorio?
4. Lei è un mezzosoprano o un contralto?
5. Non capisco il tenore.
6. Domani sono al teatro.
7. Ho trenta soldi per il baritono.
8. La signora ha una bella voce.

7

Hören Sie die Wörter von der CD und sprechen Sie sie nach.

Parlando

ho, hai, ha, voglio, Guglielmo Tell, trenta, radio, repertorio, recitativo

Dialogo · Lezione 2A

Al concerto
Im Konzert

 8

Scusi, **siamo** in ritardo.
Entschuldigen Sie, **wir sind** zu spät.

Psssss!!!
Pssst!!!

Ma questi **sono** i nostri posti ...
Das sind aber unsere Plätze ...

Come?
Wie?

Sono i nostri posti ...
Das sind unsere Plätze ...

Ma non è possibile ... che numeri **avete**?
Aber das ist doch nicht möglich ... welche Nummern haben Sie?

Ecco, **abbiamo** il 9 ed il 10.
Hier, **wir haben** die 9 und die 10.

No, il 9 è il mio posto!
Nein, die 9 ist mein Platz!

Non capisco ...
Das verstehe ich nicht ...

Signore, Lei non ha il 9, ma il 6!
Signore, Sie haben nicht die 9, sondern die 6!

Oddio ... è vero ... scusi.
Du liebe Zeit, stimmt, Entschuldigung.

I numeri: 1–10
Die Zahlen von 1–10

1 uno
2 due
3 tre
4 quattro
5 cinque
6 sei
7 sette
8 otto
9 nove
10 dieci

23 ventitré

2 A · Dialogo

Durante la pausa
Während der Pause

Com'è il **nuovo** cd con la Bartoli?
Wie ist die **neue** CD mit der Bartoli?

Molto bello.
Sehr schön.

E lei è veramente così **brava** come **cantante**?
Ist sie (denn) wirklich so **gut** als **Sängerin**?

Sì, lei è **brava**, ma anche **il pianista** è **bravo**.
Ja, sie ist **gut**, aber auch **der Pianist** ist **gut**.

Chi è?
Wer ist es?

András Schiff.
András Schiff.

Vocaboli · 2 A

Vocaboli

al concerto	im Konzert
siamo	wir sind
in ritardo	zu spät
il ritardo	die Verspätung
ma	aber
questo	diese/r/s
sono	sie sind; es sind
nostro	unser
il posto	der Platz
come?	wie?
possibile	möglich
che	welche/r/s?
il numero	die Zahl, die Nummer
avete	ihr habt; Sie haben (Pl.)
ecco	hier, bitte sehr
abbiamo	wir haben
ed	und
mio	mein/e/r
oddio!	oh Gott!, du liebe Zeit!
vero/a	wahr
durante	während
la pausa	die Pause
nuovo/a	neu
il cd	die CD
con	mit
molto	sehr, viel
veramente	wirklich
così	so
bravo/a	gut
come	als
il/la cantante	der/die Sänger/in

Musikbox

Ritardo

Das Wort *ritardo* ist Ihnen bekannt als musikalische Vortragsbezeichnung: **ritardando** (langsamer werdend).

e (und) wird zu **ed**, wenn ein Wort mit Vokalanfang folgt: ed *i posti*.

Vollständig heißt das Ding: *il compact disc*.

2 A · Vocaboli · Teoria

anche	auch
il/la pianista	der/die Pianist/in
chi?	wer?

Teoria

essere (sein)

Vergessen Sie nicht, die Anfangs-**s** scharf, also stimmlos zu sprechen!

(io)	**sono**	ich bin
(tu)	**sei**	du bist
(lui/lei; Lei)	**è**	er/sie ist; Sie sind
(noi)	**siamo**	wir sind
(voi)	**siete**	ihr seid; Sie sind (Pl.)
(loro)	**sono**	sie sind

avere (haben)

Das **h** wird nicht gesprochen!

(io)	**ho**	ich habe
(tu)	**hai**	du hast
(lui/lei; Lei)	**ha**	er/sie hat; Sie haben
(noi)	**abbiamo**	wir haben
(voi)	**avete**	ihr habt; Sie haben (Pl.)
(loro)	**hanno**	sie haben

Musikbox

Musiker und Musikerinnen

il/la pianista
            der/die Pianist/in
il/la musicista
            der/die Musiker/in
il/la solista der/die Solist/in

Substantive maskulin und feminin

	Singular	Plural
maskulin	il/un cantante	i cantanti
feminin	la/una cantante	le cantanti
maskulin	il/un pianista	i pianisti
feminin	la/una pianista	le pianiste

Einige Substantive auf -**e** können männlich und weiblich sein. Plural bei beiden auf -**i**.

Teoria · 2 A

Substantive auf -**ista** sind immer männlich und weiblich. Plural bei Maskulina auf -**i**, bei Feminina auf -**e**.

Singular der Adjektive auf –o/a

maskulin	brav**o**
feminin	brav**a**
maskulin	nuov**o**
feminin	nuov**a**
maskulin	Il baritono è brav**o**.
feminin	La guardarobiera è brav**a**.
maskulin	Il cantante è brav**o**.
feminin	La cantante è brav**a**.

Diese Adjektive enden im Singular bei Maskulina (z.B. il baritono, il cantante) auf -**o**, und bei Feminina (z.B. la guardarobiera, la cantante) auf -**a**.

Ebenso:
maskulin	quest**o**
feminin	quest**a**

Musikbox

Bravi!

Das deutsche Publikum verleiht seiner Begeisterung Ausdruck mit einem allgemeinen »Bravo«. Italienische Fans sind genauer: *bravo* wird nur einem Mann zugerufen, *brava* einer Frau, *bravi* gilt allen Künstlern und *brave* einer reinen Frauentruppe.

2 A · Pratica

Parlando

Scharfes s:
1. soprano, sera, signora
2. conservatorio
3. sasso, possibile
4. **sc, sf, sp, sq, st:** scusi, staccato, orchestra

Weiches s:
1. co**s**a, s**c**usi
2. **sb, sd, sg, sl, sm, sn, sv**

1. am Wortanfang, wenn Vokal folgt,
2. nach Konsonant,
3. bei Doppel-**s**,
4. in Kombinaton mit folgenden Konsonanten:

1. zwischen zwei Vokalen,
2. in Kombination mit folgenden Konsonanten:

Pratica

1. Mettete le forme di *essere*

Setzen Sie die passenden Formen von *essere* ein.

1. Noi .... musicisti.
2. Tu .... un tenore o un baritono?
3. Il nuovo cd .... molto bello.
4. La Bartoli .... una cantante brava.
5. I cantanti .... al conservatorio.
6. Ma tu non .... un pianista?
7. Domani voi .... al conservatorio.
8. Oddio! Io .... in ritardo.

2. Coniugate in tutte le forme

Konjugieren Sie in allen Formen.

1. avere un posto
2. avere una pausa
3. avere un concerto domani

Pratica · 2 A

3. Mettete la forma del plurale
1. Abbiamo due *concerti*. (il concerto)
2. Il teatro ha nove .... (il posto)
3. Sono otto .... (la pianista)
4. I due .... hanno una prova. (il cantante)
5. Noi quattro .... abbiamo una pausa. (la guardarobiera)
6. Questi tre tenori sono .... (il solista)
7. È un coro per dieci .... (la voce)
8. Abbiamo cinque .... (la prova)

Bilden Sie die Pluralform.

4. Qual è la desinenza corretta?
1. Abbiamo un teat*ro* nuo*vo*.
2. La nuov... cantant... è molto bell... .
3. Il pianist... è brav... .
4. Il bariton... ha una bell... voc... .
5. Il cor... ha una prov... .
6. Il mio post... è il numer... nove.
7. La Bartoli è così brav... come cantant... .
8. Quest... è il mio post... .
9. Com'è la nuov... cantant... ?

Wie lautet die richtige Endung?

5. Mettete la parola che manca
abbiamo – sei – sono – avete –
ha – hanno – siete – ho

1. Voi .... una prova domani.
2. Questi .... i nostri posti.
3. La cantante .... una bella voce.
4. Noi ...... il posto numero 9 ed il numero 10.
5. I musicisti .... una pausa.
6. Tu non .... il soprano?
7. Voi due .... tenori?
8. Io .... un concerto al conservatorio.

Setzen Sie das fehlende Wort ein.

2 A · Pratica

6. Traducete

Übersetzen Sie.

1. Wir haben fünf Tenöre am Theater.
2. Diese Musikerin ist wirklich gut.
3. Aber das (dieses) ist nicht mein Platz!
4. Der Mezzosopran hat eine schöne Stimme.
5. Ihr habt während der Pause eine Probe.
6. Du bist nicht so gut als Pianist.
7. Der Chor hat zehn Sänger.

In Satz 5 gehört »während der Pause« entweder an den Satzanfang oder ans Satzende.

10

Hören Sie die Wörter von der CD und sprechen Sie sie nach.

Parlando

basso, cosa, soprano, essere, così, pianista, possibile, pausa, scusi, sasso, signora, soldo, conservatorio

2 B
Libretto · Lezione

Libretto

 11

1. Pari siamo! Io la lingua, **egli** ha il pugnale.
   Wir sind gleich! Ich (habe) die Sprache, (und) **er** hat den Dolch.

2. **Bisogno abbiamo** della vostra amicizia.
   Wir brauchen eure Freundschaft.

3. Ma cosa **avete**?
   Aber was **habt Ihr**?

4. Ma i fior ch'io faccio non **hanno** odore.
   Aber die Blumen, die ich mache, **haben** keinen Duft.

5. La donna è **mobile**.
   Die Frau ist **unbeständig**.

6. Bella voi siete e **giovane**.
   Schön seid Ihr und **jung**.

7. Il tuo **crudel** destino …
   Dein **grausames** Schicksal …

Musikbox

Anrede

Die zweite Person Plural (*avete, siete*) dient in der Oper meist als höfliche Anrede für eine Person.

2 B · Vocaboli

Vocaboli

pari	gleich
la lingua	die Sprache, die Zunge
egli	er
il pugnale	der Dolch
avere bisogno di	brauchen
la vostra	eure
l'amicizia	die Freundschaft
il fiore	die Blume
faccio	ich mache
fare	machen, tun
l'odore (m)	der Geruch, der Duft
la donna	die Frau
mobile	unbeständig
voi	ihr
e	und
giovane	jung
il tuo	dein
crudel(e)	grausam
il destino	das Schicksal

Musikbox

egli + ella

stehen im Libretto oft anstelle von *lui + lei*. *Egli* taucht dabei manchmal in der verkürzten Form *ei* auf.
Auch *desso* und *dessa* werden als Personalpronomen für *lui* und *lei* gerne verwendet.

Teoria · 2 B

Teoria

Adjektive auf -e

mobile
giovane
crudele
possibile

Adjektive mit der Endung -e gelten sowohl für männliche als auch für weibliche Substantive im Singular:

il baritono giovane   **la** donna giovane
il tenore crudele   **la** cantante crudele.

Wiederholung:
il baritono *bravo*
il cantante *bravo*
la signora *bella*
la cantante *bella*

Sie haben schon einige Adjektive auf **-o/-a** kennengelernt: *caro/a, nuovo/a, bravo/a.*
Die Endung **-o** steht bei männlichen, die Endung **-a** bei weiblichen Substantiven im Singular.

Der Artikel l'

Substantive, die mit Vokal (a, e, i, o, u) anfangen, haben im Singular den bestimmten Artikel **l'**. Der unbestimmte Artikel ist

für Maskulina einfach **un**,
für Feminina **un'**.

maskulin   l'odore   **un** odore
feminin   l'amicizia   **un'**amicizia

2 B · Teoria · Pratica

avere bisogno di (brauchen)

Man muss nur **avere** konjugieren und **bisogno di** einfach dahinter stellen:

Wörtlich übersetzt heißt diese Redewendung »Bedarf haben an«.

ho bisogno di	ich brauche
hai bisogno di	du brauchst
ha bisogno di	er/sie braucht; Sie brauchen
abbiamo bisogno di	wir brauchen
avete bisogno di	ihr braucht
hanno bisogno di	sie brauchen

Parlando

 12

Das **i** in den Beispielen *gia, gio, giu* ist meist stumm. Nur wenn es betont ist, wird es gesprochen: z.B. *regia* (Regie).

Schreibweise	Aussprache	Beispiel
gia	dscha	Gianni
gio	dscho	giovane, adagio
giu	dschu	Giuseppe
ge	dsche	Germont
gi	dschi	Gilda
gn	nj	pugnale, bisogno

Pratica

1. Come sono le desinenze?

Wie lauten die Endungen?

1. La soprano ha una voce giovan. . . .
2. I fiori di Mimì sono bell. . . .
3. È possibil. . . **fare amicizia** con un tenore.
4. Abbiamo cinque baritoni nuov. . . .
5. La pianista è molto brav. . . .
6. Questa donna è così crudel. . . .
7. Chi sono quest. . . cantanti?
8. Queste voci sono nuov. . . .

fare amicizia hat die Bedeutung von »Freundschaft schließen«.

In Satz 7 gibt es zwei Lösungen!

Pratica · 2 B

2. Mettete l'articolo determinativo

1. *il* concerto
2. ...... lingua
3. ...... soldi
4. ...... pugnale
5. ...... odore
6. ...... pause
7. ...... fiore
8. ...... amicizia
9. ...... sera
10. ..... cantante
11. ..... solisti
12. ..... teatri

Setzen Sie den bestimmten Artikel ein.

In 10. gibt es zwei Lösungen!

3. Mettete l'articolo indeterminativo

1. *un* numero
2. ...... prova
3. ...... voce
4. ...... conservatorio
5. ...... amicizia
6. ...... colpa
7. ...... odore
8. ...... pianista
9. ...... sasso
10. ..... destino
11. ..... ritardo
12. ..... pausa

Setzen Sie den unbestimmten Artikel ein.

In 8. gibt es zwei Lösungen!

2 B · Pratica

4. Mettete le forme di *avere*

Setzen Sie die Formen von *avere* ein.

1. La signora ... *ha* .... bisogno di tanti soldi.
2. Tu .... bisogno di un posto.
3. Noi .... bisogno di un nuovo cd.
4. I cantanti .... bisogno di una pausa.
5. Il teatro .... bisogno di due tenori.
6. Io .... bisogno di una guardarobiera.
7. Voi .... bisogno di una bella amicizia.
8. Il coro .... bisogno di due solisti.

Übersetzen Sie.

5. Traducete

1. Egli ha un posto, io ho un pugnale.
2. La donna ch'io ho è crudele.
3. Brava voi siete, ma mobile.
4. Bisogno abbiam di musicisti bravi.
5. Don Giovanni ha bisogno di 10 donne.
6. Belli siamo: lui è un baritono, io sono un tenore.
7. Il destino che voi avete non è crudele.

13

Hören Sie die Wörter von der CD und sprechen Sie sie nach.

Parlando

Don **Gio**vanni, **Giu**seppe Verdi, **Gio**rgio **Ge**rmont, **Gi**lda, **Giu**lio **C**esare in **E**gitto, re**gia**, si**gn**ora, biso**gn**o, Pietro Mascagni

Dialogo · Lezione 3A

Daniela ed il suo amico Massimo
Daniela und ihr Freund Massimo

 14

Hai già un biglietto per la prima, Daniela?
Hast du schon eine Karte für die Premiere, Daniela?

No, Massimo, ancora no.
Nein, Massimo, noch nicht.

Allora, **compro** un biglietto anche per te?
Also **kaufe ich** für dich auch eine Karte?

Mmh, non so quanto **costa** …
Mmh, ich weiß nicht, was das **kostet** …

Non **costano** molto … ci sono **i biglietti ridotti** per studenti.
Die **kosten** nicht viel … es gibt **reduzierte** (Studenten-)**karten**.

Cioè?
Das heißt?

Circa quindici euro per un biglietto di galleria.
Ungefähr fünfzehn Euro für eine Karte im Rang.

Non so …
Ich weiß nicht …

Ma dai, quindici euro per una messa in scena così intelligente!
Na komm, fünfzehn Euro für eine so intelligente Inszenierung!

Mmh …
Mmh …

Anche **le voci** sono **belle** …
Auch **die Stimmen** sind **schön** …

Ok, va bene.
Ok, in Ordnung.

Musikbox

A teatro
Im Theater

il biglietto omaggio
　　die Freikarte
il biglietto ridotto
　　die reduzierte Karte
il biglietto die Eintrittskarte
il ridotto das Foyer
la messa in scena
　　die Inszenierung
la platea das Parkett
la prima galleria
　　der erste Rang
la prima die Premiere
la seconda galleria
　　der zweite Rang
la terza galleria
　　der dritte Rang

3 A · Dialogo

Daniela ed il tenore
Daniela und der Tenor

Hai già un biglietto per la prima, Daniela bella?
Hast du schon eine Karte für die Premiere, schöne Daniela?

Sì, Massimo **compra** i biglietti.
Ja, Massimo **kauft** die Karten.

Ah, Massimo, **il tuo** pianista!
Ah, Massimo, **dein** Pianist!

Non è **il mio** pianista!
Er ist nicht **mein** Pianist!

Ma ... io ho ad ogni modo un biglietto per te.
Na ... ich habe jedenfalls eine Karte für dich.

E quanto **costa**?
Und was **kostet** die?

Niente ... è un biglietto omaggio, seconda fila in platea.
Nichts ... das ist eine Freikarte, zweite Reihe im Parkett.

Musikbox

Intervalli

Musiker können sich die italienischen **Ordnungszahlen** leicht merken, denn sie entsprechen den Intervallbezeichnungen:

primo/a	erste/r/s	Prime
secondo/a	zweite/r/s	Sekunde
terzo/a	dritte/r/s	Terz
quarto/a	vierte/r/s	Quarte
quinto/a	fünfte/r/s	Quinte
sesto/a	sechste/r/s	Sexte
settimo/a	siebte/r/s	Septime
ottavo/a	achte/r/s	Oktave
nono/a	neunte/r/s	None

Dialogo · Vocaboli · 3 A

Mmmh, non **suona** male.
Mmmh, **klingt** nicht schlecht.

Allora?
Also?

Ti **telefono** stasera.
Ich **rufe** dich heute Abend **an**.

Vocaboli

il suo	sein, ihr, Ihr
l'amico	der Freund
già	schon
il biglietto	die Eintrittskarte
la prima	die Premiere
ancora	noch
allora	also
comprare	kaufen
per te	für dich
so	ich weiß
sapere	wissen
quanto?	wie viel?
costare	kosten
ci sono	da sind, es gibt
ridotto	reduziert, vergünstigt
lo studente	der Student, der Schüler
cioè	das heißt
circa	ungefähr
quindici	fünfzehn
l'euro	der Euro
di galleria	im Rang
dai!	komm schon, los
la messa in scena	die Inszenierung

Musikbox

Biglietto

In der Oper kann **biglietto** auch ein Liebesbrief sein, ansonsten hat *biglietto* meist die Bedeutung von »Fahrkarte« (auch »Flugticket«).

Ridotto

Das *ridotto* im Theater ist das Foyer.

lo studente: Maskulina, die mit s + Konsonant (st, sp, sc ...) anfangen, haben den Artikel *lo*.

la messa in scena kann auch in einem Wort geschrieben werden: *la messinscena*.

3 A · Teoria

intelligente	intelligent
va bene	in Ordnung
ad ogni modo	jedenfalls
niente	nichts
(biglietto) omaggio	Frei(-karte)
secondo	zweite/r/s
la fila	die Reihe
la platea	das Parkett
suonare	klingen
male	schlecht
telefonare	anrufen
stasera	heute Abend

Es gibt 3 Gruppen regelmäßiger Verben. Sie sind regelmäßig, weil sie immer nach dem gleichen Muster gebildet werden. Eine davon ist die Gruppe auf -are.

Beispiele im Satz:
Suono il pianoforte.
　　Ich spiele Klavier.
Suoni il violoncello.
　　Du spielst Cello.
Suona il clavicembalo.
　　Er/Sie spielt Cembalo.
Suoniamo il violino.
　　Wir spielen Violine.
Suonate il clarinetto.
　　Ihr spielt Klarinette.
Suonano la tromba.
　　Sie spielen Trompete.

suonare + Artikel + Instrument

Ebenso:
cantare (singen)

Teoria

Regelmäßige Verben auf -are

comprare	kaufen
costare	kosten
suonare	klingen, spielen (von Instrumenten)
telefonare a	telefonieren, anrufen bei

Die Konjugation wird so gebildet: Man hängt das -are ab, und an den Wortstamm, der übrig bleibt, kommen folgende Endungen:

(io)	compr-**o**	ich kaufe
(tu)	compr-**i**	du kaufst
(lui/lei; Lei)	compr-**a**	er/sie kauft; Sie kaufen
(noi)	compr-**iamo**	wir kaufen
(voi)	compr-**ate**	ihr kauft; Sie kaufen (Pl.)
(loro)	compr-**ano**	sie kaufen

Teoria · 3 A

Possessivpronomen, Singular

Singular, maskulin		Singular, feminin	
il mio	mein	la mia	meine
il tuo	dein	la tua	deine
il suo	sein/ihr; Ihr	la sua	seine/ihre; Ihre
il nostro	unser	la nostra	unsere
il vostro	euer	la vostra	eure
il loro	ihr	la loro	ihre

1. Im Allgemeinen werden Possessivpronomen mit Artikel benutzt: **il** mio, **la** nostra ...
2. Das Possessivpronomen richtet sich nach dem Substantiv, auf das es sich bezieht:
   il nostro clarinetto (unsere Klarinette)
   la nostra tromba (unsere Trompete)
3. **il** suo (sein/ihr); **la** sua (seine/ihre)

Verwechslungsgefahr!

il suo violino (seine/**ihre** Violine)
(die Violine einer Person)
il loro violino (**ihre** Violine)
(die Violine mehrerer Personen)

la sua viola (seine/**ihre** Viola)
(die Viola einer Person)
la loro viola (**ihre** Viola)
(die Viola mehrerer Personen)

Adjektive im Plural

	Singular	Plural
m	il biglietto ridotto	i biglietti ridotti
	il tenore bravo	i tenori bravi
	il pianista intelligente	i pianisti intelligenti
f	la lingua bella	le lingue belle
	la cantante brava	le cantanti brave
	la musicista giovane	le musiciste giovani

Endungen der Adjektive

	Singular	Plural
maskulin	–o	–i
	–e	–i
feminin	–a	–e
	–e	–i

Wie Adjektive werden auch behandelt:
1. *questo, questa, questi, queste*
2. Ordnungszahlen: *il **primo** tenore*, la **seconda** fila

3 A · Teoria · Pratica

Eine Ausnahme bilden die Substantive auf **–ista**:
il pianista *i pianisti*
la pianista *le pianiste*

Wenn Substantive und Adjektive zusammenkommen, müssen die Endungen nicht unbedingt identisch sein. Bilden Sie daher den Plural einzeln für jedes Wort nach der Regel:

Singular		Plural
aus -o	wird	-i
aus -a	wird	-e
aus -e	wird	-i

Diese Regel gilt für Adjektive und Substantive.

15

Parlando

Schreibweise	Aussprache	Beispiel
sce	sche	scena
sci	schi	sciccheria
qu	ku	quando, questo

sc + e oder **i** wird gesprochen wie **sch** (in Schule).

Kaum zu glauben, aber die *sciccheria* ist wirklich die »Schickeria«.

Bei der Aussprache von **qu** muss das **u** hörbar werden. Kein **w** sprechen!

Pratica

1. Quale strumento suonano?

Welches Instrument spielen diese Personen?

1. La cantante .... il pianoforte.
2. Voi .... il violoncello.
3. I due bassi .... il violino.
4. Tu .... la tromba.
5. Il mio amico ed io .... l'oboe.
6. Io .... il clavicembalo.
7. Il baritono .... la viola.

Pratica · 3 A

2. Combinate

1. I biglietti
2. Io
3. Tu
4. Lo studente
5. Noi
6. Daniela e Max
7. Voi

a. compra un biglietto.
b. non costano molto.
c. suonate la viola.
d. telefonano al teatro.
e. compri un cd.
f. cantiamo un concerto.
g. ti telefono stasera.

Kombinieren Sie.

3. Mettete l'aggettivo possessivo

1. ..... *la mia* ...... colpa (meine)
2. .... amico (ihr)
3. .... prova (unsere)
4. .... duetto (euer)
5. .... voce (seine)
6. .... destino (dein)
7. .... lingua (ihre)
8. .... cuore (mein)
9. .... pianoforte (unser)

Setzen Sie die Possessivpronomen ein.

4. Mettete al plurale

1. Il baritono è molto bravo.
   I baritoni sono molto bravi.
2. Questo biglietto non è ridotto.
3. La cantante è *veramente* brava.
4. Il pianista è ancora giovane.
5. Questa guardarobiera è intelligente.
6. Il repertorio non è nuovo.
7. La donna è mobile.
8. La vera amicizia è bella.

Setzen Sie in den Plural.

Vorsicht: Adverbien (hier zum Beispiel *molto, veramente*) werden nicht verändert.

3 A · Pratica

Übersetzen Sie.

5. Traducete

1. Ich habe einen Platz im Rang.
2. Es gibt noch zwei Karten, vierte Reihe im Parkett.
3. Singt ihr euer Duett heute Abend?
4. Für die Inszenierung brauchen wir zwei Tenöre.
5. Die neuen Musiker spielen auch während der Pause.
6. Wann kaufst du die Karten?
7. Das (dieses) ist die fünfte Reihe, aber wir (noi) haben die achte (l'ottava).
8. Du spielst also Klavier und Cembalo.

Setzen Sie in Satz 8 das *allora* an den Anfang.

16

Hören Sie die Wörter von der CD und sprechen Sie sie nach.

Parlando

scena, cres**c**endo, **sc**ellerato
quando, **qu**anto, **qu**artetto, **qu**arto, **qu**esto, **qu**into

Libretto · Vocaboli · Lezione

Libretto

 17

1. **Facciam** presto, o cari amici,
   Machen **wir** schnell, oh liebe Freunde,

   alle faci il fuoco **diamo**.
   geben wir **den** Fackeln Feuer.
   (zünden wir die Fackeln an.)

   E la mensa prepariamo
   Und bereiten wir die Tafel

   con ricchezza e nobiltà.
   mit Reichtum und Vortrefflichkeit.

2. Mi chiamano Mimì,
   Sie nennen mich Mimì,
   (Man nennt mich Mimì,)

   ma il mio nome è Lucia.
   aber mein Name ist Lucia.

   La storia mia è breve. **A** tela o **a** seta
   Meine Geschichte ist kurz. **Auf** Leinwand oder **auf** Seide

   ricamo in casa e fuori.
   sticke ich zu Hause und außerhalb.

Musikbox
Presto (schnell) ist Ihnen als Vortragsbezeichnung bekannt.

Vocaboli

facciamo	wir machen
presto	schnell
caro/a	lieb, teuer
alle	den
la face	die Fackel
il fuoco	das Feuer
diamo	wir geben

Musikbox
fuoco: in der Opernsprache oft *foco*

3 B · Vocaboli

Mensa hat heute die Bedeutung von »Kantine«. Der Tisch, die Tafel hieße heute *tavola*.

dare	geben
la mensa	die Tafel, der Tisch
preparare	(vor-)bereiten
la ricchezza	der Reichtum
la nobiltà	die Vortrefflichkeit, der Adel
chiamare	nennen, rufen
il nome	der Name
la storia	die Geschichte
breve	kurz
a	auf
la tela	die Leinwand
la seta	die Seide
ricamare	sticken
in	in
la casa	das Haus
fuori	außerhalb, draußen

Teoria

Die Präposition *a*

1. Ortspräposition (Wo? Wohin?)

Sono **al** teatro.	Ich bin **am/im** Theater.
Vado **al** teatro.	Ich gehe **zum** Theater.

a teatro oder *al teatro*? Normalerweise sagt man *a teatro*. Nur wenn ein bestimmtes Theater gemeint ist oder der Name folgt, sagt man *al teatro*.

Ebenso:
al conservatorio	am Konservatorium, zum Konservatorium
al concerto	beim Konzert, zum Konzert
alla prova	auf der/bei der Probe, zur Probe

Sie kennen *a* bisher als Präposition der Ortsangabe. Das *a* steht hier als Antwort auf die Frage »Wo?« »Wohin?«

Teoria · 3 B

2. Dativ (Wem?)
Alle faci il fuoco diamo.   Geben wir den Fackeln
                            (das) Feuer.

Hier wird *a* als Präposition für den Dativ eingeführt und steht als Antwort auf die Frage »Wem?«

3. Mittel (Wie? Womit?)
a tela o a seta   auf Leinwand oder auf Seide

a beschreibt hier, wie oder womit etwas gemacht wird.

a kann alleine stehen (z.B. bei Namen: *a* Palermo, *a* Claudia), wird aber meistens mit dem bestimmten Artikel verknüpft:

	Singular	Plural
m	a + il = al	a + i = ai
f	a + la = alla	a + le = alle
m + f	a + l' = all'	

Ausnahme bei **2**:
Telefono al tenore.
Ich rufe den Tenor an.

telefonare erfordert im Italienischen den Dativ: »Wem rufe ich an?« – »Ich rufe dem Tenor an.« So könnte die komische Übersetzung ins Deutsche lauten.

Unregelmäßige Verben

fare (machen)

(io)	**faccio**	ich mache
(tu)	**fai**	du machst
(lui/lei;Lei)	**fa**	er/sie macht; Sie machen
(noi)	**facciamo**	wir machen
(voi)	**fate**	ihr macht; Sie machen (Pl.)
(loro)	**fanno**	sie machen

Das unregelmäßige Verb *fare* haben Sie in Lezione 2 B schon kennengelernt:
ma i fior ch'io faccio non hanno odore

Bei *fare* gibt es auch verkürzte Formen:
fo = faccio
fan = fanno
Così fan tutte. (So machen es alle.)

fare amicizia
Freundschaft schließen
fare un biglietto
eine Fahr-(Eintritts-)karte kaufen
fare la fila
Schlange stehen

3 B · Teoria · Pratica

dare (geben)

(io)	**do**	ich gebe
(tu)	**dai**	du gibst
(lui/lei; Lei)	**dà**	er/sie gibt; Sie geben
(noi)	**diamo**	wir geben
(voi)	**date**	ihr gebt; Sie geben (Pl.)
(loro)	**danno**	sie geben

Die 3. Person Plural kann auch mit »man« übersetzt werden:
Mi chiamano Mimi.
Man nennt mich Mimi.
Danno il Rigoletto.
Man gibt den Rigoletto.

danno (sie geben) = **man gibt** (ein Stück am Theater)

18

Parlando

Für die Aussprache des **z** gibt es keine feste Regel. Es kann stimmhaft (**ds**) oder stimmlos sein (**ts**). In halbwegs akzeptablen Wörterbüchern wird das kenntlich gemacht. Sie kennen bisher:

Sie erinnern sich an die Aussprache von **ch (k)**. Die gilt auch für **cch**, wie in *ricchezza*.

stimmlos	stimmhaft
ami**c**izia	me**zz**osoprano
	ricche**zz**a

Pratica

Verknüpfen Sie die Präposition *a* mit dem Artikel und dem passenden Wort.

1. Combinate

alla – ai – alla – al – alla – ai – al – all' – alla – al

1. . . . . concerto
2. . . . . mensa
3. . . . . orchestra

quarantotto 48

Pratica · 3 B

4. . . . . coro
5. . . . . cantanti
6. . . . . voce
7. . . . . teatro
8. . . . . prova
9. . . . . pianisti
10. . . . . . . guardarobiera

2. Mettete la preposizione *a* con l'articolo

Setzen Sie die Präposition *a* mit Artikel ein.

1. Suono il violoncello . . . . . . **al** . . . . teatro.
2. Stasera ci sono due musicisti . . . . prova.
3. Domani vado . . . . concerto.
4. Quando dai il biglietto . . . . signora?
5. Telefoniamo . . . . guardarobiere.
6. . . . . faci il fuoco diamo.
7. Danno la pausa . . . . orchestra.
8. Il pianista suona . . . . conservatorio.
9. Io telefono . . . . tre tenori.

Musikbox

Auch in musikalischen Vortragsbezeichnungen gibt es die Verbindung a + Artikel:
alla marcia (wie ein Marsch)
alla turca (auf türkische Art)

3. Come sono le forme di *fare*?

Wie lauten die Formen von *fare*?

1. Massimo . . . . un biglietto per la prima.
2. Quando . . . . la pausa? (noi)
3. Come . . . . la messa in scena? (loro)
4. Io . . . . amicizia con la mezzo-soprano.
5. E tu? Che cosa . . . . dopo la prova?
6. . . . . la fila per i biglietti? (voi)
7. . . . . un nuovo cd. (noi)

Satz 5: *Che cosa?* (Welche Sache? = Was?)

3 B · Pratica

Wie lauten die Formen von *dare*?

4. Come sono le forme di *dare*?

1. .... il cd alla signora. (noi)
2. Ti .... il mio biglietto. (io)
3. Che cosa .... stasera al teatro?
4. Il tenore non .... il pugnale a *Rigoletto*.
5. .... un pianoforte al pianista! (voi)
6. Quando mi ...... un posto in prima fila? (tu)
7. .... il fuoco alle faci! (noi)

Übersetzen Sie.

Satz 1: So beginnt eine der großen Cherubino-Arien in *Le nozze di Figaro* (Die Hochzeit des Figaro).

5. Traducete

1. Non so più cosa son, cosa faccio.
2. Fate presto, o cari amici!
3. Mi chiamano Rudi, ma il mio nome è Rodolfo.
4. Diamo la seta alla signora Mimì.
5. Preparo la mensa con ricchezza e nobiltà.
6. Quando suoni al conservatorio?
7. Stasera danno *La Cenerentola*.

Satz 7: *Cenerentola* = Aschenputtel

19

Hören Sie die Wörter von der CD und sprechen Sie sie nach.

Machen Sie die Übung auch »trocken«, ohne CD, um zu überprüfen, wie sicher Sie in der Aussprache sind.

Parlando

c = k? c = tsch?

orchestra, ricamare, chiamare, face, amico, ricchezza, che, ci, fuoco, circa, crudele, coro, Cenerentola, Cecilia, Caruso

z stimmlos

ricchezza, pizzicato, amicizia

z stimmhaft

mezzo

Dialogo · Lezione 4A

Cercare uno spartito
Noten suchen

 20

Dove **vai**, Giuseppe?
Wohin **gehst du**, Giuseppe?

Vado in un negozio di musica.
Ich gehe in eine Musikalienhandlung.

vai und *vado* sind Formen des Verbs *andare* (gehen, fahren): Siehe Lezione 3 B.

E cosa **cerchi**?
Und was **suchst du**?

Tanto non **conosci** il compositore, perché **chiedi** allora?
Du kennst den Komponisten sowieso nicht, warum **fragst du** also?

Perché mi interessa, cafone!
Weil es mich interessiert, Stoffel!

4 A · Dialogo

Va bene, Chiara, **cerco qualcosa di** Franck.
Nun gut, Chiara, **ich suche etwas von** Franck.

Franck? **Lo zio** ha qualcosa di Franck!
Franck? Mein (**der**) **Onkel** hat was von Franck!

Davvero?
Tatsächlich?

Ecco: musica di Franck … Liszt, a no, è Franzz!
Hier: Musik von Franck … Liszt, ach nein, Franzz!

Al negozio di musica
In der Musikalienhandlung

Desidera?
Sie wünschen?

Cerco qualcosa di César Franck.
Ich suche etwas von César Franck.

Per quale strumento, signore?
Für welches Instrument, Signore?

Flauto e pianoforte.
Flöte und Klavier.

Flauto e pianoforte, flauto e pianoforte …?
Flöte und Klavier, Flöte und Klavier …?

Sì, è la sonata in La minore
Ja, es ist die Sonate in a-Moll.

Ah, sì, ma l'originale è per violino e pianoforte.
Ach ja, aber das Original ist für Violine und Klavier.

Sì, ma c'è anche una versione per flauto e pianoforte.
Ja, aber es gibt auch eine Version für Flöte und Klavier.

Mmh … **vediamo** …
Mmh, (wir) wollen mal (nach-)**sehen** …

Musikbox
Rund um die Musik

il compositore	der Komponist
lo spartito	die Noten, der Klavierauszug
lo strumento	das Instrument
la sonata	die Sonate
minore	Moll
maggiore	Dur

Vocaboli · 4 A

Vocaboli

cercare	suchen, versuchen
uno spartito	Noten, ein Klavierauszug
dove?	wo, wohin
andare	gehen, fahren
il negozio di musica	die Musikalienhandlung
cosa	was
tanto	hier: sowieso
conoscere	kennen(-lernen)
il compositore	der Komponist
perché	weil, warum
chiedere	fragen, verlangen
interessare	interessieren
il cafone	der Stoffel
qualcosa di	etwas von
lo zio	der Onkel
davvero	wirklich, tatsächlich
la musica	die Musik
desiderare	wünschen
quale?	welche/r/s?
lo strumento	das Instrument
il signore	der Herr
il flauto	die Flöte
la sonata	die Sonate
La-minore	a-Moll
l'originale (m)	das Original
c'è	da ist, es gibt
la versione	die Version
vedere	sehen

chiedere steht wie *telefonare* mit dem Dativ:
chiedere a
telefonare a

Il flauto magico = Die Zauberflöte

la sonata: Das Wort kann man sich von *suonare* ableiten. Deshalb könnte die ungefähre Übersetzung lauten »das Gespielte«.

4 A · Teoria

Teoria

Regelmäßige Verben auf -ere

ved**ere** (sehen)

(io)	ved**o**	ich sehe
(tu)	ved**i**	du siehst
(lui/lei; Lei)	ved**e**	er/sie sieht; Sie sehen
(noi)	ved**iamo**	wir sehen
(voi)	ved**ete**	ihr seht; Sie sehen (Pl.)
(loro)	ved**ono**	sie sehen

Ebenso:

chiedere (fragen, verlangen)
conoscere (kennen)

Veränderte Aussprache

conos**cere** (kennen, kennenlernen)

conos**co**
conos**ci**
conos**ce**
conos**ciamo**
conos**cete**
conos**cono**

conoscere wird ganz regelmäßig konjugiert, aber die Aussprache verändert sich. Bei der 1. Person Singular und der 3. Person Plural wird das **sc** gesprochen wie **sk**. Bei allen anderen Formen wie **sch** in »Schule«.

Veränderte Schreibweise

cer**care** (suchen, versuchen)

cer**co**
cer**chi**
cer**ca**
cer**chiamo**
cer**cate**
cer**cano**

cercare hat kleine Veränderungen in der Schreibweise: Bei der 2. Person Singular und der ersten Person Plural kommt ein **h** hinter das **c**. So wird das **c** immer wie **k** gesprochen.
Das gilt für alle Verben auf *-care* und *-gare*.

Teoria · 4 A

Das unregelmäßige Verb *andare* (gehen, fahren)

(io)	**vado**	ich gehe
(tu)	**vai**	du gehst
(lui/lei; Lei)	**va**	er/sie geht; Sie gehen
(noi)	**andiamo**	wir gehen
(voi)	**andate**	ihr geht; Sie gehen (Pl.)
(loro)	**vanno**	sie gehen

andante (gehend)

Wendungen:
andare male (schlecht gehen)
andare bene (gut gehen)
andare a (gehen, um zu ...)

Der Artikel *lo*

lo studente   **uno** studente
lo spartito   **uno** spartito
lo strumento   **uno** strumento
lo zio   **uno** zio

Der **Artikel lo/uno** gilt für männliche Substantive im Singular, die anfangen mit
1. **s + Konsonant**
2. **z**

Musikbox

lo, uno, il

Die Regel zu *lo/uno* wird im Libretto nicht immer genau genommen. Wundern Sie sich deshalb nicht, wenn im Operntext *il* oder *un* da steht, wo eigentlich *lo* oder *uno* stehen müsste.

Fragepronomen im Überblick

che?	was
che cosa?	was?
chi?	wer?
come?	wie?
cosa?	was?
dove?	wo? wohin?
perché?	warum?
quale?	welche/r/s?
quando?	wann?
quanto?	wie viel?

Perché heißt sowohl »weil« als auch »warum«:
Perché chiedi? (**Warum** fragst du?)
Perché m'interessa. (**Weil** es mich interessiert.)

4 A · Teoria · Pratica

Parlando

o und e: wann geschlossen, wann offen?

Ein schwieriges Kapitel, für das es keine festen bzw. so viele Regeln gibt, dass sie eher verwirren als helfen. Prägen Sie sich am besten schon beim Lernen die offene oder geschlossene Aussprache der Vokale ein.

Musikbox

Tipp für Sänger

Erstellen Sie eine Liste mit den Vokabeln, die in Ihrem Repertoire am häufigsten vorkommen, und markieren Sie, welche Vokale offen, welche geschlossen sind.

Pratica

Setzen Sie die richtige Verbform ein.

1. Mettete la forma corretta del verbo

1. .... questo compositiore? (conoscere, tu)
2. Che cosa ...., signore? (desiderare, Lei)
3. Quando .... il concerto? (preparare, voi)
4. I pianisti .... lo spartito. (cercare, loro)
5. .... qualcosa di **J.S. Bach**. (cercare, noi)
6. Non .... il violino. (suonare, io)
7. Il solista .... al compositore. (chiedere, lui)
8. Perché .... al baritono? (chiedere, voi)
9. I musicisti .... la sonata. (conoscere, loro)
10. Stasera ..... il mio amico Giulio. (vedere, io)
11. I cantanti .... una pausa. (desiderare, loro)
12. .... la guardarobiera. (chiamare, noi)
13. Che cosa .... ? Un clarinetto? (comprare, tu)
14. Quando .... alla soprano? (telefonare, Lei)

Auf Italienisch heißt er *Giovanni Sebastiano Bach*.

Pratica · 4 A

2. Disordine

1. andiamo	a. du siehst
2. desiderano	b. ich spiele
3. dai	c. wir haben
4. chiedete	d. du bist
5. suono	e. sie machen
6. prepara	f. sie wünschen
7. vedi	g. wir gehen
8. abbiamo	h. du gibst
9. sei	i. er bereitet vor
10. conoscete	j. ihr kennt
11. cerchi	k. ihr fragt
12. fanno	l. du suchst

Unordnung: Bringen Sie zusammen, was zusammen gehört.

3. Mettete l'articolo determinativo

1. ..... biglietto
2. ..... amicizia
3. ..... compositore
4. ..... strumento
5. ..... storia
6. ..... versione
7. ..... flauto
8. ..... spartito
9. ..... platea
10. ..... oboe
11. ..... originale
12. ..... zio

Setzen Sie den bestimmten Artikel ein.

Wohin gehen diese Personen?

4 A · Pratica

4. Dove vanno?

1. Lo studente .... al conservatorio.
2. I musicisti .... alla prova.
3. Noi .... al negozio di musica.
4. Il pianista .... al pianoforte.
5. Chiara e Pia .... al teatro.
6. Tu .... alla prima.
7. Lo zio .... al concerto.
8. Io .... al concerto.
9. Voi .... a casa.

Finden Sie die Antworten.

5. Trovate le risposte!

1. Dove compri uno spartito?
2. Quando vai al conservatorio?
3. Perché non andate alla prima?
4. Chi è questo signore?
5. Quale musica ti interessa?
6. Quanto costa un biglietto?
7. Conosci questo compositore?
8. Che cosa fai domani?

a. Perché non abbiamo i biglietti.
b. È il nuovo baritono.
c. In un negozio di musica.
d. Mi interessa la musica di Bach.
e. Domani vado alla prova.
f. No, non conosco questo compositore.
g. Non costa molto.
h. Stasera vado al conservatorio.

Pratica · 4 A

6. Traducete

1. Wir suchen die Sonate in a-Moll.
2. Welches Instrument spielst du?
3. Warum kauft ihr nicht das Original?
4. Mich interessiert diese Version.
5. Kennst du den Komponisten nicht?
6. Wir haben diese Noten nicht.
7. Heute abend singe ich die Mimì.
8. Massimo geht nicht zur Premiere.

Übersetzen Sie.

Parlando

e: br*e*ve, b*e*llo, chi*e*dere, pr*e*sto, s*e*ra, s*e*ta
o: c*o*re, c*o*ro, m*o*bile, *o*dore, p*o*sto, v*o*ce

 21

Hören Sie die Wörter von der CD und sprechen Sie sie nach.

4 B

Lezione · Libretto · Vocaboli

22

Libretto

1. **Aprite** un po' quegli occhi.
   Öffnet ein wenig die Augen.

   Uomini incauti e sciocchi,
   Unvorsichtige und dumme Männer,

   guardate queste femmine,
   schaut euch diese Frauen **an**,

   guardate cosa son.
   schaut, was sie sind.

2. Voi che **sapete**
   Ihr, die **ihr wisst**

   che cosa è amor,
   was Liebe ist,

   donne **vedete**,
   Frauen **seht**,

   s'io l'ho nel cor.
   ob ich sie im Herzen habe.

Vocaboli

aprite	öffnet!, ihr öffnet
aprire	öffnen
un po'	ein bisschen
quegli	diese, jene
l'occhio	das Auge
l'uomo	der Mann, der Mensch
gli uomini	die Männer, die Menschen
incauto	unvorsichtig

Musikbox

1. *Figaro e Susanna*

Figaro glaubt sich von Susanna betrogen und hält ihr vermeintlich falsches Spiel für etwas typisch Weibliches. Die Eifersucht treibt ihn hier, gleich das ganze »schwache Geschlecht« aufs Korn zu nehmen.

2. *Cherubino*

Hier singt Cherubino im Rausch und Tumult der ersten, pubertären Liebesglut.

Musikbox

Occhi

Für die Augen gibt es in der Opernsprache viele Begriffe: *rai* (Strahlen); *lumi* (Lichter); *pupille* (Pupillen).

Vocaboli · 4 B

lo sciocco	der Dummkopf
guardare	schauen
la femmina	die Frau, das Weib
sapete	ihr wisst
sapere	wissen
l'amore (m)	die Liebe
s' = se	ob
l' = lo	sie, ihn, es
nel	im

4 B · Teoria

Teoria

Regelmäßige Verben auf -ire (1)

aprire (öffnen)

(io)	apro	ich öffne
(tu)	apri	du öffnest
(lui/lei; Lei)	apre	er/sie öffnet; Sie öffnen
(noi)	apriamo	wir öffnen
(voi)	aprite	ihr öffnet; Sie öffnen (Pl.)
(loro)	aprono	sie öffnen

Ebenso: sentire (hören, fühlen, riechen)

Die Verben auf -ire unterscheiden sich von den Verben auf -ere nur in der 2. Person Plural: -ite statt -ete.

Regelmäßige Verben auf -ire (2)

capire (verstehen)

(io)	capisco	ich verstehe
(tu)	capisci	du verstehst
(lui/lei; Lei)	capisce	er/sie versteht; Sie verstehen
(noi)	capiamo	wir verstehen
(voi)	capite	ihr versteht; Sie verstehen (Pl.)
(loro)	capiscono	sie verstehen

Ebenso: tradire (verraten), finire (beenden)

Diese Verben auf -ire haben eine **Stammerweiterung**, das heißt, der Verbstamm **cap-** wird um ein **-isc-** erweitert: in der 1., 2., 3. Person Singular und in der 3. Person Plural. Die Endungen bleiben erhalten (wie in Gruppe 1).
Da man nicht immer wissen kann, welche Verben auf -ire eine Stammerweiterung haben und welche nicht, lernt man das am besten gleich mit oder schaut im Wörterbuch nach.
Vorsicht Aussprache: Hören Sie sich das **Parlando** der Lezione 4 B an.

Imperative der 2. Person Plural

aprite!	öffnet!
guardate!	schaut!
vedete!	seht!
aprite	ihr öffnet
guardate	ihr schaut
vedete	ihr seht

Die Befehlsform in der 2. Person Plural unterscheidet sich nicht von der Aussageform. Nur aus dem Satzzusammenhang (oder am Ausrufezeichen) lässt sich erkennen, dass es sich um einen Befehl handelt.

Teoria · 4 B

Das unregelmäßige Verb *sapere* (wissen, können)

(io)	so	ich weiß
(tu)	sai	du weißt
(lui/lei; Lei)	sa	er/sie weiß; Sie wissen
(noi)	sappiamo	wir wissen
(voi)	sapete	ihr wisst; Sie wissen (Pl.)
(loro)	sanno	sie wissen

sapere ist Ihnen schon bekannt aus der Übersetzung von Lezione 3 B. Cherubino singt: *Non so più cosa son cosa faccio...*
sapere kann auch die Bedeutung von »können« haben, im Sinne von »etwas beherrschen«, z.B. *So cantare.* (Ich kann singen).

Der Artikel *gli* bei Maskulina im Plural

l'occhio   **gli** occhi
das Auge   die Augen

l'amore   **gli** amori
die Liebe   die Lieben

lo studente   **gli** studenti
der Student   die Studenten

lo spartito   **gli** spartiti
der Klavierauszug   die Klavierauszüge

lo zio   **gli** zii
der Onkel   die Onkel

Ebenso:
quel**lo**   que**gli**
jene/r/s   jene

Der Artikel *gli* steht nur bei Maskulina im Plural, wenn sie
1. mit Vokal anfangen
2. mit s + Konsonant oder z

4 B · Teoria · Pratica

Parlando

Üben Sie den Wechsel von

Schreibweise	Aussprache	Beispiel
sc + a, o, u	sk	cono**sc**o, fia**sc**o, France**sc**a
sc + e, i	sch	cono**sc**i, **sc**iocco, **sc**ellerato

23

Musikbox

Fiasco

Im Volksmund gibt es eine schöne Erklärung für die Bedeutung »Reinfall«, »Flopp«. Angeblich habe man bei Missfallen einer Theaterdarbietung die schlechten Künstler mit Flaschen beworfen. Eine schöne Geschichte, aber wohl leider nur Legende. *Fiasco* heißt zwar »Flasche« (man nennt die italienischen Korbflaschen *fiaschi*), doch sind Flaschen nicht zwangsläufig als Wurfgeschosse eingesetzt worden. Man hat vielmehr die französische Bedeutung von *bouteille* (»Fehler«) übernommen. Im Deutschen nennt man Nichtskönner ja auch »Flaschen«.

Setzen Sie die richtige Verbform ein.

Pratica

1. Aprire, capire, tradire

1. Il baritono *tradisce* la mezzosoprano. (tradire)
2. Io non .... questa musica. (capire)
3. Il conservatorio .... domani. (aprire)
4. Ma voi .... la messa in scena? (capire)
5. I musicisti non .... questo compositore. (capire)
6. Io .... un negozio di musica. (aprire)
7. Tu non .... gli occhi. (aprire)
8. Io .... la cantante con una pianista. (tradire)
9. Noi guardarobiere non .... la galleria. (aprire)

Pratica · 4 B

2. Mettete al plurale

1. Il cantante cerca lo spartito.
   I cantanti cercano gli spartiti.
2. Lo zio conosce questa sonata.
3. La donna conosce l'amore.
4. Il pianista apre il pianoforte.
5. Lo studente prepara il concerto.
6. L'uomo tradisce la donna.
7. La musicista compra lo strumento.
8. Il tenore sente la bella voce.
9. Il compositore conosce questo recitativo.

Setzen Sie in den Plural.
In Satz 3 kann *amore* im Singular bleiben.

3. Mettete insieme

1. sappiamo   a. ich weiß
2. sa   b. sie wissen
3. sapete   c. du weißt
4. so   d. wir wissen
5. sai   e. er weiß
6. sanno   f. ihr wisst

Verbinden Sie.

4. Come si dice oggi?

1. cor   *cuore*
2. egli   . . . .
3. fo   . . . .
4. mensa   . . . .
5. foco   . . . .
6. desso   . . . .
7. fan   . . . .
8. ella   . . . .

Wie sagt man heute?
Sollten Sie einige der Opernvokabeln vergessen haben, werfen Sie einen Blick auf die Musikbox-Kästchen und Randspalten der vergangenen Lektionen.

4 B · Pratica

5. Cosa sanno fare?

Was können diese Personen? Setzen Sie die Formen von *sapere* ein.

1. Io . . . . suonare il pianoforte.
2. Cecilia . . . . cantare.
3. Mimì e Rodolfo . . . . cantare un duetto.
4. Noi . . . . suonare tre strumenti.
5. Tu . . . . suonare il flauto?
6. Voi . . . . che cosa è amor.

Übersetzen Sie.

6. Traducete

1. Guardate questi uomini sciocchi!
2. Sappiamo vedere l'amore nel core.
3. Conosci le femmine? Sai cosa son?
4. Il compositore incauto ti tradisce.
5. I musicisti aprono lo spartito.
6. Le donne non conoscono Cherubino.
7. Do questa sonata allo zio.
8. Don Giovanni sente odore di femmina.
9. Stasera apre la seconda galleria.

24

Bei **Parlando** ist es wichtig, dass Sie die Übung auch ohne CD machen, um in der Aussprache der Lautwechsel sicher zu werden.

Parlando

capiscono, tradisce, sciocco, scellerato, fiasco, conosco, conosciamo, sciccheria, capisco, Francesca, tradiscono

Dialogo · Lezione 5A

Prima dello spettacolo
Vor der Vorstellung

 25

Compriamo il libretto?
Sollen wir das Textbuch kaufen?

Per me no, conosco la trama a memoria.
Für mich nicht, ich kenne die Handlung auswendig.

Sì, perché tu sei un'intenditrice dell'opera lirica, ma io non capisco senza il libretto.
Ja, weil du eine Opernkennerin bist, aber ich verstehe nichts ohne Libretto.

Va be', possiamo chiedere alla maschera, ma se vuoi, ti posso fare anche il riassunto della *Forza del destino*.
Na gut, wir können den Platzanweiser fragen, aber wenn du willst, kann ich dir auch eine Zusammenfassung von der *Macht des Schicksals* geben.

Bene, ma prendo comunque il libretto ...
Gut, aber ich nehme das Libretto auf jeden Fall ...

Musikbox

Lo spettacolo

il libretto	das Textbuch
la trama	die Handlung
il riassunto	die Zusammenfassung
l'atto	der Akt
l'opera lirica	die Oper
la maschera	der/die Platzanweiser/in

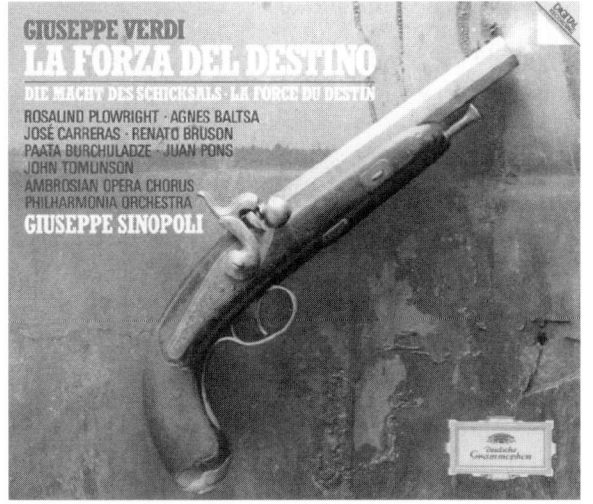

5 A · Dialogo

Al bar del teatro
An der Theaterbar

E allora?
Und?

Dev'essere la forza **del** destino: i libretti sono esauriti ... ho bisogno **del** tuo riassunto, cara.
Das muss die Macht **des** Schicksals sein: die Libretti sind ausverkauft ... ich brauche deine Zusammenfassung, meine Liebe.

Ma come sei spiritoso ... Bene, iniziamo con il primo ed il secondo atto.
Wie geistreich (du bist) ... Gut, fangen wir also mit dem ersten und dem zweiten Akt an.

A proposito: **di chi** è quest'opera?
Übrigens: **Von wem** ist diese Oper?

Di Verdi naturalmente ...
Von Verdi natürlich ...

No, parlo **del** libretto.
Nein, ich spreche **vom** Libretto.

Ah, il libretto è **di** Francesco Maria Piave, ma in parte **si può** dire anche **di** Antonio Ghislanzoni.
Ach so, das Libretto ist **von** Francesco Maria Piave, aber zum Teil, **kann man** sagen, auch **von** Antonio Ghislanzoni.

Quindi un lavoro **di** due librettisti?
Also eine Arbeit **von** zwei Librettisten?

Poi ti racconto ... **dobbiamo** andare.
Erzähl ich dir später ... **wir müssen** gehen.

Musikbox

La forza del destino
Von der *Macht des Schicksals* gibt es zwei Fassungen: Die erste Version (Libretto von Francesco Maria Piave) gelangte 1862 in St. Petersburg zur Uraufführung. Als diese Version jedoch einige Jahre später beim Mailänder Publikum durchfiel und der *maestro* selbst das Libretto kritisierte (»zu viele Tote«), vermittelte Verdis Verleger Ricordi ihm einen Librettisten zur Überarbeitung der ersten Fassung. Dieser Mann, Antonio Ghislanzoni, sollte nur zwei Jahre später das Libretto zur *Aida* schreiben.

Vocaboli · 5 A

Vocaboli

prima di	vor
lo spettacolo	die Vorstellung
il libretto	das Textbuch, das Libretto
me	mich
la trama	die Handlung
a memoria	auswendig
la memoria	das Gedächtnis, die Erinnerung
l'intenditrice	die Kennerin
l'opera lirica	die Oper
senza	ohne
va be'	na gut
possiamo	wir können
potere	können
la maschera	der/die Platzanweiser/in
vuoi	du willst
posso	ich kann
il riassunto	die Zusammenfassung
la forza	die Macht, die Kraft
prendere	nehmen
comunque	trotzdem, auf jeden Fall
il bar	die Bar
deve	es muss
dovere	müssen, sollen
esaurito	ausverkauft
spiritoso	geistreich
iniziare	anfangen, beginnen
primo/a	erste/r/s
l'atto	der Akt
a proposito	übrigens, à propos
di chi?	von wem?
l'opera	das Werk, die Oper

Das männliche Gegenstück zur *intenditrice* ist der *intenditore* (Kenner).

Musikbox

La maschera heißt eigentlich »die Maske«, bezeichnet aber im Theater oder im Kino die Person, die Programme verkauft und bei der Platzsuche hilft.

Musikbox

Opera heißt nichts anderes als »Werk«: Das kann ein Gemälde sein, ein Musikstück, die Arbeit eines Dichters. Erst mit dem Zusatz *lirica* wird daraus die Oper (eigentlich: das lyrische Werk). Man kann das *opera* auch ganz weglassen und nur von *la lirica* sprechen.

5 A · Vocaboli · Teoria

naturalmente	natürlich
parlare di	sprechen von/über
in parte	zum Teil
si	man
può	kann
quindi	also
il lavoro	die Arbeit
il librettista	der Librettist
poi	dann, danach, später
raccontare	erzählen
dobbiamo	wir müssen

Teoria

Die Präposition *di*

Bei Eigennamen muss *di* nicht mit dem bestimmten Artikel verknüpft werden.

un'opera lirica **di** Verdi
eine Oper **von** Verdi

il libretto **di** Francesco Maria Piave
das Libretto **von** Francesco Maria Piave

di + il = del

la forza **del** destino
die Macht **des** Schicksals

di + l' = dell'

l'intenditrice **dell'**opera lirica
die Kennerin **der** Oper

Die Verknüpfungen von *di* + bestimmtem Artikel

di beschreibt, von wem etwas ist, oder wozu etwas gehört.
Die entsprechende Frage dazu lautet:
di chi? (Von wem? Wovon? Wessen?)
di wird mit dem bestimmten Artikel verknüpft.

Teoria · 5 A

di wird **nicht** verknüpft
- mit dem unbestimmten Artikel (un, una, un' uno) und mit Zahlen (due, tre, quattro …),
- mit Wörtern, die den bestimmten Artikel überflüssig machen (questo, molto …).

di steht beispielsweise auch bei der Zeitangabe *prima di* (vor) und bei manchen Verben, zum Beispiel *parlare **di*** (sprechen von/über), avere bisogno **di** (brauchen).

Singular

di + il (destino) = del
di + lo (spettacolo) = dello
di + l' (intenditore, m) = dell'
di + l' (intenditrice, f) = dell'
di + la (maschera) = della

Plural

di + i (tenori) = dei
di + gli (zii) = degli
di + le (opere) = delle

Die Modalverben *potere* und *dovere*

potere (können)

(io)	**posso**	ich kann
(tu)	**puoi**	du kannst
(lui/lei; Lei)	**può**	er/sie kann; Sie können
(noi)	**possiamo**	wir können
(voi)	**potete**	ihr könnt; Sie können (Pl.)
(loro)	**possono**	sie können

dovere (müssen, sollen)

(io)	**devo**	ich muss
(tu)	**devi**	du musst
(lui/lei; Lei)	**deve**	er/sie muss; Sie müssen
(noi)	**dobbiamo**	wir müssen
(voi)	**dovete**	ihr müsst; Sie müssen (Pl.)
(loro)	**devono**	sie müssen

Librettosprachliche Formen der Modalverben

può = *puote*

possono = *ponno*

devo = *debbo* oder *deggio*. Nicht verwechseln mit *degg'io*, was inhaltlich zwar identisch ist, aber anders ausgesprochen wird, mit betontem -io (siehe **Parlando**)
devi = **dei**
deve = **dee**
devono = **debbono, denno**

5 A · Teoria · Pratica

Modalverben sind leider unregelmäßig, aber dafür sehr praktisch. Sie müssen nur ein Verb im Infinitiv dahinter stellen, und schon haben Sie einen vollständigen Satz:

Das dritte Modalverb *volere* wird in Lezione 5 B behandelt. Aus Lezione 5 A ist bisher nur eine Form von *volere* bekannt: *vuoi* (du willst).

Devo andare. Ich muss gehen.
Potete chiedere. Ihr könnt fragen.

Potere und sapere

potere (können) im Sinne von »die **Möglichkeit** haben«, weil keine Hindernisse im Wege stehen: Ich kann singen, weil ich Zeit habe, nicht erkältet bin usw.

Posso cantare stasera.
Ich kann heute Abend singen.

sapere (können) im Sinne von »die **Fähigkeit** haben«: Ich kann singen, weil ich es gelernt habe, eine gute Stimme habe usw.

So cantare.
Ich kann singen; ich weiß zu singen.

So cantare ma stasera non **posso** cantare, perché non ho lo spartito.
Ich kann [zwar] singen, aber heute Abend kann ich nicht singen, weil ich keine Noten habe.

Parlando

26

sk wie in »Skala«

g wie in »Gans«

Schreibweise	Aussprache	Beispiel
sch	sk	ma**sch**era, **sch**erzo
gh	g	**Gh**islanzoni

Pratica

Welche Verknüpfung von *di* + Artikel gehört wohin?

1. *Di* + articolo

della – degli – dell' – delle – dei – della – del – dello – del

1. Prendo lo spartito *del* tenore.
2. Ti posso fare il riassunto . . . . trama.

Pratica · 5 A

3. Sono un intenditore . . . . opera lirica.
4. È il biglietto . . . . studente.
5. Chi è il compositore . . . . sonata in La minore?
6. È il repertorio . . . . baritoni.
7. Dov'è la pausa . . . . trombe?
8. Questo è il solo . . . . pianoforte.
9. Dove canta il coro . . . . studenti?

2. *Di* con o senza articolo?

1. È il lavoro . . . . due librettisti.
2. *La traviata* è . . . . Giuseppe Verdi.
3. Stasera danno *La forza* . . . . *destino*.
4. Parliamo . . . . trama . . . . . . opera lirica.
5. L'*Aida* è . . . . Antonio Ghislanzoni.
6. Il musicista ha bisogno . . . . uno strumento.
7. Prima . . . . spettacolo andiamo al bar.
8. Dobbiamo parlare . . . . libretto!
9. . . . . chi è quest'opera?

Nicht ganz einfach: Sie müssen zunächst entscheiden, ob *di* mit oder ohne Artikel steht, und wenn mit, dann müssen Sie auch noch die richtige Verknüpfung bilden.

3. Mettete le forme di *potere*

1. Non ..*potete*........ cantare domani? (voi)
2. Mi ..*puoi*........... dare lo spartito? (tu)
3. ....*posso*..... chiedere alla maschera. (io)
4. . . . . aprire un negozio di musica. (noi)
5. Il musicista non .. *può*. fare una pausa. (lui)
6. . . . . anche andare in platea. (loro)
7. Perché non . . . . comprare un biglietto, signore? (Lei)

Setzen Sie die Formen von *potere* ein.

5 A · Pratica

Wie sagt man heute?
Finden Sie die entsprechenden Formen von *potere* und *dovere*.

4. Come si dice oggi?

1. deggio   a. deve
2. ponno   b. devi
3. puote   c. devono
4. dee   d. possono
5. debbono   e. può
6. dei   f. devo

Können oder können?

5. *Potere* o *sapere*?

1. Anna è una pianista. *Sa* suonare il pianoforte.
2. Stasera io non *posso* cantare a Roma perché ho un concerto a Kassel.
3. Dove *possiamo* comprare un libretto? (noi)
4. Vuoi suonare con l'orchestra, Max? Ma *(puoi)* [sai] suonare il clarinetto? (tu)
5. Max non *può* suonare con l'orchestra perché non *sa* suonare il clarinetto.

Übersetzen Sie.

6. Traducete

1. (Die) Musiker können sehr geistreich sein.
2. Er muss ein Opernkenner sein.
3. Wir nehmen das Libretto auf jeden Fall.
4. Das Quartett ist von Beethoven.
5. Ich spreche von der Handlung des ersten Akts.
6. Die Karten für die Premiere sind ausverkauft.
7. Wir müssen eine Pause machen.
8. Wann gehst du ins Konzert?

Hören Sie die Wörter von der CD und sprechen Sie sie nach.

Parlando

gh: largo, larghetto, **Gh**islanzoni, fuga, fu**gh**e
sch: fiasco, fiaschi, **sch**erzo, ma**sch**era
io: deggio, degg'io, veggio, vegg'io

Libretto · Lezione 5 B

Libretto

 28

1. Vivere **io voglio** a te fedel.
   Leben **will ich** in Treue zu dir.
2. De' suoi beni dono **vuol** far**vi**.
   Von seinem Besitz (Gütern) **will er** Euch ein Geschenk machen.
3. D'ogni vostro avere or **volete** spogliar**vi**?
   Von jeder Habe **wollt Ihr** Euch nun befreien?
4. In qual modo usar **si puote**?
   Auf welche Weise **kann man** es benutzen?
5. Ma lasciar**ti** non **poss'io**.
   Aber **ich kann dich** nicht verlassen.
6. Immaginar non **puossi**.
   Man kann es sich nicht vorstellen.

Musikbox

Librettosprache
Schwierigkeiten beim Entschlüsseln der Librettosprache entstehen durch die Wortstellung, aber auch durch Verknüpfungen von Verb und Pronomen, die im heutigen Italienisch nicht mehr üblich sind. Zum Beispiel *puossi* = *si può*.
Häufig begegnet man auch der Form *parmi* an Stelle von *mi pare* (mir scheint).

5 B · Vocaboli · Teoria

Vocaboli

vivere	leben
voglio	ich will
a te	zu dir
fedel(e)	treu
de' = dei	von
i suoi	seine/ihre
il bene	das Gut, der Besitz
il dono	das Geschenk, die Gabe
vuol	er will
vi	euch
d' = di	von
ogni	jede/r/s
l'avere (m)	der Besitz
or(a)	jetzt
volete	ihr wollt
spogliare	befreien, ausziehen
in qual modo	auf welche Weise
il modo	die Art, die Weise
usare	benutzen
lasciare	(zu-)lassen
immaginare	vorstellen
puossi = si può	man kann

Musikbox

bene taucht im italienischen Opern- und Liedgut häufig und in verschiedenen Bedeutungen auf. Meistens als *il mio ben(e)*, was so viel heißt wie »mein Lieb, mein Schatz«.

Teoria

Das Modalverb *volere* (wollen)

(io)	**voglio**	ich will
(tu)	**vuoi**	du willst
(lui/lei; Lei)	**vuole**	er/sie will; Sie wollen

Sonderform von *voglio* = *vo'*
Aber Vorsicht: *vo'* kann auch für *vado* stehen.

Teoria · 5 B

(noi)	**vogliamo**	wir wollen
(voi)	**volete**	ihr wollt; Sie wollen (Pl.)
(loro)	**vogliono**	sie wollen

Syntax

1. Wortstellung im Satz

Subjekt	Prädikat	Objekt
Alfredo	vuol fare	un dono.
(Io)	posso lasciar(e)	ti.

2. Suche nach dem konjugierten Verb
vivere io **voglio** a te fedel
ma lasciarti non **poss'**io
de' suoi beni dono **vuol** farvi

3. Infinitive hinter Modalverb
io **voglio vivere** a te fedel
io non **posso lasciarti**
vuol farvi dono de' suoi beni

4. *non* **vor das konjugierte Verb**
io **non posso** lasciarti
non può(ssi) immaginare

5. Zeit- und Ortsangabe
Ora volete spogliarvi d'ogni vostro avere.

6. Ergänzungen mit *di*
volete spogliarvi **d'ogni vostro avere**
vuol farvi dono **de' suoi beni**

Ein Kennzeichen der Librettosprache ist, dass Satzteile weitgehend beliebig gestellt werden können. Um sich beim Übersetzen besser orientieren zu können, ist es hilfreich, die gewöhnliche Wortstellung zu rekonstruieren:

1. Subjekt – Prädikat – Objekt.
Dazu sollte man:

2. nach dem konjugierten Verb suchen,

3. wissen, dass Infinitive hinter das Modalverb gehören,

4. wissen, dass die Verneinung (*non*) immer vor dem konjugierten Verb steht,

5. wissen, dass Zeit- und Ortsangabe am Satzanfang oder am Satzende stehen,

6. wissen, dass manche Ergänzungen (vor allem in Verbindung mit *di*) zum Objekt gehören.

5 B · Teoria · Pratica

Einige Pronomen

mi	mich, mir
ti	dich, dir
si	man (sich)
vi	euch, Euch

Diese Pronomen können an den Infinitiv angehängt werden:

non posso lasciarti
vuol farvi (un) dono

Sie können aber auch vor dem konjugierten Verb stehen:

non ti posso lasciare
vi vuol fare (un) dono

29

Das sollte allerdings nur bei den doppelten Konsonanten gemacht werden. Aus *amore* beispielsweise darf nicht *ammore* werden.

Parlando

Doppelkonsonanten: **ll** (be**ll**o), **mm** (i**mm**aginare), **nn** (do**nn**a) sollen genüsslich ausgesprochen werden, so als wollte man sich eine Portion Eiscreme auf der Zunge zergehen lassen.

Pratica

Setzen Sie die Formen von *volere* ein.

1. Mettete le forme di *volere*

1. *Vuoi* andare al concerto? (tu) *Partiti*
2. ...*Voglio*... comprare lo spartito. (io)
3. ...*Volete*... darmi il libretto? (voi)
4. La signora ...*vuole*... cantare. (lei)
5. *Vogliamo* chiedere alla maschera. (noi)
6. I musicisti *vogliono* fare una pausa. (loro)
7. Il compositore non ...*vuole*... sentire questa musica. (lui)
8. Non ...*vuoi*... suonare, Giuseppe? (tu)
9. Alfredo e Giorgio non *vogliono* cantare. (loro)

Pratica · 5 B

2. Trovate le forme corrispondenti

1. volete   *dovete*   *potete*
2. voglio
3. vuoi
4. vogliamo
5. vuole
6. vogliono

Finden Sie die entsprechenden Formen von *dovere* und *potere*.

3. Spostate i pronomi

1. **Ti** posso suonare il flauto.
   Posso suonarti il flauto.
2. Mi vuoi raccontare la storia?
3. Vi vogliamo dare il libretto.
4. Mi devi comprare due biglietti.
5. Vi possiamo cantare qualcosa di Mozart.
6. Ti devono cercare un uomo.
7. Mi puoi parlare della trama?

Stellen Sie die Pronomen um.

4. Ricostruite le frasi

1. Del tuo amore cantar io voglio.
   Io voglio cantare del tuo amore.
2. Di sasso ha il core.
3. Raccontare non puossi il mio destin.
4. Lasciarmi non dovete.
5. Capirvi non possono.
6. Di Mimì i fiori conosco.
7. Il mio uomo tradir volete?
8. Colpa io non ho.
9. Vederti doman poss'io.

Bauen Sie die Satzteile so um, wie Sie es im Theorieteil gelernt haben. Nicht ganz einfach, aber eine nützliche Übung für alle, die Operntexte übersetzen möchten.

Wiederholungsübung zu den Präpositionen *di* und *a*. Wählen Sie die richtige aus – mal mit, mal ohne Artikel.

5 B · Pratica

5. Quale preposizione manca: *a* o *di*?

alla – al – dello – della – di –
alla – a – della – del – al

1. Andiamo .... concerto stasera?
2. Vuoi parlare .... trama?
3. .... chi è quest'opera?
4. .... proposito: perché non canti domani?
5. Vado .... bar .... teatro.
6. Perché non telefonate .... signora?
7. Ha bisogno .... tua amicizia.
8. Prima .... spettacolo andiamo al bar.
9. Non volete chiedere .... maschera?

6. Traducete

Übersetzen Sie die Sätze aus Übung 4. So können Sie überprüfen, ob Sie alles richtig verstanden haben.

30

Hören Sie die Wörter von der CD und sprechen Sie sie nach.

Parlando

immaginare, femmina, donna, ella, quello, galleria, scellerato, violoncello,

amore, memoria, ricamare, numero

Dialogo · Lezione 6A

All'esame del concorso
Bei der Aufnahmeprüfung

 31

Sono emozionata, e tu?
Ich bin aufgeregt, und du?

No, io no ... per me è già la terza volta.
Nein, ich nicht ... für mich ist es schon das dritte Mal.

Cosa fai? Canto lirico anche tu?
Was machst du? Auch Gesang?

No, sono un violinista.
Nein, ich bin (ein) Geiger.

Der *concorso* ist in Italien ein weit verbreitetes Auswahlverfahren, wenn es um öffentliche Belange geht. Dabei kann es sich um die Besetzung einer gut dotierten Beamtenstelle handeln, um einen einfachen Posten beim Grünflächenamt oder bei der Müllabfuhr, aber auch um die Vergabe eines Stipendiums. Häufig unterstellt man diesen *concorsi,* sie seien ein Tummelplatz von Korruption und Vetternwirtschaft, was – so lehrt zumindest die Vergangenheit – nicht ganz von der Hand zu weisen ist.

6 A · Dialogo

E con quali brani **ti presenti**?
Und mit welchen Stücken **stellst du dich vor**?

Un po' di musica da camera: qualcosa di Bach, qualcosa di romantico e un brano moderno.
Ein bisschen Kammermusik: was von Bach, was Romantisches und ein modernes Stück.

Sono molto severi qui i professori?
Sind die Professoren hier (denn) sehr streng?

Sono severi dappertutto ...
Sie sind überall streng.

Mmmh ...
Mmmh ...

... perché **si presentano** troppi studenti.
... weil zu viele Studenten **antreten**.

Sì, è vero, vale anche per noi cantanti.
Ja, stimmt, das gilt auch für uns Sänger.

E tu? Con che cosa **ti esibisci**?
Und du? Womit **trittst du auf**?

Dunque ... faccio **alcuni** lieder di Schumann, **qualche** aria di Mozart e qualcosa di contemporaneo.
Nun ... ich mache **einige** Lieder von Schumann, **ein paar** Arien von Mozart und was Zeitgenössisches.

Però!
Donnerwetter!

Scusa, ma non ho più tempo, devo **scaldarmi** la voce adesso.
Entschuldige, aber ich habe keine Zeit mehr, ich muss **mich** jetzt **einsingen**.

Ok, ciao e in bocca al lupo, eh!
Ok, ciao und viel Glück!

Crepi il lupo!
Na hoffentlich!

Musikbox

»**Lieder**« heißen auch im Italienischen »**lieder**«, sofern es Kunstlieder sind. Ein Sänger, der sich auf Lieder spezialisiert hat, kennt sich in der *liederistica* aus. Das Volks- oder Kinderlied, auch die Chanson heißt *la canzone*.

In bocca al lupo entspricht in etwa dem deutschen »toi, toi, toi«. Wörtlich übersetzt heißt es: »Dem Wolf in den Mund!«, was zum Ausdruck bringen soll, dass man sich in eine gefährliche Situation begibt. Die Antwort auf diesen Satz lautet: ***Crepi il lupo!*** (Der Wolf soll krepieren!), oder einfach nur ***Crepi!***

Vocaboli · 6 A

Vocaboli

l'esame (m)	das Examen, die Prüfung
il concorso	der Wettbewerb
emozionato	aufgeregt
la … volta	das … Mal
il canto lirico	der Operngesang
il violinista	der Geiger
il brano	das Stück
presentarsi	sich vorstellen
la musica da camera	die Kammermusik
romantico	romantisch
moderno	modern
severo	streng
qui	hier
il professore	der Lehrer, der Professor
dappertutto	überall
troppo	zu viel, zu sehr
valere	gelten
esibirsi	sich zeigen, auftreten
dunque	also
alcuni	einige, ein paar
qualche (+ Sg.)	einige, ein paar
l'aria	die Arie
contemporaneo	zeitgenössisch
però!	Donnerwetter!
scusa!	entschuldige!
scusare	entschuldigen
non … più	nicht mehr
il tempo	die Zeit
scaldarsi la voce	sich einsingen
adesso	jetzt
ciao	hallo, tschüss
in bocca al lupo!	viel Glück!, toi toi, toi!
crepi il lupo!	na hoffentlich!

presentarsi und *esibirsi*: Beide Verben haben die Bedeutung von »auftreten«, »vorspielen«, »sich zeigen«. Beide Verben sind reflexiv (rückbezüglich). Wie man sie konjugiert, lernen Sie im Theorieteil.

Però heißt eigentlich »aber«. Wenn es aber so allein steht wie hier und mit dem entsprechenden Tonfall geäußert wird, kann es die Bedeutung annehmen von »Donnerwetter«, »alle Achtung«, »mein lieber Herr Gesangverein«, »nicht schlecht«, »immerhin« etc.

6 A · Teoria

Teoria

Reflexive Verben

presentarsi (sich vorstellen, sich zeigen)

(io)	**mi** presento	ich stelle mich vor
(tu)	**ti** presenti	du stellst dich vor
(lui/lei; Lei)	**si** presenta	er/sie stellt sich vor; Sie stellen sich vor
(noi)	**ci** presentiamo	wir stellen uns vor
(voi)	**vi** presentate	ihr stellt euch vor; Sie stellen sich vor (Pl.)
(loro)	**si** presentano	sie stellen sich vor

Viele Verben können sowohl reflexiv als auch nicht reflexiv verwendet werden. Einige dieser Verben sind schon bekannt:

aprire	aprirsi
capire	capirsi
chiamare	chiamarsi
chiedere	chiedersi
conoscere	conoscersi
immaginare	immaginarsi
interessare	interessarsi
preparare	prepararsi
sentire	sentirsi
spogliare	spogliarsi
vedere	vedersi

Vorsicht: **esibire** ist ein Verb mit Stammerweiterung (siehe Lezione 4 B).

esibirsi (sich zeigen, auftreten)

(io)	**mi** esibisco	ich zeige mich
(tu)	**ti** esibisci	du zeigst dich
(lui/lei; Lei)	**si** esibisce	er/sie zeigt sich; Sie zeigen sich
(noi)	**ci** esibiamo	wir zeigen uns
(voi)	**vi** esibite	ihr zeigt euch; Sie zeigen sich (Pl.)
(loro)	**si** esibiscono	sie zeigen sich

Reflexivpronomen

mi (mich)
ti (dich)
si (sich)
ci (uns)
vi (euch)
si (sich)

Die Konjugation funktioniert nach den bekannten Schemata von Verben auf -**are**; -**ere**; -**ire**:
present**are**-si; scald**are**-si; esib**ire**-si.
(Zur Wiederholung siehe Lezioni 3 A, 4 A, 4 B.)
Vor die konjugierten Verbformen werden die Reflexivpronomen gestellt.

Teoria · 6 A

alcuni/e – qualche (einige, ein paar)

Suono **alcuni** brani modern**i**.
Ich spiele **einige** moderne Stücke.

Suono **qualche** brano moderno.
Ich spiele einige moderne Stücke.
(Ich spiele **manches** moderne Stück.)

Mi presento con **alcune** arie di Mozart.
Ich trete mit **einigen** Arien von Mozart auf.

Mi presento con **qualche** aria di Mozart.
Ich trete mit einigen Arien von Mozart auf.
(Ich trete mit **mancher** Arie von Mozart auf.)

Qualche wird von Nichtmuttersprachlern häufig falsch benutzt, weil es widersprüchlich ist, etwas als Plural Gedachtes mit dem Singular wiederzugeben. Man kann sich mit einem Trick helfen, mit der altertümlichen Übersetzung von *qualche* **(manche/r/s)**: »Ich spiele manches moderne Stück.« Der Satz steht im Singular, meint aber Plural.
Qualche kann opernsprachlich auch »irgendein« heißen.

alcuni/e gibt es nur im **Plural**,
qualche nur im **Singular**.
Beide Wörter werden mit »einige« oder »ein paar« übersetzt.

Musikbox

In der Opernsprache gibt es – wie meistens – Ausnahmen. So zum Beispiel die Verwendung von *alcuni/e* im Singular: *alcun, alcuno, alcuna*. Man übersetzt das, je nach Kontext, mal mit »jemand«, mal mit »niemand« – es herrscht also völlige Klarheit!

Parlando

Italienische Sätze werden gebunden gesprochen. Man setzt also nicht nach jedem Wort ab, sondern die Wörter gehen fließend ineinander über. Wenn dabei zwei gleichlautende Vokale aufeinandertreffen schmelzen sie fast zu einem zusammen:
»Per me è già la terza volta.«
»Sono severi qui i professori?«

 32

Achten Sie auch auf die Satzmelodie, wenn Sie die Beispiele hören (besonders auf den Unterschied zwischen Frage und Aussage)!

6 A · Pratica

Pratica

1. Mettete il pronome riflessivo

1. *mi* chiedo
2. ti chiedi
3. si chiede
4. ci chiediamo
5. vi chiedete
6. si chiedono

Setzen Sie das Reflexivpronomen ein.

2. Mettete il verbo riflessivo

1. Tu *ti esibisci* al teatro. (esibirsi)
2. Loro si presentano con due arie. (presentarsi)
3. Noi ci vediamo alla prova. (vedersi)
4. Io non mi sento bene. (sentirsi)
5. Voi vi scaldate la voce. (scaldarsi)
6. Lei si chiama Mimì. (chiamarsi)
7. I tenori non si conoscono. (conoscersi)
8. E tu? Come ti chiami? (chiamarsi)
9. Lui si prepara per il concerto. (prepararsi)

Setzen Sie das reflexive Verb ein.

3. Combinate

1. ci spogliamo   a. ihr seht euch
2. vi vedete   b. du interessierst dich
3. si sentono   c. er kennt sich
4. mi chiedo   d. wir nennen uns
5. ti interessi   e. ich stelle mich vor
6. si conosce   f. sie fühlen sich
7. ci chiamiamo   g. wir ziehen uns aus
8. mi presento   h. ich frage mich

Verbinden Sie.

5.: »sich interessieren **für**« heißt übrigens *interessarsi di*.

Pratica · 6 A

4. Disordine

1. chiamano	a. ti
2. capiamo	b. si
3. conoscete	c. si
4. vedo	d. ci
5. esibiscono	e. mi
6. senti	f. si
7. immaginiamo	g. vi
8. presenta	h. ci

Unordnung: Welches Reflexivpronomen gehört zu welcher Verbform?

5. Come si dice con *qualche*?

1. Suono alcuni brani di Bach.
   Suono qualche brano di Bach.
2. Ho ancora alcuni biglietti per la prima.
3. Andiamo al concerto con alcune intenditrici.
4. Si presenta con alcune sonate.
5. Facciamo un concerto con alcuni studenti.
6. Posso raccontare alcune storie.
7. Alcuni teatri danno il *Rigoletto*.
8. Alcuni cantanti non sono emozionati.
9. Alcune donne sono mobili.

Wie heißt es mit *qualche*? Vorsicht bei der Umwandlung der Sätze in die Singularform: Manchmal ändern sich auch Verbformen oder Adjektive!

Hilfe für Satz 8: *cantanti* ist männlich.

6. Quale parola non c'entra?

1. clarinetto – viola – flauto – colpa
2. romantico – moderno – ridotto – contemporaneo
3. bar – teatro – spettacolo – regia
4. dunque – quindi – allora – egli
5. staccato – presto – prova – pizzicato
6. qualche – quando – quale – quanto

Welches Wort gehört nicht dazu? Ein Wort in der Reihe passt nicht zu den anderen.

6 A · Pratica

Übersetzen Sie.

7. Traducete

1. Mit welchen Stücken stellt ihr euch vor?
2. Viel Glück! – Na hoffentlich!
3. Sie spielt ein paar Sonaten von Mozart.
4. Einige Professoren sind sehr streng.
5. Machen wir ein bisschen Kammermusik?
6. Ich trete schon zum dritten Mal auf.
7. Ich bin aufgeregt vor der Prüfung.
8. Warum singst du nichts Zeitgenössisches?
9. Wir müssen uns jetzt einsingen.

In Satz 6 geben Sie das »zum« mit *per* wieder.

In Satz 8 muss es *niente di* heißen.

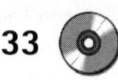

33

Hören Sie die Beispiele von der CD und sprechen Sie sie nach.

Parlando

Non ho più temp**o** **o**ra.
Quest'aria **mi** **i**nteressa molto.
Sono due librettist**i** **i**ntelligenti.
Guarda anche lo spartito!
L'esame **è** **e**sagerato.
Sento un nuov**o** **o**dore.

ottantotto 88

6 B
Libretto · Vocaboli · Lezione

Libretto

1. **Ti** voglio ardente d'amor.
   Ich will **dich** brennend vor Liebe.
2. Costor non **mi** conoscono!
   Sie kennen **mich** nicht!
3. Il bacio tuo **mi** dà l'eternità
   Dein Kuss gibt **mir** die Ewigkeit.
4. Non puoi donar**mi** a lui come una schiava.
   Du kannst **mich** ihm nicht wie eine Sklavin geben.
5. Duol**mi** un poco questo piè, questo braccio e questa mano.
   Mich schmerzt dieser Fuß ein wenig, dieser Arm und diese Hand.
6. … ma chiudete**mi** la bocca.
   … aber schließt **mir** den Mund.
7. Rinfrescate**vi**, bei giovinotti!
   Erfrischt **euch**, (ihr) schönen jungen Männer!

Vocaboli

ardente	brennend, glühend
costor(o)	sie
il bacio	der Kuss
l'eternità	die Ewigkeit
donare	schenken
a lui	ihm
la schiava	die Sklavin
dolere	schmerzen
il piè, piede	der Fuß
il braccio	der Arm
la mano	die Hand

 34

Musikbox

Don Giovanni und *Turandot* heißen die Hauptfiguren der beiden Opern, aus denen die Textbeispiele dieser Lektion stammen. Größere Unterschiede sind kaum vorstellbar: *Don Giovanni*, der unmoralische Frauenheld, der keine Liebe kennt, sondern nur Verführung sucht. *Turandot*, die kaltherzige aber hochmoralische Prinzessin, die aus Rachedurst zur Männerhasserin wird und erst durch die Liebe Erlösung findet. Beiden Opern aber ist gemein, dass die Figuren nicht in das typische Opernstrickmuster eingepasst sind, das George Bernhard Shaw einmal wie folgt beschrieben hat: »Die Oper? Das ist: Ein Tenor und ein Sopran, die miteinander ins Bett wollen, und ein Bariton, der das verhindert.«

costor(o) (diese da) wird opernsprachlich statt *loro* benutzt.

dolere wird unregelmäßig konjugiert: dolgo · duoli · duole · doliamo (oder *dogliamo*) · dolete · dolgono

la mano ist ein weibliches Wort, obwohl es die Endung -o hat. Der Plural ist *le mani*.

6 B · Vocaboli · Teoria

chiudere	schließen
la bocca	der Mund
rinfrescarsi	sich erfrischen
bello, bei (Pl.)	schön
il giovinotto	der junge Mann

il giovinotto heißt heute meistens *il giovanotto*.

Teoria

Die Pronomen *mi, ti, ci, vi* müssen nicht unbedingt reflexiv sein. Sie sind auch Dativ- oder Akkusativpronomen.

Die Pronomen *mi, ti, ci, vi*

1. Reflexiv

mi interesso	ich interessiere **mich**
ti interessi	du interessierst **dich**
ci interess**iamo**	wir interessieren **uns**
vi interess**ate**	ihr interessiert **euch**

Reflexiv heißt »rückbezüglich«: Pronomen und Verbform gehören derselben Person.

Grammatikmuffel können die Theorie umgehen, indem sie die Pronomen einfach übersetzen:

mi (mir/mich)
ti (dir/dich)
ci (uns)
vi (euch)

2. Dativ-Frage: Wem?

mi dai un bacio	du gibst **mir** einen Kuss
ti diamo un bacio	wir geben **dir** einen Kuss
ci date un bacio	ihr gebt **uns** einen Kuss
vi do un bacio	ich gebe **euch** einen Kuss

Beim Dativ müssen Pronomen und Person nicht übereinstimmen. Das gilt auch für den Akkusativ.

3. Akkusativ-Frage: Wen oder was?

mi vuoi	du willst **mich**
ti voglio	ich will **dich**
ci vogliono	sie wollen **uns**
vi vuole	er/sie will **euch**

novanta 90

Teoria · 6 B

Stellung der Pronomen

1. Vor dem Verb
Ti voglio.
Non mi conoscono.

2. Am Inifinitiv
Puoi donarmi a lui.
Non voglio lasciarti.

3. Am konjugierten Verb
Duolmi questo piè.
Parmi sentir ...

4. Am Imperativ
Chiudetemi la bocca!
Rinfrescatevi!

1. Normalerweise stehen die Pronomen **vor dem konjugierten Verb**.
2. Pronomen können **an den Infinitiv angehängt** werden. Das e am Ende des Infinitivs entfällt: *donare, lasciare*.
3. In der Opernsprache wird gegen die heute gültige Regel 1. manchmal verstoßen:
   statt *mi duole*   duol*mi*
   statt *mi pare*   par*mi*
4. Pronomen werden an **Imperative der 2. Person** (Singular und Plural) **angehängt**. (Bisher ist nur der Imperativ der 2. Person Plural bekannt.)

Adjektiv *bello*

Singular
il giovinotto	il bel giovinotto
lo studente	il bello studente
l'atto	il bell'atto
la maschera	la bella maschera
l'amicizia	la bell'amicizia

Plural
i giovinotti	i bei giovinotti
gli studenti	i begli studenti
gli atti	i begli atti
le maschere	le belle maschere
le amicizie	le belle amicizie

Wenn *bello* vor dem Substantiv steht, endet es genauso **wie der bestimmte Artikel**:

il	bel
lo	bello
l'	bell'
la	bella
l'	bell'
i	bei
gli	begli
gli	begli
le	belle
le	belle

6 B · Teoria · Pratica

Singular
il giovinotto bell**o**
la maschera bell**a**

Steht *bello* hinter dem **Substantiv**, hat es die bekannten **Endungen**: **-o, -a, -i, -e**.

Plural
i giovinotti bell**i**
le maschere bell**e**

35

Parlando
t: tanto, tela, tenore
p: pari, pausa, piè
k: canto, casa, colpa

Spricht man diese harten Konsonanten im Italienischen aus, dürfen sie nicht zu explosiv bzw. zu stark behaucht geraten. Eine Hilfe ist es, sich den entsprechenden weichen Konsonanten statt des harten vorzustellen, also:
t sprechen, aber **d** denken,
p sprechen, aber **b** denken,
k sprechen, aber **g** denken.

Pratica

Setzen Sie die Pronomen ein.

1. Mettete i pronomi *mi, ti, ci, vi*

1. *Ci* presentiamo con Mozart. (uns)
2. Lasciate *mi* cantare! (mich)
3. *ti* voglio raccontare la storia. (dir)
4. Scaldate *vi* la voce per il concerto. (euch)
5. Telefonate *ci* domani sera! (uns)
6. *mi* suoni questa fuga? (mir)
7. *ti* do lo spartito. (dir)
8. *vi* presentate al concorso? (euch)
9. *mi* esibisco con una sonata. (mich)

Pratica · 6 B

2. Spostate i pronomi

1. Mi voglio presentare al concorso.
   Voglio presentarmi al concorso.
2. Ci potete cantare due lieder.
3. Mi pare severo il professore.
4. Vi potete rinfrescare al bar.
5. Ti devi spogliare in scena?
6. Ci puoi suonare qualcosa di romantico?
7. Non ti voglio dare il mio flauto.
8. Non vi possono fare il riassunto.
9. Mi può suonare un brano per viola?

Stellen Sie die Pronomen um.

Satz 5: *in scena* heißt »auf der Bühne«.

3. Prima dell'esame

1. *Preparatevi* bene! (prepararsi)
2. .... un professore poco severo! (cercarsi)
3. .... al bar! (rinfrescarsi)
4. .... qualcosa di bello! (immaginarsi)
5. .... una pausa! (prendersi)
6. .... come volete suonare! (chiedersi)
7. .... un bel repertorio! (prepararsi)

Vor der Prüfung: Geben Sie den Studenten Tipps, wie sie ihr Lampenfieber bekämpfen können.

4. Spostate l'aggettivo *bello*

1. il piede bello   il *bel piede*
2. la bocca bella   la ....
3. i giovinotti belli   i ....
4. gli uomini belli   i ....
5. le storie belle   le ....
6. l'amore bello   il ....
7. l'aria bella   la ....
8. la musica bella   la ....
9. i professori belli   i ....

Stellen Sie das Adjektiv *bello* um.

6 B · Pratica

Wie sagt man heute?

5. Come si dice oggi?

1. foco
2. lumi
3. fo
4. denno
5. piè
6. puossi
7. mensa

a. piede
b. devono
c. tavola
d. si può
e. occhi
f. faccio
g. fuoco

Übersetzen Sie.

Hier sind einige Sonderformen der Opernsprache gefragt!
Denken Sie auch daran, dass Endbuchstaben manchmal einfach wegfallen.

6. Traducete

1. Ardente d'amor ti vogliam.
2. Mi pare sentir odor di femmina.
3. Scellerati sono i bei giovinotti.
4. Duolmi ancor il bacio tuo.
5. Datemi la bocca vostra!
6. Veder deggio questi bei rai.
7. Femmina crudel è la tua schiava.
8. Ella ha di sasso il core.
9. Lasciatemi cantare un'aria d'amor.
10. Datemi la mano, bella donna!

36

Hören Sie die Wörter von der CD und sprechen Sie sie nach. Machen Sie diese Übung anschließend auch ohne CD.

Parlando

t: tavola, ti, tuo, teatro, tempo, tanti
p: parte, pianoforte, pizzicato, poi
k: che, come, canto, chiamare, chiudere

Dialogo · Lezione 7A

Amanti della musica
Musikliebhaber

 37

Vieni a casa mia stasera?
Kommst du heute Abend zu mir?

Cosa? M'inviti a cena finalmente?
Wie? Lädst du mich endlich zum Essen ein?

No, ma c'è una trasmissione interessante alla radio.
Nein, aber es gibt eine interessante Radioübertragung.

Dimmi!
Nämlich?

La Valchiria con i Berliner.
Die Walküre mit den Berliner Philharmonikern.

Ah, i tuoi adorati Berliner ... chi dirige?
Ah, deine angebeteten Berliner ... wer dirigiert?

Barenboim.
Barenboim.

Musikbox

I Berliner
sind keine Pfannkuchen. Mit dieser Verkürzung werden immer die Berliner Philharmoniker bezeichnet.

Musikbox

ascoltare la radio	Radio hören
ascoltare	zuhören
diretto da	dirigiert von
dirigere	dirigieren
il direttore d'orchestra	der Dirigent
il maestro	der Dirigent
l'espressività	die Ausdruckskraft
la musicalità	die Musikalität
la trasmissione	die Übertragung, die Sendung

Musikbox

Wagners *Ring* auf Italienisch:

L'oro del Reno	*Das Rheingold*
La Valchiria	*Die Walküre*
Sigfrido	*Siegfried*
Il crepuscolo degli Dei	*Die Götterdämmerung*

7 A · Dialogo

Ma non **lo** sopporto! Barenboim è orrendo!
Das ertrage ich aber nicht. Barenboim ist schrecklich!

Ma **non esagerare!**
Nun **übertreibe** mal **nicht!**

Non esagero, ma per darti la prova ti faccio ascoltare *La Valchiria* diretta da Furtwängler … **la** devi sentire …
Ich übertreibe nicht, aber um dir den Beweis zu liefern, spiele ich dir *Die Walküre* mit Furtwängler vor … **die** musst du hören …

Dici?
Meinst du?

Non c'è paragone, **credimi!**
(Das ist) kein Vergleich, **glaube mir!**

E quali sono le differenze?
Und worin bestehen die Unterschiede?

Guarda, sono due mondi diversi, **nell'**espressività, **nella** musicalità …
Weißt du, das sind zwei verschiedene Welten, **in der** Expressivität, **in der** Musikalität …

E tu hai il disco?
Und du hast die Platte?

Certo, ho quasi tutto di Furtwängler.
Sicher, ich habe fast alles von Furtwängler.

Va be' … mi hai convinto. **Vieni** a casa mia e porti pure il disco.
Ok, du hast mich überzeugt. **Komm** zu mir und bring auch die Platte mit.

Sì, sì, **vengo** casa tua e apriamo una bottiglia di champagne in onore di Furtwängler …
Ja, ja, ich **komme** zu dir und wir machen eine Flasche Champagner auf, Furtwängler zu Ehren …

Vocaboli · 7 A

Vocaboli

l'amante (m+f)	der/die Liebhaber/in
venire	kommen
invitare	einladen
la cena	das Abendessen
finalmente	endlich
c'è	da ist, es gibt
la trasmissione	die Übertragung, die Sendung
interessante	interessant
dimmi!	sag mir! sprich!
La Valchira	*Die Walküre*
i tuoi	deine
adorato	angebetet
dirigere	dirigieren
lo	ihn, es
sopportare	ertragen
orrendo	schrecklich
esagerare	übertreiben
la prova	der Beweis
ascoltare	(zu-)hören
diretto da	dirigiert von
la	sie, es
dire	sagen
il paragone	der Vergleich
credere	glauben
la differenza	der Unterschied
il mondo	die Welt
diverso	verschieden, anders
l'espressività	die Ausdruckskraft
la musicalità	die Musikalität
certo	sicher, sicherlich
quasi	fast

venire wird unregelmäßig konjugiert:
vengo	ich komme
vieni	du kommst
viene	er/sie kommt
veniamo	wir kommen
venite	ihr kommt
vengono	sie kommen

dimmi! setzt sich zusammen aus *di'!* (sag!, sprich!) und *mi* (mir). Das *m* wird verdoppelt. Ebenso: *fammi!* (mach mir!), *dammi!* (gib mir!)

ascoltare bedeutet »hören« im Sinne von »zuhören«. Dagegen heißt *sentire* »hören« im Sinne von »wahrnehmen«.

7 A · Vocaboli · Teoria

tutto	alles
convinto	überzeugt
portare	(mit-)bringen
pure	nur, ruhig, auch
la bottiglia	die Flasche
lo champagne	der Champagner, der Sekt
l'onore (m)	die Ehre
in onore	zu Ehren

pure ist ein Redeeinschub im Sinne von:
fai pure!   mach nur!
vai pure!   geh ruhig!
vieni pure!   komm nur!

Teoria

Imperative der 2. Person Singular

guardare	credere	sentire
guarda!	credi!	senti!
schaue!	glaube!	höre!

Die Endungen für den Imperativ der regelmäßigen Verben lauten wie folgt:

-are:	-ere:	-ire:
-a	-i	-i

Erinnern Sie sich an die »normale« Konjugation der Verben:

guardo	ich schaue
guard*i*	du schaust
guard*a*	er schaut
credo	ich glaube
cred*i*	du glaubst
crede	er glaubt
sento	ich höre
sent*i*	du hörst
sente	er hört

Verwechseln Sie die Endungen der Befehle nicht mit den »normalen« Verb-Endungen! Zur Auffrischung Ihres Erinnerungsvermögens können Sie einen Blick in die Randspalte werfen.

Verneinung

non esagerare	übertreibe nicht!
non credere	glaube nicht!
non venire	komme nicht!

Die verneinte Befehlsform für die 2. Person Singular wird bei allen Verben einfach durch **non + Infinitiv** gebildet.

Teoria · 7 A

Imperativ + Pronomen

guardaci!	schau uns an!
credimi!	glaube mir!
chiediti!	frage dich!

In der Befehlsform der 2. Person Singular wird das **Pronomen angehängt** – genau wie bei der 2. Person Plural (siehe Lezione 6 B).

Stellung der Pronomen bei der Verneinung

non guardarci!	schau uns nicht an!
non ci guardare!	
non credermi!	glaube mir nicht!
non mi credere!	

Die Pronomen können bei der Verneinung der 2. Person Singular
1. an den Infinitiv angehängt werden
2. zwischen *non* und Infinitiv stehen.

Akkusativpronomen *lo* und *la*

La Valchiria? **La** devi sentire!
Die Walküre? Du musst **sie** hören!

La cena? Sì, **la** voglio.
Das Abendessen? Ja, ich will **es**.

Il direttore d'orchestra? Non **lo** sopporto.
Den Dirigenten? Ich ertrage **ihn** nicht.

Lo strumento? Sì, **lo** compro.
Das Instrument? Ja, ich kaufe **es**.

Pronomen können ein Substantiv ersetzen:
lo ersetzt männliche Substantive im Singular.
la ersetzt weibliche Substantive im Singular.
Das kann man sich gut merken, denn die Endungen -o und -a (*lo*, *la*) sind Ihnen als Kennzeichen für maskulin und feminin schon bekannt.

Musikbox

Opernsprachliches

il vedo (ich sehe ihn) statt
lo vedo (ich sehe ihn).

7 A · Teoria

Akkusativpronomen

mi	mich
ti	dich
lo/la	ihn/es; sie/es
ci	uns
vi	euch
–	sie

Jetzt sind die Akkusativpronomen fast komplett.
Die 3. Person Plural folgt in Lezione 8.

Tipps:
1. *lo* und *la* werden genau so gestellt wie *mi, ti, ci, vi*.
2. Unterscheiden Sie zwischen *ci* (uns) und *ci* (da, dort, dahin):
   Ci vediamo.   Wir sehen **uns**.
   Ci andiamo.   Wir gehen **da hin**.
   Ci siamo.   Wir sind **da**.
3. Singular: *ci + è = c'è*
   da ist, es gibt
   Plural: *ci sono*
   da sind, es gibt

Sie kennen bereits die Verknüpfungen von a + bestimmter Artikel und di + bestimmter Artikel. Die gleichen Regeln gelten auch für die Präposition *in*. Sie kennen jedoch schon ein paar feste Wendungen, bei denen sich *in* nicht verändert:

in bocca al lupo!	toi, toi, toi!
in galleria	im Rang
in onore	zu Ehren
in platea	im Parkett
in scena	auf der Bühne
in tutto	insgesamt

in + Artikel

Singular

in + il	nel
in + lo	nello
in + l'	nell'
in + la	nella

Plural

in + i	nei
in + gli	negli
in + le	nelle

Die Betonung der Verben beim Infinitiv: **38**
-are + -ire: auf der Endung:
guardare, cantare, sentire, capire
-ere: meist (!) auf dem Stamm:
credere, prendere

Die Betonung der Verben beim Imperativ: immer auf dem Stamm!

Parlando

guardaci!	non guardarci!
sentimi!	non sentirmi!
credimi!	non credermi!

Ausnahme -ere-Verb:
vedilo!   non lo vedere!

Pratica · 7 A

Pratica

1. Dal *Voi* al *tu*

1. Dirigete questo concerto!
   Dirigi questo concerto!
2. Guardate queste femmine!
3. Ascoltate la radio!
4. Credetemi!
5. Sopportate il **maestro**!
6. Lasciatemi raccontare!
7. Prendete questo fiore!
8. Suonate la sonata!
9. Chiedete alla maschera!

Vom »Ihr« zum »du«: Machen Sie aus den Befehlen der 2. Person Plural Befehle der 2. Person Singular.

Die Abkürzung für **maestro** ist M°.

2.a Imperativo e pronomi

1. Porta *una bottiglia* di champagne!   *Portala!*
2. Prendi *il biglietto*!   ....
3. Chiama *il maestro*!   ....
4. Canta *l'aria*!   ....
5. Guarda *il libretto*!   ....
6. Presenta *lo studente*!   ....
7. Racconta *la storia*!   ....
8. Apri *la bottiglia*!   ....
9. Suona *il violino*!   ....

Ersetzen Sie die Substantive durch ein Pronomen.

2.b Non ...

1. Porta*la*!   *Non la portare!/Non portarla!*

Verneinen Sie die Befehle der Übung 2.a, mal mit vorangestelltem, mal mit nachgestelltem Pronomen.

7 A · Pratica

Setzen Sie das fehlende Wort ein.

3. Mettete la parola che manca

una trasmissione – ascoltare – diretto da – un biglietto – contemporaneo – il cd – lo spartito – platea – onore

1. Stasera c'è .... interessante alla radio.
2. Abbiamo due posti in ....
3. Ti **faccio** .... *L'oro del Reno*.
4. È un concerto .... Celibidache.
5. Suoni qualcosa di .... ?
6. Non posso cantare. Non ho ....
7. Vieni alla prima? Ho ancora ....
8. Compro .... con i Berliner.
9. Apro una bottiglia in .... di Abbado.

far(e) ascoltare heißt wörtlich »hören machen«, im Sinne von »zu Gehör bringen«, »vorspielen«. Ebenso: *far(e) vedere* (sehen machen, zeigen).

Entscheiden Sie, ob die Präposition *in* mit oder ohne Artikel steht. Wenn mit Artikel: Finden Sie die richtige Verknüpfung.

4. *In*: articolo sì o no?

1. *Nella* pausa vado al bar del teatro.
2. Devo presentarmi .... scena.
3. C'è qualcosa di interessante .... spartito?
4. I maestri sono diversi .... espressività.
5. Ci sono due posti .... galleria.
6. Abbiamo due tenori .... nostro coro.
7. Pavarotti canta .... ogni teatro.
8. .... opera lirica tutto è possibile.
9. Non compro più .... negozi di musica.

C'è oder *ci sono*? Singular oder Plural?

5. *C'è* o *ci sono*?

1. *C'è* ancora un biglietto?
2. .... due bottiglie di champagne.
3. .... i cantanti del conservatorio?
4. .... alcuni intenditori.

Pratica · 7 A

5. .... una prova domani?
6. Stasera .... una trasmissione.
7. Il direttore non .... stasera.
8. Le guardarobiere non ....
9. Ma non .... una pausa?

Musikbox

ci + vi

In der Opernsprache steht manchmal an Stelle von *ci* ein *vi*. In Verbindung mit *è* heißt es dann *v'è* (da ist, es gibt).

6. Traducete

1. Öffne den Klavierauszug!
2. Schau (dir) *Die Walküre* an!
3. Du kannst den Unterschied hören: in der Musikalität, in der Ausdrucksstärke.
4. Soll ich zur Premiere kommen?
5. Ich ertrage diesen Dirigenten nicht.
6. Neville Mariner dirigiert fast alles.
7. Komm ruhig zu mir nach Hause!
8. Spiele mir etwas Romantisches!
9. Heute Abend gibt's die *Traviata*, dirigiert von Muti.

Übersetzen Sie.

In Satz 2 wird »lassen« mit *fare* übersetzt.

In Satz 4 muss das »sollen« nicht übersetzt werden. Sie brauchen nur die richtige Form von *venire*.

Parlando

aprilo! non aprirlo!; guardami! non guardarmi!; immaginati! non immaginarti!; suonala! non suonarla!; presentati! non presentarti!

 39

Hören Sie die Imperative von der CD und sprechen Sie sie nach. Achten Sie auf den Betonungswechsel.

7 B Lezione · Libretto

40

Libretto

No, amor per me non ha!
Nein, sie hat (fühlt) keine Liebe für mich!

Ove son? **Quei** doppier
Wo bin ich? **Jene** Leuchter

presso a finir! L'aurora imbianca
fast am Verlöschen! Die Morgenröte erhellt

il mio veron!
meinen Balkon!

Già spunta il dì! Passar veggo
Schon kommt der Tag! Ich sehe

i miei giorni lenti!
meine langsamen Tage vorbeigehen!

Musikbox

ove steht opernsprachlich für *dove*.

Libretto · Vocaboli · 7 B

Il sonno, oh Dio, **sparì** da'
Der Schlaf, oh Gott, **verschwand**

miei occhi languenti!
aus **meinen** schwachen Augen!

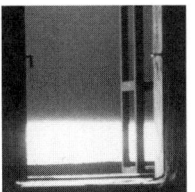

sparì (verschwand): das erste Verb dieses Buchs in der Vergangenheit. Diese Zeit heißt *passato remoto* (historisches Perfekt) und wird erst in Lezione 10 B behandelt.

Vocaboli

ove	wo
quei	jene
il doppier(e)	der zweiarmige Leuchter
presso	(nahe) bei, am
finire	enden, beenden
l'aurora	die Morgenröte
imbiancare	weiß machen, erhellen
il veron(e)	der Balkon
spuntare	emporkommen, auftauchen
il dì	der Tag
passare	vorbeigehen
veggo	ich sehe
i miei	meine
il giorno	der Tag
lento	langsam
il sonno	der Schlaf
il Dio	der Gott
sparire	verschwinden
da	aus
languente	schwach, sehnsuchtsvoll

Musikbox

Opernsprachliches

il veron(e) ist ein altertümliches Wort. Heute würde man *balcone* sagen.

il dì steht opernsprachlich für *il giorno* (der Tag).

veggo
Sie erinnern sich sicher an die opernsprachlichen Formen *deggio* bzw. *degg'io* (ich muss). Bei dem Verb *vedere* gibt es sogar drei Formen: *veggo*, *veggio* bzw. *vegg'io* (ich sehe).

7 B · Teoria

Teoria

Possessivpronomen, Plural

Maskulin		Feminin	
i miei	meine	**le mie**	meine
i tuoi	deine	**le tue**	deine
i suoi	seine/ihre	**le sue**	seine/ihre
i nostri	unsere	**le nostre**	unsere
i vostri	eure	**le vostre**	eure
i loro	ihre	**le loro**	ihre

Zur Erinnerung: Die Possessivpronomen im Singular finden Sie in Lezione 3 A.

Vorsicht:

suoi und *sue* werden nur verwendet, wenn **eine Person** mehrere Dinge besitzt: *i suoi violini* (seine/ihre Violinen), *le sue arie* (seine/ihre Arien).

Besitzen **mehrere Personen** mehrere Dinge, steht *loro*: *i loro violini* (ihre Violinen), *le loro arie* (ihre Arien).

Auch für den Plural gelten die drei Regeln:
1. Das Possessivpronomen steht meistens mit dem Artikel: **i miei**, **le nostre** …
2. Es richtet sich nach dem Substantiv, auf das es sich bezieht: **i miei giorni** (meine Tage), **le mie arie** (meine Arien).
3. **i suoi** (seine/ihre/Ihre); **le sue** (seine/ihre/Ihre)

quello (jene/r/s)

Singular

il giorno	quel giorno
lo strumento	quello strumento
l'esame	quell'esame
la scena	quella scena
l'aria	quell'aria

Plural

i giorni	quei giorni
gli strumenti	quegli strumenti
gli esami	quegli esami
le scene	quelle scene
le arie	quelle arie

Das kommt Ihnen bekannt vor? Ja, denn *quello* wird genau so behandelt wie *bello* (siehe Lezione 6 B). Die Endungen entsprechen denen des bestimmten Artikels:

il	quel
lo	quello
l'	quell'
la	quella
l'	quell'
i	quei
gli	quegli
gli	quegli
le	quelle
le	quelle

Teoria · 7 B

Questo e quello: Für alles Nahestehende wird *questo* verwendet; was räumlich und zeitlich weiter entfernt ist, bekommt *quello*. Nachgestellt wird *quello* im Unterschied zu *bello* jedoch nicht. Als Demonstrativpronomen steht es vor dem Substantiv.

Die Präposition *da* + Artikel

Singular

da + il	dal
da + lo	dallo
da + l'	dall'
da + la	dalla

Plural

da + i	dai
da + gli	dagli
da + le	dalle

Die Präposition *da* wird mit dem bestimmten Artikel verknüpft (wie die Präpositionen *a, di, in*).

Im Libretto der Lezione 7 B müsste es eigentlich heißen *dai miei occhi* (aus meinen Augen). Doch wie so oft in Operntexten wird einfach gekürzt: *da' miei occhi*

Parlando

qu**ei**, dopp**ier**, aur**ora**, m**iei**, s**uoi**

da hat viele Bedeutungen:

räumlich:
vengo da
ich komme **aus**
(Aber: *sono di*: ich bin **aus**)

da Francoforte *a* Milano
von Frankfurt bis/nach Mailand

zeitlich:
da stasera *a* domani
von heute Abend bis morgen

da poco tempo
seit kurzer Zeit

bei Personen:
Sono *da* Giuseppe.
Ich bin **bei** Giuseppe.

Vado *da* Giuseppe.
Ich gehe **zu** Giuseppe.

 41

Vergessen Sie nicht, dass die Vokale einzeln gesprochen werden.

7 B · Pratica

Pratica

1. Dal singolare al plurale

Bilden Sie die Pluralform.

1. il mio biglietto — *i miei biglietti*
2. la sua aria — ....
3. il loro flauto — ....
4. la nostra maschera — ....
5. la tua opera — ....
6. il suo violinista — ....
7. il nostro direttore — ....
8. la loro lingua — ....
9. il vostro duetto — ....

Eine gute Übung ist es, die Formen auch zu übersetzen. Bei 2 und 6 gibt es zwei Übersetzungsmöglichkeiten.

Verbinden Sie.

Zu 2.: *amica* hat den Plural *amiche*. Bei Wörtern, die auf **-ca** oder **-ga** enden, wird im Plural ein **h** eingefügt, damit die Aussprache erhalten bleibt.

Ebenso:
la bocca   *le bocche*
la musica   *le musiche*

Vorsicht bei den Sätzen 4 und 9!

Wie sagt man heute?

2. Combinate

1. la tua donna
2. le sue amiche
3. il vostro strumento
4. i loro occhi
5. i suoi concerti
6. il mio teatro
7. il nostro repertorio
8. la sua storia
9. le sue pupille

a. seine Konzerte
b. mein Theater
c. seine Augen
d. unser Repertorie
e. seine Geschichte
f. ihre Freundinnen
g. ihre Augen
h. deine Frau
i. euer Instrument

3. Come si dice oggi?

1. ove
2. v'è
3. veggo
4. dì
5. costor
6. veron
7. parmi
8. piè

a. balcone
b. mi pare
c. piede
d. giorno
e. c'è
f. dove
g. vedo
h. loro

Pratica · 7 B

4. Trasformate

1. Non compro questi strumenti.
   Non compro quegli strumenti.
2. Non conosco questa donna.
3. Prepari queste scene?
4. È bello questo baritono.
5. Questi baci sono ardenti.
6. Quest'amore ti tradisce.
7. Non canto quest'aria.
8. Perché prendi questo direttore?
9. Questo tenore è orrendo.

Machen Sie aus den Formen von *questo* Formen von *quello*.

5. Quale parola non c'entra?

1. amore – cuore – concorso – bacio
2. maestro – professore – direttore – paragone
3. bottiglia – bocca – braccio – occhi
4. adagio – lento – cena – presto
5. voce – piede – canto – soprano

Welches Wort passt nicht in die Reihe?

6. *Da* con o senza articolo?

1. Nella pausa vado *dalla* guardarobiera.
2. Veniamo .... conservatorio.
3. Sono .... mio maestro di canto.
4. Ti cerco .... un'eternità.
5. Stasera vado .... mia amante.
6. .... conservatorio al teatro sono 5 minuti.
7. Andiamo .... Kassel a Francoforte.

da mit oder ohne Artikel?
Denken Sie daran, dass *da* nur mit dem bestimmten Artikel verknüpft wird.

Übersetzen Sie.

Kommt Ihnen der erste Satz irgendwie bekannt vor? Schon möglich: Es ist die erste Zeile aus einer der berühmten Arien des Herzogs von Mantua, aus der Oper *Rigoletto*.

Formen von *quello* können im Deutschen auch mit »diese/r/s« wiedergegeben werden, denn das »jene« klingt immer sehr altbacken.

42

Hören Sie die Wörter von der CD und sprechen Sie sie nach.

7 B · Pratica

7. Traducete

1. Questa o quella a me pari sono.
2. Dagli occhi vostri spunta il dì.
3. Per Karajan amor io non ho.
4. Cari amici miei, vi invito!
5. Quello scellerato mi tradisce.
6. Veggio le donne mie finalmente.
7. Guarda quelle femmine!
8. V'è tempo ancor per spogliarsi.
9. Ecco lo spartito – prendetelo!

Parlando

Europa, Euridice, fla**u**to, guardarob**ie**ra, inca**u**to, ma**e**stro, pa**u**sa, pi**e**de, s**u**onare, v**u**ole

Ripetizione · Lezione 8

Ripetizione
Wiederholung

1. Qual è la soluzione corretta?

Wie heißt die richtige Lösung?
Verbinden Sie das Substantiv mit dem richtigen Adjektiv.

1. Turandot è una donna
a. brevi.
b. crudele.
c. adorato.

2. Don Giovanni non è un uomo
a. larga.
b. scellerate.
c. fedele.

3. La musica di Schubert è
a. incauta.
b. romantica.
c. spiritoso.

4. Il maestro dirige un brano
a. moderno.
b. interessanti.
c. nuove.

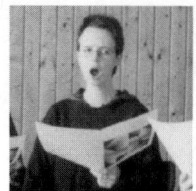

8 · Ripetizione

5. I professori al conservatorio sono
a. spiritoso.
b. breve.
c. severi.

6. Alla radio ci sono alcune trasmissioni
a. cari.
b. interessanti.
c. diversi.

7. Stasera c'è uno spettacolo
a. fedele.
b. bravi
c. nuovo.

8. La cantante ha una voce molto
a. bella.
b. possibile.
c. fedele.

Setzen Sie die Verbformen im Präsens ein.
1. *dovere*
2. *aprire*
3. *conoscere*
4. *capire, io*
5. *volere, voi*
6. *fare*
7. *esibirsi, tu*
8. *comprare, voi*
9. *interessarsi, noi*
10. *potere, io*
11. *suonare, tu*
12. *tradire*
13. *sapere, tu*

2. Mettete la forma del verbo

1. Le cantanti ***devono*** scaldarsi la voce.
2. Il pianista non .... lo spartito.
3. Loro non .... le canzoni di Celentano.
4. Non .... questa musica.
5. .... venire al mio concerto?
6. I fiori ch'io .... non hanno odore.
7. Con quale brano ti .... ?
8. .... questo cd?
9. .... di musica contemporanea.
10. Non .... vedere questa messa in scena.
11. .... molto bene il violoncello!
12. Desdemona non .... Otello.
13. Mi .... raccontare la trama?

Ripetizione · 8

14. Quale opera .... stasera?
15. La guardarobiera .... tutto.
16. Gli studenti .... al concorso.
17. Perché non .... il biglietto in platea?
18. .... ascoltare la radio!
19. .... un cd con Furtwängler.
20. Perché non .... della regia?

14. *dare, loro* · 15. *vedere* ·
16. *presentarsi* · 17. *prendere, tu* ·
18. *volere, io* · 19. *cercare, noi* ·
20. *parlare, voi*

3. Gruppi di tre parole

adagio	*aria*
canzone	clarinetto
presto	cd
bocca	spettacolo
canto	regia
moderno	radio
flauto	messa in scena
occhi	donna
signora	disco
lento	romantico
tromba	braccio
femmina	contemporaneo

Bilden Sie Wortgruppen. Es gehören immer drei Wörter zusammen.

4. Qual è la preposizione corretta?

1. Diamo lo spartito
 a. del tenore.
 b. al tenore.
 c. dal tenore.

2. Parliamo
 a. nella trama.
 b. del trama
 c. della trama.

Wie heißt die richtige Präposition?

8 · Ripetizione

In Operntexten werden Sie häufig die Präposition *con* in Verbindung mit dem Artikel finden:

con + il	col
con + la	colla
con + l'	coll'
con + i	coi
con + le	colle

3. Sento amore
a. nel cuore.
b. dai cuore.
c. alla cuore.

4. Vedete tutto
a. nelle occhi miei.
b. negli occhi miei.
c. nello occhi miei.

5. Ti amo
a. da un'eternità.
b. di un'eternità.
c. a un'eternità.

6. Domani andiamo
a. agli concerto.
b. all'concerto.
c. al concerto.

7. Sono
a. dal mio professore.
b. al mio professore.
c. dallo mio professore.

43

Hören Sie sich die Arie an und setzen Sie die fehlenden Wörter in den Text ein.

almen(o)	wenigstens
languire	sich sehnen
sospirare	seufzen
ognor(a)	immer
cessare	aufhören, beenden
il rigor(e)	die Strenge

Übersetzen Sie die Arie.

5. Mettete la parola che manca

»Caro mio ben«

1. Caro mio ben, ... almen,
2. senza di te languisce ....
3. Il tuo .... sospira ognor.
4. Cessa, ... , tanto rigor!
5. Caro mio ben, ... almen,
6. senza di te languisce ....

Ripetizione · 8

6. Sostituite il sostantivo

1. Guarda questo cuore!   *Guardalo!*
2. Suona la viola!   ....
3. Ascolta il concerto!   ....
4. Preparate la mensa!   ....
5. Cerca i cantanti!   ....
6. Compra i biglietti!   ....
7. Chiudi lo spartito!   ....
8. Invita le femmine!   ....
9. Canta queste arie!   ....

Ersetzen Sie die Substantive durch die Akkusativpronomen *lo* und *la*.
Neu! Hier kommen auch die Pluralpronomen dazu: *li* (m) und *le* (f).
Vedo i giovinotti.   *Li vedo.*
Vedo le donne.   *Le vedo.*

Musikbox

In italienischen Opern- und Arientexten liest man oft *nol*. Das ist einfach der Zusammenzug von *non + lo*: *Nol credo = Non lo credo* (Ich glaube es nicht).

7. Di chi sono queste opere?

1. *Norma*
2. *Rinaldo*
3. *I pagliacci*
4. *L'elisir d'amore*
5. *Così fan tutte*
6. *L'Orfeo*
7. *Il trovatore*
8. *Gianni Schicchi*
9. *La gazza ladra*

a. Donizetti
b. Monteverdi
c. Verdi
d. Rossini
e. Puccini
f. Mozart
g. Händel
h. Leoncavallo
i. Bellini

 44

Diese Übung dient nur vordergründig der Überprüfung Ihrer Opernkenntnisse. In erster Linie ist sie Ausspracheübung.
Probieren Sie es erst »trocken«, hören Sie dann die Namen der Opern und der Komponisten von der CD und sprechen Sie sie nach.

8 · Ripetizione

Übersetzen Sie.

8. Traducete

1. Heute Abend gehe ich ins Konzert.
2. Was wird (denn) gegeben?
3. Ich weiß es nicht.
4. Wie? Du weißt es nicht?
5. Es ist was Zeitgenössisches.
6. Oh Gott!
7. Wieso »oh Gott«? Ich interessiere mich für zeitgenössische Musik.
8. Wirklich? Aber du kennst den Namen des Komponisten nicht, kennst den Namen des Stücks nicht ….
9. Ja, aber ich weiß, dass der Komponist ein Donatoni-Schüler ist.
10. Aha … sehr interessant … na dann viel Spaß!

Satz 9: »Ich weiß, dass …« = *so che …*
»Donatoni-Schüler« = *un allievo di Donatoni.*
Satz 10: »Na dann viel Spaß!« = *allora buon divertimento!*

Dialogo · Lezione 9 A

Contrasti
Streitigkeiten

 45

No, così non **mi piace**! Suona tutto uguale!
Nein, so **gefällt es mir** nicht! Es klingt alles gleich!

Perché?
Wieso?

Devi differenziare. Qui per esempio, in questa misura: dopo il forte hai un decrescendo!
Du musst differenzieren. Hier zum Beispiel, in diesem Takt: Nach dem Forte hast du ein Decrescendo!

Ma **ho fatto** il decrescendo!
Aber **ich habe** das Decrescendo (doch) **gespielt**!

Io non **ho sentito** niente.
Ich habe nichts **gehört**.

Va bene, lo rifacciamo.
Nun gut, machen wir's noch einmal.

Musikbox

La scala di Do maggiore
Die C-Dur-Tonleiter

Do	c
Re	d
Mi	e
Fa	f
Sol	g
La	a
Si	h

Musikbox

Segni dinamici
Lautstärkezeichen

p *(piano)*	leise
pp *(pianissimo)*	sehr leise
ppp *(più piano possibile)*	so leise wie möglich
mf *(mezzoforte)*	halb laut
f *(forte)*	laut
ff *(fortissimo)*	sehr laut
fff *(più forte possibile)*	so laut wie möglich

Musikbox

Accidenti
Vorzeichen

♯	diesis	Kreuz
♭	bemolle	♭
x	doppio diesis	Doppelkreuz
♭♭	doppio bemolle	Doppel-♭

Musikbox

Le tonalità
Die Tonarten

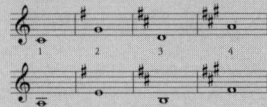
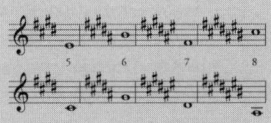

1 Do maggiore / La minore
2 Sol maggiore / Mi minore
3 Re maggiore / Si minore
4 La maggiore / Fa diesis minore
5 Mi maggiore / Do diesis minore
6 Si maggiore / Sol diesis minore
7 Fa diesis maggiore / Re diesis minore
8 Do diesis maggiore / La diesis minore

9 A · Dialogo

Scusa, ma **hai sbagliato** di nuovo.
Entschuldige, aber **du hast** dich schon wieder **verspielt**.

Dove? Cosa **ho fatto**?
Wo? Was **habe ich gemacht**?

Hai dimenticato un ornamento: qui devi suonare un trillo.
Du hast eine Verzierung **vergessen**: Hier musst du einen Triller spielen.

Aha ...
Aha ...

E poi un'altra cosa: dove c'è il segno, io rallento ... non devi andare troppo veloce.
Und dann noch etwas: Da, wo das Zeichen ist, werde ich langsamer ... du darfst nicht zu schnell spielen.

Scusa, ma **hai studiato** la parte B?
Entschuldige, aber **hast** du den B-Teil **geübt**?

Certo, perché?
Sicher, warum?

Perché sbagli tutto: il tempo, la tonalità ... qui per esempio hai un diesis ...
Weil du alles falsch machst: das Tempo, die Tonart ... hier hast du z.B. ein Kreuz ...

Interessante ...
Interessant ...

Interessante! Interessante! Se mi vuoi accompagnare, devi esercitarti di più!
Interessant! Interessant! Wenn du mich begleiten willst, musst du mehr üben!

Sai che ti dico? Cercati un altro imbecille!
Weißt du was? Such dir einen anderen Dummen!

Vocaboli · 9 A

Vocaboli

il contrasto	die Auseinandersetzung, der Streit
piacere	gefallen, schmecken
uguale	gleich
differenziare	unterscheiden
per esempio	zum Beispiel
la misura	der Takt
dopo	nach, danach, später
il decrescendo	das Decrescendo
fatto	gemacht, gespielt
rifare	noch einmal machen
sbagliare	falsch machen
di nuovo	wieder, von Neuem
dimenticare	vergessen
l'ornamento	die Verzierung
il trillo	der Triller
il segno	das Zeichen
rallentare	langsamer werden
veloce	schnell
studiare	lernen, üben, studieren
il tempo	das Tempo
la tonalità	die Tonart
il diesis	das Kreuz
accompagnare	begleiten
esercitarsi	üben
(di) più	mehr
dico	ich sage
l'imbecille (m)	der Dummkopf, der Trottel

Musikbox

Le tonalità
Die Tonarten

9 Fa maggiore / Re minore
10 Si bemolle maggiore / Sol minore
11 Mi bemolle maggiore / Do minore
12 La bemolle maggiore / Fa minore
13 Re bemolle maggiore / Si bemolle minore
14 Sol bemolle maggiore / Mi bemolle minore
15 Do bemolle maggiore / La bemolle minore

Das unregelmäßige Verb *dire*

dico	ich sage
dici	du sagst
dice	er sagt
diciamo	wir sagen
dite	ihr sagt
dicono	sie sagen

9 A · Teoria

Teoria

Das zusammengesetzte Perfekt mit *avere*

Verben auf **-are**

ho studi**ato**	ich habe gelernt
hai studi**ato**	du hast gelernt
ha studi**ato**	er/sie/es hat gelernt;
	Sie haben gelernt
abbiamo studi**ato**	wir haben gelernt
avete studi**ato**	ihr habt gelernt;
	Sie haben gelernt (Pl.)
hanno studi**ato**	sie haben gelernt

Das Partizip Perfekt der Verben auf **-are** endet auf **-ato**:

studi*are*	studi*ato*
sbagli*are*	sbagli*ato*
dimentic*are*	dimentic*ato*

Verben auf **-ire**

ho sen**tito**	ich habe gehört
hai sen**tito**	du hast gehört
ha sen**tito**	er/sie/es hat gehört
	Sie haben gehört
abbiamo sen**tito**	wir haben gehört
avete sen**tito**	ihr habt gehört;
	Sie haben gehört (Pl.)
hanno sen**tito**	sie haben gehört

Das Partizip Perfekt der Verben auf **-ire** endet auf **-ito**:

sent*ire*	sent*ito*
cap*ire*	cap*ito*
fin*ire*	fin*ito*

Verben auf **-ere**

ho cred**uto**	ich habe geglaubt
hai cred**uto**	du hast geglaubt
ha cred**uto**	er/sie/es hat geglaubt
	Sie haben geglaubt
abbiamo cred**uto**	wir haben geglaubt
avete cred**uto**	ihr habt geglaubt;
	Sie haben geglaubt (Pl.)
hanno cred**uto**	sie haben geglaubt

Das Partizip Perfekt der Verben auf **-ere** endet auf **-uto**:

cred*ere*	cred*uto*
dov*ere*	dov*uto*
sap*ere*	sap*uto*

Teoria · 9 A

Die Endungen **-ato, -ito, -uto** verändern sich nicht, solange sie in Verbindung mit *avere* benutzt werden.

Unregelmäßige Formen

Außer den regelmäßigen gibt es sehr viele unregelmäßige Formen des Partizip Perfekts.
Die müssen gelernt werden!
In der Randspalte finden Sie die unregelmäßigen Formen von Verben, die Sie schon kennen.

aprire	*aperto*	geöffnet
chiedere	*chiesto*	gefragt
chiudere	*chiuso*	geschlossen
conoscere	*conosciuto*	gekannt
dire	*detto*	gesagt
dirigere	*diretto*	dirigiert
fare	*fatto*	gemacht
prendere	*preso*	genommen
vedere	*visto*	gesehen
venire	*venuto*	gekommen
vivere	*vissuto*	gelebt

Das unregelmäßige Verb *piacere*

piaccio	ich gefalle
piaci	du gefällst
piace	er/sie/es gefällt; Sie gefallen
piacciamo	wir gefallen
piacete	ihr gefallt; Sie gefallen (Pl.)
piacciono	sie gefallen

Partizip Perfekt: piaciuto

Vorsicht: *piaciuto* wird mit *essere* verknüpft (siehe Lezione 9 B).

Vorsicht: Pronomen und Verbform müssen nicht unbedingt übereinstimmen:

mi piace	es gefällt mir
ti piace	es gefällt dir
ci piace	es gefällt uns
vi piace	es gefällt euch

Sie stimmen nur dann überein, wenn das Verb reflexiv benutzt wird:

mi piaccio	ich gefalle **mir**
ti piaci	du gefällst **dir**
ci piacciamo	wir gefallen **uns**
vi piacete	ihr gefallt **euch**

piacere: Singular und Plural im Wechsel

Singular: Mi **piace** la musica di Brahms.
Mir **gefällt** die Musik von Brahms.

Plural: Mi **piacciono** i lieder di Wolf.
Mir **gefallen** die Lieder von Wolf.

46

Musikalische Aufteilung der Vokalfolgen:

Steht für zwei Vokale nur eine Note zur Verfügung, so sollte der erste Vokal mindestens die Hälfte der Zeit füllen, wenn er betont ist.

Ist der zweite Vokal betont, wird der erste wie ein Vorschlag vorweggenommen. Man räumt dem zweiten, betonten Vokal die größtmögliche Dauer ein.

Sagen Sie's in der Vergangenheit.

Sagen Sie's in der Gegenwart.

9 A · Teoria · Pratica

Parlando

Zwei Vokale, erster betont:
io, mio, Dio, tuo, suo, poi, noi, voi, hai, sai, lei, sei, lui

Zwei Vokale, zweiter betont:
più, siamo, siete, viene, niente, dieci, fiume, può, nuovo

Pratica

1. Ditelo al passato

1. Suono questo brano.
   Ho suonato questo brano.
2. Il pianista sbaglia.
3. Ti accompagno al concerto.
4. Ma cosa fai?
5. Non sentite la differenza?
6. Cantiamo la scala in Do maggiore.
7. Il maestro dirige il concerto.
8. Apriamo un negozio di musica.
9. Perché non prendi il biglietto?

2. Ditelo al presente

1. Ho chiesto alla maschera.
   Chiedo alla maschera.
2. Abbiamo chiuso la galleria.
3. Perché non hai detto niente al maestro?
4. Ha fatto un bel concerto.

Pratica · 9 A

5. Hanno cantato in un coro.
6. Avete sentito il primo atto.
7. Abbiamo sopportato questa messinscena.
8. Non ho voluto andare al concerto.
9. Perché non hai suonato il trillo?

3. Piace o piacciono?

Steht *piacere* im Singular oder im Plural?

1. Ti *piace* la musica da camera?
2. Ti .... i tre tenori?
3. Ti .... i Berliner?
4. Ti .... questa tonalità?
5. Ti .... la musica romantica?
6. Ti .... le opere di Wagner?
7. Ti .... l'opera lirica?
8. Ti .... lo champagne?
9. Ti .... i concerti per pianoforte?

4. Qual è la tonalità?

Welche Dur- und Molltonarten verraten Ihnen diese Vorzeichen?

1. ##   a. Do diesis minore
2. ♭   b. Sol minore
3. ♭♭♭   c. La maggiore
4. ####   d. Re maggiore
5. ♭♭   e. La minore
6. –   f. Mi bemolle maggiore
7. ###   g. Fa maggiore

5. Quale parola non c'entra?

Welches Wort passt nicht?

1. cantare – suonare – accompagnare – comprare
2. clarinetto – clavicembalo – flauto – oboe
3. quartetto – solo – tempo – duetto
4. tu – do – fa – sol
5. adorato – imbecille – cafone – sciocco

9 A · Pratica

Setzen Sie die Präsensformen von *dire* ein.

Musikbox

Das Partizip Perfekt von *dire* (*detto*) kann opernsprachlich als Substantiv benutzt werden: *il detto* heißt »das Wort«.

6. Le forme di *dire*

1. Ti .... qualcosa di molto bello! (io)
2. Perché voi cantanti non .... niente? (voi)
3. Che cosa .... i musicisti? (loro)
4. Il tenore mi ....: Buon divertimento! (lui)
5. Non ti piace Wagner? Ma cosa .... ? (tu)
6. .... che i Berliner sono bravi. (noi)
7. Mi .... chi si presenta al concorso? (tu)

Übersetzen Sie.

In Satz 1 brauchen Sie die Verknüpfung *in* + *la* = *nella*

7. Traducete

1. Im zweiten Takt werde ich langsamer.
2. Warum hast du den Triller nicht gespielt?
3. Du hast dich schon wieder verspielt!
4. Die Lieder von Brahms gefallen mir nicht.
5. Sing mir die C-Dur-Tonleiter!
6. Ihr müsst mehr üben!
7. Nach dem Forte hast du ein Pianissimo.
8. Ein B? Also ist das Stück in F-Dur.
9. Fünf Kreuze? Das kann ich nicht spielen!

Welches Verb brauchen Sie in Satz 9: *potere* oder *sapere*?

 47

Hören Sie die Wörter von der CD: Bei welchen wird der erste, bei welchen der zweite Vokal betont?

Parlando

io, può, uomo, hai, dieci, nuovo, Dio, più, lui, può, suono, mio, tuo, poi, siamo, viene, niente, suo, noi, voi, sai, lei, sei, siete, guardo

9 B Libretto · Lezione

Libretto

Santuzza
Mamma Lucia, vi supplico piangendo,
fate come il Signore a Maddalena,
ditemi per pietà dov'è Turiddu …
Mamma Lucia, ich flehe euch weinend an,
macht es wie (unser) Herr mit (Maria)
Magdalena, sagt mir bitte wo Turiddu ist …

Lucia
È andato per il vino a Francofonte.
Er ist wegen des Weins nach Francofonte **gegangen**.

Santuzza
No! **L'han visto** in paese ad alta notte …
Nein! **Man hat ihn** in tiefer Nacht im Dorf **gesehen** …

Lucia
Che dici? Se non è **tornato** a casa!
Was sagst du? Wenn **er** (doch) nicht nach Hause **gekommen ist**!

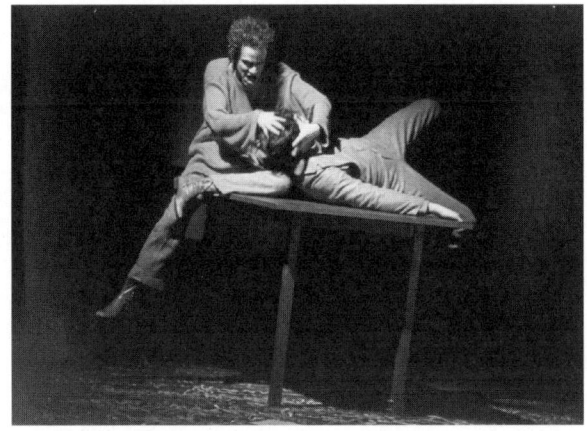

 48

Musikbox

Santuzza
Die literarische Vorlage zu Mascagnis *Cavalleria rusticana* (»Bäuerliches Rittertum«) stammt von Giovanni Verga, einem der Hauptvertreter des italienischen *Verismo* (die italienische Variante des Realismus). Zunächst erschien *Cavalleria rusticana* als Novelle, später dramatisierte Verga den Stoff, der dann, zum Libretto umgearbeitet, von Mascagni vertont wurde. Im Unterschied zur Novellenvorlage wird Santuzza in der dramatisierten Fassung (und auch bei Mascagni) zur zentralen Figur des Geschehens: Santuzza, eine junge sizilianische Bäuerin, gibt alles für ihren Geliebten Turiddu, obwohl sie weiß, dass sie nur zweite Wahl ist. Die wahre Liebe Turiddus gilt Lola, die jedoch den reichen Alfio geheiratet hat. Als Lola, die trotz ihrer Vernunftehe immer noch an Turiddu hängt, erkennt, dass sie in Santuzza eine Konkurrentin hat, betrügt sie ihren Mann, Alfio, mit Turiddu. Santuzza, verzweifelt darüber, dass sie nie die wahre Liebe Turiddus sein wird, verrät den Ehebruch an Alfio. Alfio fordert Turiddu zum Duell und tötet ihn.

9 B · Vocaboli · Teoria

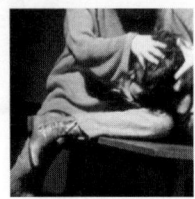

Vocaboli

supplicare	anflehen
piangendo	weinend
piangere	weinen
il Signore	der Herr (Jesus Christus)
la Maddalena	Maria Magdalena
per pietà	bitte, um alles in der Welt
la pietà	das Mitleid
il vino	der Wein
il paese	das Dorf, das Land
alto	hoch
la notte	die Nacht
tornare	zurückkehren

alto heißt zwar »hoch«, kann aber manchmal auch die Bedeutung von »tief« haben. Hier: *ad alta notte* (in tiefer Nacht; mitten in der Nacht)

Teoria

Das zusammengesetzte Perfekt mit *essere*

sono	andato/a	ich bin gegangen
sei	andato/a	du bist gegangen
è	andato/a	er/sie ist gegangen; Sie sind gegangen
siamo	andati/e	wir sind gegangen
siete	andati/e	ihr seid gegangen; Sie sind gegangen (Pl.)
sono	andati/e	sie sind gegangen

Passato prossimo o passato remoto?

Das Perfekt, wie Sie es hier in Lezione 9 lernen, finden Sie in der Opernliteratur des 17., 18. und 19. Jahrhunderts eher selten. Erst mit Puccini und mit dem italienischen *Verismo* tauchen die Formen des zusammengesetzten Perfekts häufiger auf.
Die literarische und operntypische Vergangenheitszeit, das *passato remoto* (historisches Perfekt) lernen Sie in Lezione 10 B kennen.
Für die heutige Verständigung im italienischen Alltag (auch unter Musikern!) ist das *passato prossimo* jedoch unverzichtbar.

Teoria · 9 B

Steht das Partizip Perfekt in Verbindung mit *essere*, wird es nach den Kriterien »maskulin«, »feminin«, »Singular«, »Plural« verändert:

maskulin, Singular: andat**o**
feminin, Singular: andat**a**
maskulin, Plural: andat**i**
feminin, Plural: andat**e**

Vorherrschaft der Maskulina
Ein Mann genügt, und alles richtet sich – grammatikalisch – nach ihm:
Franco e Claudia sono andat**i** al concerto.

essere oder *avere*?
Mit *essere* werden Verben der Bewegung (andare, venire …) und essere selbst verbunden.
Mit *avere* werden alle anderen Verben verbunden.

Partizip Perfekt von

essere	stato/a	gewesen
avere	avuto	gehabt

Bereits bekannte Verben, die mit *essere* verbunden werden:

andare	andato/a - i/e	gegangen
essere	stato/a - i/e	gewesen
passare	passato/a - i/e	vorbeigegangen
sparire	sparito/a - i/e	verschwunden
spuntare	spuntato/a - i/e	hervorgekommen
tornare	tornato/a - i/e	zurückgekehrt
valere	valso/a - i/e	gelohnt
venire	venuto/a - i/e	gekommen

Musikbox
Opernsprachlich findet man häufig die Form *ito*, statt *andato*:
Sono it**i**. (Sie sind gegangen.)
Auch sind regelmäßige Formen an Stelle der unregelmäßigen geläufig:
veduto statt *visto* (gesehen)
perduto statt *perso* (verloren)

Siamo **stati** al concerto.
Wir sind im Konzert **gewesen**.

Hai **avuto** un concerto.
Du hast ein Konzert **gehabt**.

passare kann auch die Bedeutung von »verbringen« haben: *Ho passato un giorno a casa mia.* (Ich habe einen Tag bei mir zu Hause verbracht.) In dieser Bedeutung steht es mit *avere*!

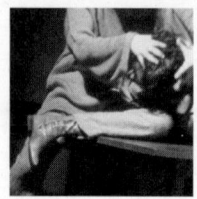

9 B · Teoria · Pratica

Die Akkusativpronomen *lo, la, li, le* und das Partizip Perfekt

Im Normalfall wird das Partizip Perfekt in Verbindung mit *avere* nicht verändert.
Steht jedoch ein Akkusativpronomen vor *avere*, passt das Partizip Perfekt seine Endung an:
lo –o · *la* –a · *li* –i · *le* –e

Dabei werden *lo* und *la* apostrophiert, *li* und *le* nicht.

Singular
m Turiddu?   L(o)'hanno visto.
f Santuzza?   L(a)'hanno vista.

Plural
m Turiddu e Alfio?   Li hanno visti.
f Santuzza e Lola?   Le hanno viste.

49

Satzfragen und Aussagesätze haben im Italienischen die gleiche Wortstellung. Deshalb lässt sich nur an der Satzmelodie erkennen, ob es sich um eine Frage oder eine Aussage handelt.

Parlando

Frage oder Aussage:
Andiamo al concerto?
Andiamo al concerto.

Facciamo questa sonata?
Facciamo questa sonata.

Pratica

Machen Sie aus dem Präsens ein Partizip Perfekt. In dieser Übung werden alle Verben mit *essere* verbunden.

1. Ditelo al passato

1. La cantante va alla prova.
   La cantante è andata alla prova.
2. Il maestro è al teatro.
3. Perché la guardarobiera non passa?
4. Gli spartiti spariscono.
5. Il maestro viene al mio concerto.
6. Torni prima dello spettacolo, Giorgio?
7. Noi andiamo a cena.
8. I miei allievi sono molto bravi.
9. Francesca non viene alla prima.

In Satz 7 gehen nur Frauen zum Abendessen.

Pratica · 9 B

2. Conoscete gli infiniti?

1. visto   *vedere*
2. chiesto   ....
3. aperto   ....
4. diretto   ....
5. detto   ....
6. fatto   ....
7. stato   ....
8. venuto   ....
9. preso   ....
10. chiuso   ....
11. vissuto ....

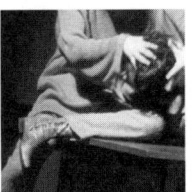

Kennen Sie die Infinitive?

3. *Essere* o *avere*?

1. *Hai sbagliato* tutto!
2. Ti .... al pianoforte.
3. Perché non .... a casa?
4. I pianisti non .... alla prova.
5. Chi .... il concerto?
6. Non .... il decrescendo.
7. .... la trasmissione alla radio?
8. Perché non .... niente al regista?
9. Turiddu .... a casa di Lola.

Setzen Sie die Verben ins Partizip Perfekt:

1. *sbagliare, tu*
2. *accompagnare, io*
3. *tornare, voi*
4. *venire, loro*
5. *dirigere, lui/lei*
6. *fare, noi*
7. *sentire, voi*
8. *dire, tu*
9. *andare, lui*

4. Sostituite i sostantivi

1. l'aurora   *la*
2. il canto   ....
3. i divertimenti   ....
4. le donne   ....
5. la fuga   ....
6. i libretti   ....
7. gli allievi   ....
8. le bottiglie   ....
9. i vini   ....
10. le intenditrici .....
11. la differenza   .....
12. l'esame   .....
13. i flauti   .....
14. l'opera   .....
15. il pianoforte   .....
16. la misura   .....
17. i paragoni   .....
18. il professore   .....

Ersetzen Sie die Substantive durch ein Akkusativpronomen.

In Satz 12 müssen Sie wissen, ob das Wort maskulin oder feminin ist. Nur so können Sie das richtige Pronomen finden.

9 B · Pratica

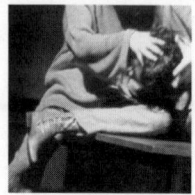

Gespräch zwischen Musikern: Ersetzen Sie die Substantive durch ein Akkusativpronomen und passen Sie die Endungen des Partizip Perfekt an.

5. Colloquio tra musicisti

1. Hai fatto il trillo?
   No, non l'ho fatto.
2. Hai suonato gli ornamenti?
3. Hai studiato la parte B?
4. Hai cantato le arie?
5. Hai preparato la sonata?
6. Hai visto il segno?
7. Hai guardato lo spartito?
8. Hai sentito il violino?
9. Hai accompagnato i cantanti?

Übersetzen Sie.

Satz 1: *in paese*, aber auch *al paese*

Satz 5: Nehmen Sie *studiare* als Verb für »üben«.

Satz 9: Übersetzen Sie »noch einmal spielen« mit »noch einmal machen«.

6. Traducete

1. Santuzza? Wir haben sie im Dorf gesehen.
2. Turiddu hat (den) Wein gekauft.
3. Die *Cavalleria rusticana* gefällt mir sehr.
4. Diese Version ist zu hoch für mich.
5. Ich flehe dich an: Übe auch den B-Teil!
6. Die Tenöre gefallen mir nicht.
7. Die neue Inszenierung? Ja, ich habe sie gesehen.
8. Er hat drei Karten für die Premiere gekauft.
9. Nun gut, wir spielen es noch einmal.

Hören Sie die Beispiele von der CD und sprechen Sie sie nach. Die Sätze werden mal als Frage, mal als Aussage gelesen.

Parlando

Rifacciamo questo brano? / questo brano.
Devo suonare il trillo? / il trillo.
È andato a Francofonte? / a Francofonte.
Vanno alla prima? / alla prima.
È un'altra tonalità? / un'altra tonalità.
Facciamo anche questa misura? / questa misura.

Dialogo · Lezione 10 A

Strumenti musicali
Musikinstrumente

 51

La prossima settimana **dovrò** dare l'esame in organologia …
Nächste Woche **muss ich** die Prüfung in Instrumentenkunde machen …

E allora? Sei preparata?
Und? Bist du vorbereitet?

Ma, insomma, sono tanti strumenti musicali con le loro caratteristiche. Solo oggi **studierò quaranta** pagine.
Na ja, es sind so viele Instrumente mit ihren jeweiligen Eigenschaften. Allein heute **werde ich vierzig** Seiten **lernen**.

I numeri dall'11 in poi
Die Zahlen ab 11

11 *undici*
12 *dodici*
13 *tredici*
14 *quattordici*
15 *quindici*
16 *sedici*
17 *diciassette*
18 *diciotto*
19 *diciannove*
20 *venti*

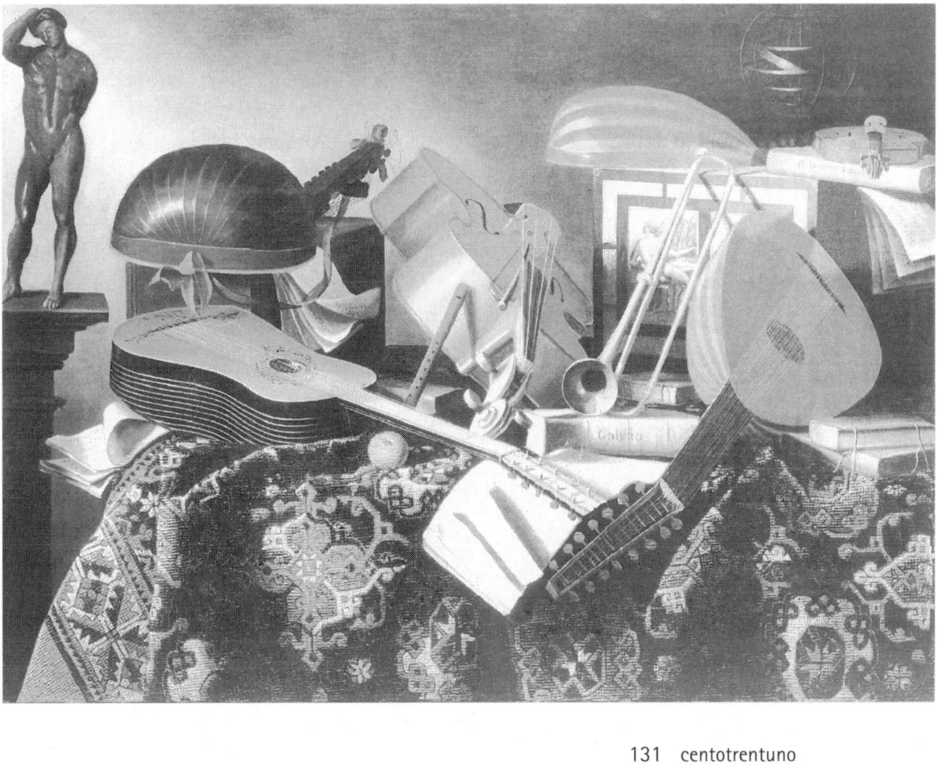

10 A · Dialogo

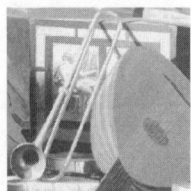

21	ven**tuno**
22	ventidue
23	ventitré
24	ventiquattro
25	venticinque
26	ventisei
27	ventisette
28	ven**to**tto
29	ventinove
30	trenta
31	tren**tuno** ...
40	quaranta
50	cinquanta
60	sessanta
70	settanta
80	ottanta
90	novanta
100	cento
200	duecento
300	trecento ...
1000	mille
2000	duemila
5000	cinquemila
10.000	diecimila
100.000	centomila
1.000.000	un milione

Dai, lo **supererai** ...
Na komm, das **wirst du** schon **schaffen**.

Eh, **vedremo** ... non si tratta solo di conoscere tutti gli strumenti: dagli archi agli strumenti a tastiera, dagli ottoni ai legni ...
Na, **mal sehen**, es geht ja nicht nur darum, alle Instrumente zu kennen ... von den Streichern bis zu den Tasteninstrumenten, vom Blech bis zum Holz ...

E invece?
Sondern?

L'insegnante **farà** anche delle domande sulla strumentazione ...
Der Lehrer **wird** auch Fragen zur Instrumentierung **stellen** ...

Ma ci **sarà** una specializzazione ... **avrai** scelto un tema ...
Aber da **wird es** doch eine Spezialisierung **geben** ... du hast doch sicher ein Thema ausgewählt.

Sì, il mio tema è: »Il corno nella strumentazione di Mozart.«
Mein Thema lautet: »Das Horn in der Instrumentierung Mozarts.«

È un tema che fa per te: le corna le sai mettere ...
Das ist das richtige Thema für dich: Auf's Hörner Aufsetzen verstehst du dich.

Molto spiritoso!
Sehr geistreich!

Vocaboli · 10 A

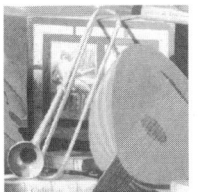

Vocaboli

musicale	Musik…, musikalisch
prossimo	nächste/r/s/n
la settimana	die Woche
dare l'esame	Prüfung machen
l'organologia	die Instrumentenkunde
insomma	na ja
la caratteristica	die Eigenschaft
oggi	heute
quaranta	vierzig
la pagina	die Seite
superare	schaffen, bestehen
trattarsi di	sich handeln um
tutti gli	alle
da … a	von … bis
l'arco	der Bogen
gli archi	die Streicher
a tastiera	Tasten…
l'ottone (m)	das Messing
gli ottoni	die Blechbläser, das Blech
il legno	das Holz
i legni	die Holzbläser
invece	hingegen, sondern
l'insegnante (m+f)	der Lehrer, die Lehrerin
la domanda	die Frage
su(-lla)	über, auf
la strumentazione	die Instrumentierung
ci sarà	es wird geben
la specializzazione	die Spezialisierung
scelto	ausgewählt
scegliere	auswählen
il tema	das Thema
il corno	das Horn

tutto + Artikel

tutto	alles
tutto il	all das; der/die/das ganze
tutto lo	all das; der/die/das ganze
tutta la	all das; der/die/das ganze
tutti i	alle; die ganzen
tutti gli	alle; die ganzen
tutte le	alle; die ganzen

Il corno

Was hier nur wie ein Kalauer anmutet, hat einen ganz realistischen Hintergrund:
1. Das Hörner Aufsetzen (*mettere le corna*) ist als Vorstellung im kollektiven italienischen Bilderhaushalt überaus präsent. Mit dem »Hörner Aufsetzen« und dem »Gehörnten« (*cornuto*) werden häufig Witze gemacht.
2. Mozart war dies bestens bekannt, und er leistete sich manchen musikalischen Spaß damit. Wenn es um *mettere le corna* geht, setzt Mozart gerne die Hörner im Orchester ein.

10 A · Vocaboli · Teoria

fa per te — ist für dich, passt zu dir
mettere — setzen, stellen, legen
mettere le corna — Hörner aufsetzen

3. Plural:
il corno, *i corni* (gemeint sind die Musikinstrumente)
il corno, *le corna* (gemeint sind die echten Hörner).

Teoria
Das Futur

Verben auf -are

Das a von -are geht beim Futur verloren. Es wird ein e daraus. Wegen des e muss zur Erhaltung der Aussprache bei den Verben, die auf -care/-gare enden, ein h eingefügt werden:
cer*care*   cercherò
dimenti*care*   dimenticherò

studi**are** (lernen, üben)

studi**erò**	ich werde lernen
studi**erai**	du wirst lernen
studi**erà**	er/sie wird lernen
studi**eremo**	wir werden lernen
studi**erete**	ihr werdet lernen
studi**eranno**	sie werden lernen

Verben auf -ere

Hier bleibt das e bestehen. Dadurch sind die Endungen der Konjugationen -are und -ere identisch – sehr praktisch!

* Die höfliche Anrede (3. Person Singular oder 2. Person Plural) müsste Ihnen inzwischen so geläufig sein, dass ab jetzt (Lezione 10 A) darauf verzichtet wird, diese jedes Mal in deutscher Übersetzung mitzuliefern.

mett**ere** (setzen, stellen, legen)

mett**erò**	ich werde setzen/stellen/legen
mett**erai**	du wirst setzen/stellen/legen
mett**erà**	er/sie wird setzen/stellen/legen*
mett**eremo**	wir werden setzen/stellen/legen
mett**erete**	ihr werdet setzen/stellen/legen*
mett**eranno**	sie werden setzen/stellen/legen

Verben auf -ire

Das i erscheint auch in der Futurendung: irò, irai ...

sent**ire** (hören, fühlen, riechen)

sent**irò**	ich werde hören
sent**irai**	du wirst hören
sent**irà**	er/sie wird hören
sent**iremo**	wir werden hören
sent**irete**	ihr werdet hören
sent**iranno**	sie werden hören

Teoria · 10 A

Die Formen von *essere* (sein) sind unregelmäßig:
sarò	ich werde sein
sarai	du wirst sein
sarà	er/sie wird sein
saremo	wir werden sein
sarete	ihr werdet sein
saranno	sie werden sein

Unregelmäßig sind u.a. auch
venire: verrò, verrai, verrà …
und
volere: vorrò, vorrai, vorrà …

Die Zahlen

6 sei
46 quarantasei
246 duecentoquarantasei
3246 tremiladuecentoquarantasei

Die Zahlen werden nach folgendem Muster gebildet:

	1000er	100er	10er	1er
3.246	tremila	duecento	quaranta	sei
22.382	ventiduemila	trecento	ottanta	due

Die Zehner (vent**i**, trent**a**, quarant**a** …) verlieren ihren Endvokal (**i** oder **a**), wenn *uno* oder *otto* drangehängt wird:
vent**i**
vent**u**no
vent**i**due, vent**i**tré …
vent**o**tto
vent**i**nove

Verkürzte Formen

andare   andrò, andrai, andrà …
avere   avrò, avrai, avrà …
dovere   dovrò, dovrai, dovrà …
potere   potrò, potrai, potrà …
vedere   vedrò, vedrai, vedrà …
vivere   vivrò, vivrai, vivrà …

Diese Verben werden ganz regelmäßig konjugiert. Nur das Endungs-**e** fällt aus: and**e**rò wird zu andrò.

Oft wird das Futur im Deutschen einfach mit dem Präsens übersetzt: *Che **farai** stasera?* (Was **machst du** heute Abend?)

Tausender

Bei einem Tausend heißt es *mille* (mit Doppel-l), sobald es mehrere Tausend sind, heißt es *mila* (mit einem l).

1000 = *mille*
2000 = *duemila*
3000 = *tremila*
4000 = *quattromila* …

10 A · Teoria · Pratica

da ... a	von ... bis
da due a cento	von zwei bis Hundert
da Milano a Roma	von Mailand bis Rom
dagli archi agli ottoni	von den Streichern bis zum Blech
dalla misura 2 alla misura 5	von Takt 2 bis Takt 5
dalla misura 11 in poi	ab Takt 11

da + bestimmter Artikel

da + il	dal
da + lo	dallo
da + l'	dall'
da + la	dalla
da + i	dai
da + gli	dagli
da + le	dalle

Parlando

Bereiten Sie sich für den Praxisteil auf ein Hördiktat vor: Lernen Sie die Zahlen so gut, dass Sie diese auch verstehen können, wenn sie gesprochen werden.

Pratica

Was machen Sie heute? Was machen Sie morgen?
Der erste Teil des Satzes steht immer im Präsens, der zweite im Futur (immer 1. Person Singular: *io*).

1. Cosa fa oggi? Cosa farà domani?

1. Oggi/cantare 2 arie   domani/20 arie.
   Oggi canto due arie, domani canterò venti arie.
2. Oggi/studiare 15 pagine   domani/50 pagine.
3. Oggi/essere a casa   domani/al conservatorio.
4. Oggi/vedere un amico   domani/il maestro.
5. Oggi/suonare un lied   domani/un concerto.
6. Oggi/venire al teatro   domani/al conservatorio.
7. Oggi/comprare il biglietto   domani/lo spartito.
8. Oggi/ascoltare la radio   domani/il cd.
9. Oggi/superare l'esame   domani/il concorso.

Pratica · 10 A

2. Come sono le forme del futuro?

1. La prossima settimana *chiamerà* il maestro.
2. Quando .... al conservatorio?
3. I musicisti .... questo brano.
4. Credi che .... l'esame?
5. Ma .... scelto un tema!
6. Il pianista .... presentarsi al concorso.
7. .... tutti gli strumenti.
8. Cosa .... la prossima settimana?
9. Gli amici .... un negozio di musica.
10. Che cosa .... il maestro?
11. Quando .... questo spettacolo?
12. Cosa .... i legni?
13. .... a cena?
14. .... la pausa al bar.

Wie heißen die Futurformen?
1. chiamare, lei
2. andare, voi
3. studiare, loro
4. sperare, io
5. avere, tu
6. dovere, lui
7. conoscere, noi
8. fare, tu
9. aprire, loro
10. dirigere, lui
11. finire
12. suonare, loro
13. venire, tu
14. passare, io

3. Passato, presente, futuro

1. ho cantato   *canto*   *canterò*
2. hai cercato
3. abbiamo detto
4. hanno lasciato
5. ha preso
6. abbiamo sentito
7. siete stati
8. sono venuti
9. sei andata

Setzen Sie die fehlenden Verbformen im Präsens und im Futur ein.

10 A · Pratica

Zu welcher Gruppe gehören die Instrumente?

4. A quale gruppo appartengono ...?

1. legni
2. ottoni
3. archi
4. a tastiera

a. violoncello
b. clarinetto
c. corno
d. oboe
e. viola
f. flauto
g. tromba
h. pianoforte
i. violino
j. clavicembalo

Wann sind die Komponisten geboren?

Robert Schumann è nato nel ...
Robert Schumann ist ... geboren.

Clara Schumannn è nata nel ...
Clara Schumann ist ... geboren.

5. Quando sono nati i compositori?

1. Giuseppe Verdi   1813
   Giuseppe Verdi è nato nel milleottocentotredici.
2. Wolfgang A. Mozart   1756
3. Giovanni Sebastiano Bach 1685
4. Claudio Monteverdi   1576
5. Ludwig van Beethoven   1770
6. Olivier Messiaen   1908
7. Modest Mussorgskij   1839
8. Ferruccio Busoni   1866
9. Ermanno Wolf-Ferrari   1876
10. Luigi Dallapiccola   1904
11. Franz Schubert   1797
12. Bernd Alois Zimmermann   1918

Pratica · 10 A

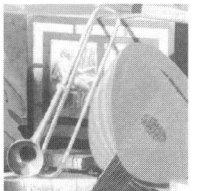

6. Traducete

1. Wirst du das Konzert nächste Woche machen?
2. Ihr werdet mehr üben müssen.
3. Morgen Abend habe ich ein Konzert.
4. Ich muss 78 Seiten lernen!
5. Wir machen es noch einmal ab Takt 15.
6. Diese CD ist teuer: Sie kostet 25 Euro.
7. Der Lehrer wird auch Fragen zur Instrumentierung stellen.
8. Wir werden die Plätze im Parkett nehmen.
9. Du musst alle Instrumente lernen für die Prüfung.

Übersetzen Sie.

Parlando

1. ....
2. ....
3. ....
4. ....
5. ....
6. ....
7. ....
8. ....
9. ....
10. ....
11. ....
12. ....

 52

Hören Sie die Zahlen von der CD und schreiben Sie sie auf.

10 B Lezione · Libretto

53

Libretto

Una voce poco fa
Vor kurzem **erklang** eine Stimme

qui nel cor mi **risuonò**;
mir hier im Herzen;

il mio cor ferito è già,
mein Herz ist schon verletzt,

e Lindoro **fu** che il **piagò**.
und Lindoro **war** es, der es **verwundet hat**.

Sì, Lindoro mio sarà,
Ja, Lindoro wird der Meine sein,

lo **giurai**, la vincerò.
ich hab's **geschworen**, (die Sache) gewinn ich.

Il tutor ricuserà,
Der Vormund wird es ablehnen,

io l'ingegno aguzzerò.
ich (aber) werde meine Sinne schärfen.

Alla fin s'accheterà,
Schließlich wird er sich beruhigen,

e contenta io resterò.
und ich werde zufrieden sein.

Sì, Lindoro ...
Ja, Lindoro ...

Io sono docile, son rispettosa,
Ich bin gelehrig, bin respektvoll,

sono obbediente, dolce, amorosa;
ich bin gehorsam, sanft und liebevoll;

mi lascio reggere, mi **fo** guidar.
ich lasse mich halten und **lasse** (mich) führen.

Ma se mi toccano
Aber wenn man mich

Musikbox

In der Opernsprache kann *il* für das Akkusativpronomen *lo* stehen: *il piagò*.

Musikbox

Una voce poco fa
Rosina verfällt der schönen Stimme des jungen Lindoro, der sich als armer Student ausgibt, in Wahrheit aber der gutgestellte Graf Almaviva ist. Almaviva gibt seine wahre Identität zunächst nicht preis, da er die Aufrichtigkeit von Rosinas Zuneigung überprüfen will. Rosina befürchtet zurecht, dass ihr Vormund, Don Bartolo, von der Liebe zu dem vermeintlichen Studenten nichts wissen will. In der berühmten Arie *Una voce poco fa* zeigt sie ihre ganze Entschlossenheit, mit der sie den Angebeteten für sich zu gewinnen sucht.

fo = faccio

Libretto · Vocaboli · 10 B

dov'è il mio debole,
an meiner empfindlichen Stelle berührt,

sarò una vipera, e cento trappole
werde ich zur Schlange, und hundert Fallen

prima di cedere farò giocar.
werde ich, bevor ich aufgebe, ins Spiel bringen.

Vocaboli

poco fa	vor kurzem
risuonare	wieder erklingen
ferire	verletzen
fu	er/sie/es war
piagare	verwunden
giurare	schwören
vincere	gewinnen
il tutor(e)	der Vormund
ricusare	ablehnen
l'ingegno	der Verstand, der Geist
aguzzare	schärfen
alla fin(e)	am Ende, schließlich
acchetarsi	sich beruhigen
contento	zufrieden
restare	sein, bleiben
docile	fügsam, folgsam
rispettoso	respektvoll
obbediente	gehorsam
dolce	süß, sanft
amoroso	liebevoll
reggere	halten, stützen
guidare	lenken, führen
toccare	berühren

ricusare wäre heute *rifiutare*.

acchetarsi wäre heute *calmarsi*.

contenti: Im Plural kann dieses Adjektiv in der Opernliteratur auch Substantiv (die Zufriedenheit) sein.

10 B · Vocaboli · Teoria

il debole — die Schwäche
la vipera — die (Gift-)Schlange
la trappola — die Falle
cedere — aufgeben, weichen
giocare — spielen

Teoria

Das *passato remoto* (historisches Perfekt) ist die wichtigste Vergangenheitsform in der Opernliteratur des 17.–19. Jahrhunderts. Erst gegen Ende des 19. Jahrhunderts findet auch das *passato prossimo* Eingang in die Librettosprache (siehe auch S. 126).
Da es im Deutschen kein historisches Perfekt gibt, existiert auch keine angemessene Übersetzung. Man kann zwischen Perfekt und Imperfekt wählen, also (wie hier im Beispiel) entweder »Ich bin gewesen« oder »Ich war«.

essere hat völlig eigene, unregelmäßige Formen.

Das historische Perfekt der Verben auf –are

giur**are** (schwören)

io	giur**ai**	ich habe geschworen
tu	giur**asti**	du hast geschworen
lui/lei	giur**ò**	er/sie hat geschworen
noi	giur**ammo**	wir haben geschworen
voi	giur**aste**	ihr habt geschworen
loro	giur**arono**	sie haben geschworen

Das historische Perfekt von *essere* (sein)

io	**fui**	ich bin gewesen
tu	**fosti**	du bist gewesen
lui/lei	**fu**	er/sie ist gewesen
noi	**fummo**	wir sind gewesen
voi	**foste**	ihr seid gewesen
loro	**furono**	sie sind gewesen

Teoria · 10 B

Verwechslungsgefahr

Historisches Perfekt	Futur
giurai	giurerai
ich habe geschworen	du wirst schwören
risuonò	risuonerò
es ist erklungen	ich werde erklingen

Gegenüberstellung der Zeiten

Historisches Perfekt	Futur
giurai	giurerò
giurasti	giurerai
giurò	giurerà
giurammo	giureremo
giuraste	giurerete
giurarono	giureranno

Futur und historisches Perfekt haben einige Formen, die sich ähnlich sehen und deshalb leicht verwechselt werden können. Ein ziemlich sicherer Hinweis auf das Futur ist das **-er-** in den Endungen (-erò, -erai ...).

Trotzdem ist Vorsicht geboten, insbesondere bei der Personenzuordnung: Das **-ai** im historischen Perfekt bezeichnet die 1. Person Singular, das **-erai** im Futur die 2. Person Singular.
Oder: Das **-ò** bezeichnet im historischen Perfekt die 3. Person Singular, das **-erò** im Futur die 1.

Zeitangaben im Überblick

adesso	jetzt
domani	morgen
dopo	dann, danach, später
ieri	gestern
oggi	heute
ora	jetzt
poco **fa**	vor kurzem
poi	dann
presto	bald
prima di	vor
prossimo	nächste/r/s
solo	erst
stasera	heute Abend

Mit dem nachgestellten **fa** kann eine Vergangenheit bezeichnet werden:

una settimana fa vor einer Woche
alcuni giorni fa vor ein paar Tagen
due notti fa vor zwei Nächten
poco fa vor kurzem

Umgekehrt wird mir dem vorangestellten **fra** (oder **tra**) etwas Zukünftiges zum Ausdruck gebracht:

fra (tra) una settimana
  in einer Woche
fra (tra) alcuni giorni
  in ein paar Tagen
fra (tra) due anni in zwei Jahren
fra (tra) poco in Kürze

10 B · Teoria · Pratica

il dì	der Tag
il giorno	der Tag
l'eternità	die Ewigkeit
l'anno	das Jahr
la notte	die Nacht
il ritardo	die Verspätung
la settimana	die Woche

Mehrfachbedeutungen:

ora	jetzt, Stunde
presto	schnell, bald, früh
solo	nur, erst, allein

Parlando

Wiederholen Sie die Regeln zur Aussprache von stimmhaftem und stimmlosem **s** (Lezione 2 A)!

Pratica

Machen Sie aus dem Perfekt ein historisches Perfekt.

1. Trasformate al passato remoto

1. Abbiamo ascoltato la radio.
   Ascoltammo la radio.
2. Siete andati a vedere lo spettacolo?
3. I miei amici hanno comprato i biglietti.
4. Ho suonato il clarinetto.
5. I Berliner hanno suonato alla Scala.
6. Hai superato l'esame?
7. Mi avete raccontato la trama.
8. Il pugnale mi ha piagato il cuore.
9. Hanno portato gli strumenti in scena.

Pratica · 10 B

Verbinden Sie.

2. Combinate

1. furono
2. giurasti
3. andai
4. guardammo
5. fui
6. sospiraste
7. accompagnò
8. fummo
9. fosti

a. wir schauten
b. du warst
c. ich war
d. sie begleitete
e. ihr seufztet
f. wir waren
g. sie waren
h. du schwörtest
i. ich ging

3. Passato remoto o futuro?

1. Domani sera canterò / cantò al teatro.
2. Due anni fa andrai / andai a Verona.
3. Nel 1900 l'orchestra suonò / suonerò la *Tosca*.
4. Un'eternità fa parlammo / parleremo con **gli Dei**.
5. Fra un anno supererà / superò il concorso.
6. Nel 1787 Mozart presenterà / presentò il *Don Giovanni*.
7. Domani ascoltarono / ascolteranno la radio.
8. Molto tempo fa lui mi piagò / piagherò il cor.
9. Ieri ti raccontai / racconterai la trama dell'opera.

Historisches Perfekt oder Futur: Streichen Sie die falsche Form.

gli Dei: Die Götter sind schließlich was Besonderes. Deswegen haben sie auch nicht den normalen Artikel *i*, sondern *gli*.

4. Quale parola non c'entra?

1. oggi – ieri – domani – domanda
2. crescendo – rallentando – docile – presto
3. senza – accidenti – segni – misure
4. flauto – corno – clarinetto – oboe
5. archi – legni – ottoni – odori

Welches Wort passt nicht in die Reihe?

10 B · Pratica

Verwandeln Sie die Sätze im Futur (*fra*) in Sätze im historischen Perfekt (*fa*). Denken Sie daran, dass *fra* vorangestellt wird, aber *fa* nachgestellt.

5. Fra e fa

1. Fra un anno canterò alla Scala.
   Un anno fa cantai alla Scala.
2. Fra due settimane andranno alla prima.
3. Fra alcuni anni ti racconterà la storia.
4. Fra poco sarete molto contenti.
5. Fra alcuni giorni suoneremo al teatro.
6. Fra tre anni sarai un tenore molto bravo.
7. Fra alcune settimane andrò in Italia.
8. Fra alcune ore ti scalderai la voce.
9. Fra poco saranno a casa.

Übersetzen Sie die Arie der Gräfin aus *Le nozze di Figaro* mit den folgenden Vokabelhilfen:

1. *il momento* (der Moment)
2. *la dolcezza* (die Sanftheit, die Süße) – *il piacer(e)* (die Freude, das Vergnügen)
3. *andaro(no) il giuramento* (der Schwur)
4. *il labbro* (die Lippe, der Mund) – *menzogner(o)* (verlogen)
5. *perché mai* (warum nur?) – *il pianto* (das Weinen) – *la pena* (die Qual)
6. *cangiare* (verändern, verwandeln) heute: *cambiare*
8. *da* (aus) – *il sen(o)* (der Busen) – *trapassare* (weggehen, verschwinden)

6. Traducete

1. Dove sono i bei momenti
2. di dolcezza e di piacer;
3. dove andaro i giuramenti
4. di quel labbro menzogner?
5. Perché mai, se in pianti e pene
6. per me tutto si cangiò,
7. la memoria di quel bene
8. dal mio sen non trapassò?

Machen Sie die Übung zunächst »trocken«. Hören Sie dann die Wörter von der CD und sprechen Sie sie nach.

Parlando

sbagliare, presto, spiritoso, diverso, insegnante, misura, paese, maestro, esempio, diesis, esibisco, segno, sparire, chiuso, desidero, esagero, concorso, scala, insomma

Dialogo · Lezione 11 A

Un'intervista
Ein Interview

 55

Signor Cortesi, il mondo musicale è entusiasta del Suo *Tristano*. Come si spiega questo grande successo?
Herr Cortesi, die musikalische Welt ist begeistert von Ihrem *Tristan*. Wie erklären Sie sich diesen großen Erfolg?

Mmmh, forse vuol dire **semplicemente** che abbiamo lavorato **bene**.
Mmmh, vielleicht bedeutet es **einfach** nur, dass wir **gut** gearbeitet haben.

Le chiedo subito cosa intende per »lavorare bene«?
Ich frage **Sie** sofort, was Sie unter »gut arbeiten« verstehen?

Il successo di un lavoro dipende da molti fattori: dalla qualità dei musicisti, dall'immersione nella partitura, **letteralmente** dall'inter-esse …
Der Erfolg einer Arbeit hängt von vielen Faktoren ab: von der Qualität der Musiker, vom Sich-Hineinbegeben in die Partitur, vom **wörtlich** zu nehmenden Inter-esse …

Ma comunque sia, io mi **sto chiedendo** come ha potuto affrontare un'opera del Romanticismo dopo la Sua esperienza con la musica barocca …
Wie dem auch sei, ich frage mich, wie Sie sich einem Werk der Romantik widmen konnten, nach Ihren Erfahrungen mit der Barockmusik.

Certamente, sono due cose diverse … ma **Le** dirò che ho imparato molto da Händel e **gli** sono molto grato per questo. Capire gli affetti aiuta molto nell'interpretazione di Wagner.
Sicherlich, das sind zwei verschiedene Dinge … aber ich sage **Ihnen** (auch), dass ich viel von Händel gelernt habe und **ihm** dafür sehr dankbar bin. Affekte verstehen hilft bei der Wagnerinterpretation sehr.

Musikbox

Gli affetti
Die Affekte

Affetti sind Gemüts- bzw. Gefühlszustände, die, vor allem in der Barockzeit, in typisierter Form in Musik übersetzt werden. Bestimmte »Leidenschaften« kommen durch bestimmte musikalische Qualitäten zum Ausdruck und sollen eben diese Leidenschaften oder Gemütsbewegungen beim Hörer hervorrufen: So wird der Schmerz etwa wiedergegeben durch langsames Tempo, Molltonarten, Dissonanz; die Freude durch schnelles Tempo, Durtonarten, Konsonanz usw. Auch die Instrumentierung spielt hierbei eine Rolle. Descartes systematisierte die Affektenlehre nach sechs Grundformen: Bewunderung, Liebe, Hass, Verlangen, Freude, Trauer (*Traité des passions de l'âme*, Paris 1649).

11 A · Dialogo · Vocaboli

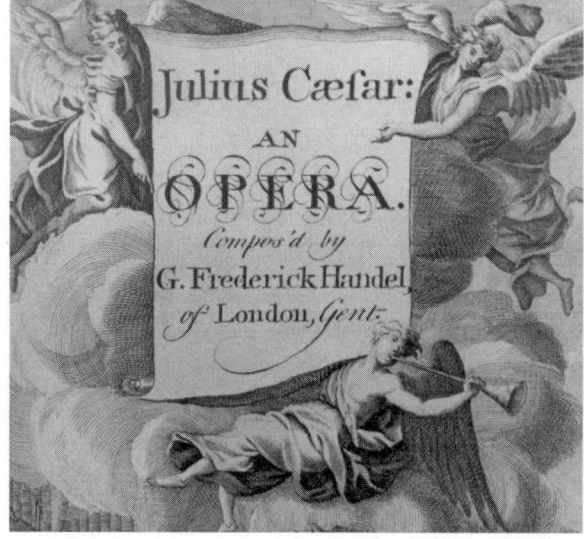

Musikbox

Storia della musica
Musikgeschichte

Medioevo	Mittelalter
Rinascimento	Renaissance
Barocco	Barock
Classicismo	Klassik
Romanticismo	Romantik
Tardo Romanticismo	Spätromantik
Musica del XX secolo (XX = ventesimo)	Musik des 20. Jahrhunderts

Vuol dire che **sta** ancora **imparando** dai maestri antichi?
Das heißt, **Sie lernen** noch von den alten Meistern?

Senz'altro.
Ganz gewiss.

La ringrazio per l'intervista, signor Cortesi. Auguri!
Ich danke Ihnen für das Interview, Herr Cortesi. Alles Gute!

entusiasta ist ein Adjektiv auf -**ista**: Im Singular hat es nur diese eine Form für **m** und **f**. Im Plural endet es auf -**i** (m) und auf -**e** (f). Diese Adjektive funktionieren genauso wie die Substantive auf -**ista** (pianista, librettista). Siehe Lezione 2 A.

Vocaboli

l'intervista	das Interview
entusiasta di	begeistert von
spiegar(si)	(sich) erklären
grande	groß
il successo	der Erfolg

Vocaboli · 11 A

forse	vielleicht
voler dire	bedeuten, meinen
semplicemente	einfach
lavorare	arbeiten
Le	Sie, Ihnen
subito	sofort
intendere	meinen
dipendere da	abhängen von
molti	viele
il fattore	der Faktor
la qualità	die Qualität
l'immersione (f)	das Eintauchen, die Vertiefung
la partitura	die Partitur
letteralmente	wörtlich
l'interesse (m)	das Interesse
comunque sia	wie dem auch sei
stare	sein, sich befinden
affrontare	sich auseinandersetzen mit
il Romanticismo	die Romantik
l'esperienza	die Erfahrung
la musica barocca	die Barockmusik
certamente	sicherlich
imparare da	lernen von
gli	ihm
grato	dankbar
l'affetto	der Affekt
aiutare	helfen
l'interpretazione	die Interpretation
antico	alt, antik
il maestro	der Meister
senz'altro	gewiss, sicherlich
ringraziare	sich bedanken
l'augurio	der Glückwunsch, der gute Wunsch

stare

sto	mir geht es
stai	dir geht es
sta	ihm/ihr geht es
stiamo	uns geht es
state	euch geht es
stanno	ihnen geht es

11 A · Teoria

Teoria

1. *stare* als Ausdruck der Befindlichkeit

stare wird je nach Kontext übersetzt mit »gehen« (sich befinden) oder »sein«.

Come stai?	Wie geht es dir?
Come sta?	Wie geht es Ihnen/ihm/ihr?
Come state?	Wie geht es euch/Ihnen (Pl.)?
Come stanno?	Wie geht es ihnen?
Sto bene.	Mir geht es gut.
Sto male.	Mir geht es schlecht.
Stiamo bene.	Uns geht es gut.
Stanno bene.	Ihnen geht es gut.

Die Formen des Gerundiums

-are	-ere	-ire
impar**are**	chied**ere**	sent**ire**
impar**ando**	chied**endo**	sent**endo**

Erweiterte Sonderformen

dire	dicendo
fare	facendo

2. *stare* + Gerundium = Verlaufsform

Sta imparando.	Er/Sie ist dabei zu lernen.
	Er/Sie lernt gerade.
Sto chiedendo.	Ich bin dabei zu fragen.
	Ich frage gerade.

Das Gerundium ist unveränderlich und endet immer auf **-o**.

Gebrauch von Adjektiv und Adverb

Das **Adjektiv** beschreibt ein **Substantiv**

l'amore certo	die sichere Liebe
la pianista severa	die strenge Pianistin
i cantanti dolci	die süßen Sänger

Adjektiv und Adverb

Adjektive auf -o/a

An die weibliche Form auf -a wird -mente angehängt:

certo/a	cert**amente**
severo/a	sever**amente**

Teoria · 11 A

Adjektive auf -e
Man hängt einfach -mente an:
semplice   semplicemente
dolce   dolcemente

Adjektive auf -le
Man hängt -mente an, wobei das -e vor -mente entfällt:
letterale   letteralmente
finale   finalmente

Das **Adverb** beschreibt
ein **Verb**:
cantare dolcemente
  süß singen
sapere certamente
  sicher wissen

ein anderes **Adverb**:
stare certamente bene
  sich sicherlich wohl befinden

Unregelmäßige Adverbien
bene   gut
male   schlecht

Dativpronomen

(io)	**mi**	mir
(tu)	**ti**	dir
(lui/lei; Lei)	**gli/le; Le**	ihm/ihr; Ihnen
(noi)	**ci**	uns
(voi)	**vi**	euch
(loro)	**gli**	ihnen
(loro)	**(loro)**	(ihnen)

Vorsicht!
mi   mich
ti   dich
ci   uns
vi   euch

können auch Akkusativpronomen sein (siehe Lezione 7 A).

Der Dativ antwortet auf die Frage »Wem?«

Beispiele:

Gli dai lo spartito?   Gibst du **ihm** die Noten?
Le compri il cd?   Kaufst du **ihr** die CD?

11 A · Teoria

Gli und *loro*

Che cosa dici ai musicisti?
Was sagst du den Musikern?

Gli dico ...   Ich sage **ihnen** ...
Dico **loro** ...   Ich sage **ihnen** ...

Gli und *loro*

Beide Pronomen haben die Bedeutung »ihnen« (3. Person Plural):

gli ist eher umgangssprachlich und steht wie alle anderen Pronomen **vor dem Verb**.

loro ist eher schriftsprachlich und steht **hinter dem Verb**.

Dativ oder Akkusativ?

Verben, die im Italienischen mit dem Dativ stehen:

chiedere a
telefonare a

Chiedo a Lisa. **Le** chiedo qualcosa.
Ich frage Lisa. Ich frage **sie** etwas (eigentlich: **ihr**).

Telefono a Leo. **Gli** telefono.
Ich rufe Leo an. Ich rufe **ihn** an (eigentlich: **ihm**).

Verben, die im Italienischen mit dem Akkusativ stehen:

aiutare
ringraziare

Aiuta la donna. **L(a)** aiuta.
Er hilft der Frau. Er hilft **ihr** (eigentlich: **sie**).

Ringrazio Leo. **Lo** ringrazio.
Ich bedanke mich bei Leo. Ich bedanke mich bei **ihm** (eigentlich: **ihn**).

56

Üben Sie den Betonungswechsel bei Verben in verschiedenen Zeiten.

Parlando

su**o**nano	sie spielen	Präsens
suon**a**rono	sie spielten	Historisches Perfekt
suoner**a**nno	sie werden spielen	Futur

centocinquantadue

Pratica · 11 A

Pratica

1. Come sta?

1. Come *stai*, zio? (tu)
2. Come .... i baritoni? (loro)
3. Come .... il compositore? (lui)
4. Come ...., giovinotti? (voi)
5. Come ...., maestro? (Lei)
6. Come ...., signora Bartoli? (Lei)
7. Come .... i librettisti? (loro)
8. Come ...., caro mio Figaro? (tu)
9. Come ...., voi giovani? (voi)

Wie geht es Ihnen? Setzen Sie die Formen von *stare* ein.

2. Come sono le forme del gerundio?

1. parlare *parlando*
2. capire ....
3. andare ....
4. chiudere ....
5. dire ....
6. accompagnare ....
7. sentire ....
8. prendere ....
9. fare ....

Wie lauten die Formen des Gerundiums?

11 A · Pratica

Verwandeln Sie das Präsens ins Gerundium.

3. Trasformate al gerundio

1. Vado al conservatorio.
   Sto andando al conservatorio.
2. Il soprano canta.
3. Prepariamo una messa in scena.
4. Imparate dai maestri antichi.
5. Ma cosa dici, Susanna?
6. Parlate dell'interpretazione?
7. Il maestro lavora molto.
8. Violetta piange.
9. Parlo in questo momento.

In welcher Zeit schreiben ...? Ordnen Sie die Komponisten den richtigen Epochen zu.

4. In quale periodo scrivono ...?

1. Barocco
2. Classicismo
3. Romanticismo
4. XX secolo

a. Berg · b. Strawinsky · c. Händel · d. Schubert · e. Wolf · f. Haydn · g. Mozart · h. Brahms · i. Bach · j. Schumann · k. Stockhausen · l. Telemann

Setzen Sie das Adverb ein.

1. semplice
2. certo
3. breve
4. lento
5. letterale
6. veloce
7. ardente
8. dolce
9. vero

5. Mettete l'avverbio

1. Abbiamo lavorato *semplicemente* bene.
2. Vado .... alla prima.
3. Parliamo .... della musica barocca.
4. Devi suonare ....
5. Dipende .... dall'interesse.
6. Ha studiato .... 20 pagine.
7. Desidera .... una donna.
8. Cantate .... per favore!
9. Sono .... grato ai maestri antichi.

Pratica · 11 A

6. Come sono i pronomi del dativo?

1. **Le** dai lo spartito, per favore? (lei)
2. Perché non .... telefonate? (lui)
3. .... piace il *Tristano*? (voi)
4. .... devi dire qualcosa! (loro)
5. .... posso fare una domanda? (Lei)
6. .... canti un'aria di Mozart? (io)
7. Chiedi .... perché non suona più! (lui)
8. .... compriamo un nuovo cd. (tu)
9. .... puoi dare la prima pagina? (lei)

Wie lauten die Dativpronomen?
In Satz 4 ist nach der umgangssprachlichen Version gefragt.

7. Traducete

1. Die Qualität der Musik hängt von vielen Faktoren ab.
2. Wir geben Ihnen sicherlich eine Freikarte.
3. Ich bin gerade dabei, den *Tristan* vorzubereiten.
4. Ich erkläre dir die alten Meister.
5. Lernst du gerade »Die Affekte in der Barockmusik«?
6. Ich danke Ihnen für das Interview.
7. Hilft dir diese Erfahrung?
8. Es hängt einfach von der Partitur ab.
9. Wie geht es den Musikern?

Übersetzen Sie.

Parlando

cantò, canta, canterà, ascoltarono, ascoltano, ascolteranno, sentirono, sentono, sentiranno, lavorò, lavora, lavorerà, chiamarono, chiamano, chiameranno, imparò, impara, imparerà, rallentarono, rallentano, rallenteranno

 57

Hören Sie die Wörter von der CD und sprechen Sie sie nach. Machen Sie die Übung auch »trocken«. Wenn Sie die Verbformen auch noch übersetzen, schaffen Sie sich eine zusätzliche Übung.

11 B Lezione · Libretto

58

Libretto

Se vuol ballare, Signor Contino,
Wenn Sie tanzen wollen, Herr Graf (Gräfchen),

il chitarrino **Le** suonerò.
werde ich **Ihnen** die Gitarre (dazu) spielen.

Se vuol venire nella mia scola,
Wenn Sie in meine Schule kommen wollen,

la capriola **Le** insegnerò.
werde ich **Ihnen** die Kapriole beibringen.

Saprò ... ma piano,
Darauf verstehe ich mich ... aber mit Bedacht

meglio ogni arcano **dissimulando**
kann ich **besser durch Verstellung**

scoprir potrò.
jedes Geheimnis entdecken.

Musikbox

Lei – Voi

Die heute gängige, höfliche Anrede *Lei* (hier im Dativ: *Le*) ist für eine Oper des 18. Jahrhunderts ungewöhnlich. Geläufiger ist die Anrede mit *Voi*. Die 3. Person Singular als Form der höflichen Anrede kommt verstärkt erst Ende des 19. Jahrhunderts auf.

Libretto · Vocaboli · 11 B

L'arte schermendo,
Mal verberge ich (meine) Kunst,

L'arte adoprando.
Mal wende ich sie an.

Di qua pungendo,
Hier mal stichelnd,

di là scherzando,
dort mal scherzend,

tutte le macchine rovescerò.
werde ich alle Pläne umwerfen.

rovescerò: Der Infinitiv des Verbs lautet *rovesciare*, aber das **i** entfällt bei der Konjugation im Futur (und im Konditional, siehe Lezione 15 A). Das gilt für alle Verben auf *-giare/-sciare*.

Vocaboli

ballare	tanzen
il contino	das Gräfchen
il conte	der Graf
il chitarrino	das Gitärrchen
la chitarra	die Gitarre
la sc(u)ola	die Schule
la capriola	die Kapriole, der Sprung
insegnare	lehren, beibringen
piano	sacht, leise, langsam
meglio	besser
l'arcano	das Geheimnis
dissimulare	vortäuschen, sich verstellen
scoprire	entdecken
l'arte (f)	die Kunst
schermire	schützen, verbergen
adop(e)rare	anwenden

Musikbox

Traduzione
Übersetzung

In der deutschen Übersetzung der Arie »Se vuol ballare, signor Contino« (»Will der Herr Graf ein Tänzchen nun wagen«) kommt die ironische Haltung, die Figaro seinem Herren gegenüber einnimmt, nicht so gut zum Ausdruck wie im italienischen Original. Das Wort *Contino* (Gräfchen) zeigt diese scherzhafte Distanznahme Figaros viel besser an.

11 B · Vocaboli · Teoria

di qua	(von) hier
di là	(von) dort
la macchina	der Plan
rovesciare	umwerfen, umstürzen

la macchina hat heute nur noch die Bedeutung von »Auto«, »Maschine«.

Teoria

Das Gerundium

Wörtlich kann man das Gerundium nur mit einem Partizip Präsens (gehend, lachend, scherzend usw.) wiedergeben.

Dissimulando potrò scoprire ogni arcano.
Vortäuschend werde ich jedes Geheimnis entdecken können.
Dadurch, dass ich vortäusche, werde ich ...
Durch Verstellung werde ich ...

Mit dem Gerundium lassen sich auf elegante Weise lange Nebensätze vermeiden – leider geht diese Eleganz im Deutschen meist verloren, da hier fast immer ein Nebensatz gebildet werden muss.
Dabei können folgende Konjunktionen nützlich sein:
als · während · bei · da · durch · wenn

L'arte **adoprando** tutte le macchine rovescerò.
(Meine) Kunst **anwendend** werde ich alle Pläne umwerfen.
Durch das Anwenden (meiner) Kunst werde ich ...
Wenn ich (meine) Kunst **anwende**, werde ich ...

Steigerung der Adjektive

Adjektive werden gesteigert im Komparativ mit *più*, im Superlativ mit **Artikel + *più***.

		Positiv	Komparativ	Superlativ
Sg		semplice	più semplice	il più semplice
Pl		semplici	più semplici	i più semplici
		einfach	einfacher	am einfachsten
Sg		bella	più bella	la più bella
Pl		belle	più belle	le più belle
		schön	schöner	am schönsten

Teoria · 11 B

Absoluter Superlativ

un lavoro sempl**issimo**
eine sehr einfache Arbeit

una donna bell**issima**
eine sehr schöne Frau

Der absolute Superlativ

Klingt schrecklich theoretisch, ist in der Praxis aber einfach die Umschreibung mit »sehr«. Den absoluten Superlativ bildet man entweder durch das **Anhängen von -issimo** oder durch das **Voranstellen von molto**:

semplicissimo = molto semplice
bellissima = molto bella

Steigerung der Adverbien *bene* und *male*

bene	meglio	benissimo
gut	besser	sehr gut
male	peggio	malissimo
schlecht	schlechter	sehr schlecht

Bei den Adverbien gibt es als dritte Steigerungsform nur den absoluten Superlativ, der (wie bei den Adjektiven) auch mit *molto* umschrieben werden kann:

benissimo = molto bene
malissimo = molto male

Verkleinerung mit *-ino* oder *-etto*

il conte	il cont**ino**
der Graf	das Gräfchen
la casa	la cas**etta**
das Haus	das Häuschen

Durch Anhängen von *-ino/a* oder *-etto/a* können Substantive verkleinert oder verniedlicht werden.

Parlando

Kurzer Vokal	Langer Vokal
peggio	adagio
faccio	face

 59

Steht hinter dem Vokal ein Doppel-**c** oder Doppel-**g**, wird der Vokal kurz gesprochen; folgt ein einfaches **c** (**g**), wird der Vokal lang gesprochen.

11 B · Pratica

Pratica

1. Traducete il gerundio in tedesco

Übersetzen Sie das Gerundium ins Deutsche.

1. Conoscendo il conte, so che è un Don Giovanni.
Da ich den Grafen kenne, weiß ich, dass er ein Don Giovanni ist.
2. Ascoltando quest'aria dimentico tutto.
3. Essendo un musicista bravo ha già fatto alcuni cd.
4. Volendo si può andare anche al concerto.
5. Essendo Aida una schiava non può scegliere.
6. Facendo tante pause non finiremo questo lavoro.
7. Parlando del libretto siamo andati al bar.
8. Vivendo a Milano potete sempre andare alla Scala.
9. Avendo una bella voce può partecipare al concorso.

2. Com'e il superlativo assoluto?

Wie lautet der absolute Superlativ? Die Endungen sind mal maskulin, mal feminin.

1. È una cantante brava.   *bravissima*
2. È un'aria difficile.   . . . .
3. È un amico caro.   . . . .
4. È un maestro intelligente.   . . . .
5. È una donna fedele.   . . . .
6. È un'opera interessante.   . . . .
7. È uno spettacolo nuovo.   . . . .
8. È una voce dolce.   . . . .
9. È una sonata breve.   . . . .

Pratica · 11 B

3. Trasformate dal Lei al Voi

1. *Vuole* ballare?
   Volete ballare?
2. *Le* suonerò la chitarra.
3. *Le* insegnerò la capriola.
4. *Vuole* venire?
5. *Le* rovescerò le macchine.
6. Saprò spiegar*Le* ogni arcano.
7. Non *deve* scherzare.
8. *Le* canterò una cavatina.
9. Non *Le* darò la mia Susanna.

Formen Sie die Sätze um: vom »Sie« zum »Ihr«. Mal muss das Verb verändert werden, mal das Pronomen. Sie erkennen am Kursivdruck, was verändert werden soll.

Satz 6: Auch wenn es seltsam aussieht, aber Pronomen werden an den Infinitiv angehängt, selbst wenn sie groß geschrieben sind.

4. Fate la comparazione di ...

Steigern Sie ...

1. cara   *più cara*   *la più cara*
2. contento   ....
3. moderni   ....
4. severo   ....
5. vere   ....
6. amorosa   ....
7. giovane   ....
8. veloce   ....
9. nuovi   ....

Bei 7. und 8. gibt es jeweils zwei Lösungen.

5. Diminuite

Verkleinern Sie.

con »-etto«
1. il corno   *il cornetto*
2. la bottiglia ....
3. la casa   ....
4. il labbro   ....
5. la musica   ....
6. l'opera   ....

Manchmal verändert die Verkleinerung auch die Bedeutung, beispielsweise bei 5.: Die verkleinerte Form von *musica* bedeutet »Gedudel«. Übrigens: Bei dieser Form brauchen Sie ein **h**!

Die verkleinerte Oper ist die Operette!

11 B · Vocaboli · Teoria

con »-ino«
7. la sonata *la sonatina*
8. il piede ....
9. il teatro ....
10. la voce ....
11. il tavolo ....

Übersetzen Sie.

In Satz 1 brauchen Sie das Gerundium von *essere*.

Satz 3: »was für ein« = *che*

Satz 4: Wortstellung: *i brani più ...*

In Satz 6 brauchen Sie das Gerundium von *conoscere*.

In Satz 7 bitte zwei Mal den absoluten Superlativ verwenden! »Ausgezeichnet« kann mit dem Superlativ von *bravo* übersetzt werden.

6. Traducete

1. Da ich vom *Tristan* begeistert bin, gehe ich zur Premiere.
2. Ich werde Ihnen diese Arie beibringen.
3. Wie schlecht der Sopran singt! Was für ein Stimmchen!
4. Wir werden die einfachsten Stücke spielen.
5. Sie hat einen wunderschönen Mund!
6. Da er die Barockmusik gut kennt, wird er das Examen bestehen.
7. Er ist noch sehr jung, aber schon ein ausgezeichneter Musiker.
8. Wann gibst du ihr die Partitur?
9. *Così* ist die schönste Oper der Welt.

 60

Hören Sie die Wörter von der CD und sprechen Sie sie nach. Die Länge der Vokale ist nicht gekennzeichnet.

Parlando

bacio, omaggio, adagio, veggio, faccio, face, braccio, oggi, deggio, dirige, invece, maggiore

Dialogo · Lezione 12 A

Prassi esecutiva
Aufführungspraxis

 61

Spiegami: perché nascono tante discussioni **sulla** realizzazione della musica antica?
Erkläre mir (doch mal): Wieso entstehen so viele Diskussionen **bezüglich der** Umsetzung von alter Musik?

Perché non si sa come si **suonava** una volta. Si **annotava** poco e si **improvvisava** molto.
Weil man nicht weiß, wie früher **gespielt wurde**. Man **notierte** wenig und **improvisierte** viel.

Ma gli spartiti esistono …
Aber es gibt doch Noten …

Sì, ma guarda: la notazione del basso continuo per esempio **era** una scrittura abbreviata spesso non specificata …
Schon, aber schau mal: Die Notation des Generalbasses zum Beispiel **war** eine verkürzte, oft nicht näher ausgeführte Schreibweise …

Così l'esecuzione **dipendeva** sempre dall'interprete …
So **hing** die Ausführung also immer vom Interpreten **ab** …

Proprio così.
Genau so.

E mi sai dire qualcosa **sugli** strumenti?
Und kannst du mir was **zu den** Instrumenten sagen?

Sì, è un tema molto interessante: alcuni interpreti si servono di strumenti antichi, ma spesso il risultato sonoro è insoddisfacente.
Ja, das ist ein sehr interessantes Thema: Einige Interpreten bedienen sich alter Instrumente, aber häufig ist das Klangergebnis unbefriedigend.

Musikbox

Alcuni generi e forme
Einige Gattungen und Formen

l'aria	die Arie
la cantata	die Kantate
il concerto	das Konzert
la fuga	die Fuge
il lied	das Lied
l'opera	die Oper
l'oratorio	das Oratorium
il recitativo	das Rezitativ
la sonata a tre	die Triosonate
la suite	die Suite

12 A · Dialogo · Vocaboli

Perché insoddisfacente? Se una volta si **suonava** proprio con quegli strumenti?
Warum unbefriedigend? Wenn man doch früher mit genau diesen Instrumenten **gespielt hat**?

Eh, caro, è tutta una filosofia. Perché non solo la musica, ma anche l'ascolto ha la sua storia.
Tja, mein Lieber, das ist eine Philosophie für sich. Denn nicht nur die Musik, auch das Hören hat seine Geschichte.

Mamma mia, ma è un tema complicatissimo! Io mi arrendo. Non sono uno specialist**a** in questo campo.
Meine Güte, das ist ja ein hochkompliziertes Thema! Ich geb's auf. Ich bin ja (schließlich) kein Fachmann auf diesem Gebiet.

Substantive ohne Pluralform

1. Einige Fremdwörter

| la prassi | le prassi |
| la suite | le suite |

Aber: Einige Substantive auf **-a** haben eine Pluralform.

| il tema | i temi |

2. Endbetonte Substantive

la qualità	le qualità
la tonalità	le tonalità
il dì	i dì

Vocaboli

la prassi	die Praxis
esecutivo	Aufführungs…
nascere	entstehen, geboren werden
la discussione	die Diskussion
la realizzazione	die Umsetzung
una volta	früher (einmal)
annotare	notieren

Vocaboli · 12 A

improvvisare	improvisieren
esistere	existieren, geben
la notazione	die Notation
il basso continuo	der Generalbass
per esempio	zum Beispiel
l'esempio	das Beispiel
era	war
la scrittura	die Schreibweise, die Schrift
abbreviato	verkürzt, abgekürzt
spesso	häufig, oft
specificato	näher bestimmt
l'esecuzione (f)	die Aus-/Aufführung
sempre	immer
l'interprete (m+f)	der/die Interpret(in)
proprio	genau, gerade, ausgerechnet
servir(si)	(sich) bedienen
il risultato	das Ergebnis
sonoro	klanglich
insoddisfacente	unbefriedigend
tutta una	eine ganze
la filosofia	die Philosophie
l'ascolto	das Hören
complicato	kompliziert
arrendersi	aufgeben
lo specialista	der Fachmann
il campo	das Feld, das Gebiet

12 A · Teoria

Teoria

Imperfekt

Das **Imperfekt** *(Imperfetto)* wird **immer regelmäßig** gebildet:
Die Endung beginnt bei
- den Verben auf **-are** immer mit einem **a**,
- den Verben auf **-ere** immer auf **e**,
- den Verben auf **-ire** immer auf **i**.

Wortstamm + –avo, –evo, –ivo ...

Ausnahmen:
fare   *facevo*
dire   *dicevo*

Verben auf -are

(io)	suon**avo**	ich spielte
(tu)	suon**avi**	du spieltest
(lui/lei)	suon**ava**	er/sie spielte
(noi)	suon**avamo**	wir spielten
(voi)	suon**avate**	ihr spieltet
(loro)	suon**avano**	sie spielten

Verben auf -ere

(io)	dipend**evo**	ich hing ab (von)
(tu)	dipend**evi**	du hingst ab (von)
(lui/lei)	dipend**eva**	er/sie hing ab (von)
(noi)	dipend**evamo**	wir hingen ab (von)
(voi)	dipend**evate**	ihr hingt ab (von)
(loro)	dipend**evano**	sie hingen ab (von)

Verben auf -ire

(io)	serv**ivo**	ich diente
(tu)	serv**ivi**	du dientest
(lui/lei)	serv**iva**	er/sie diente
(noi)	serv**ivamo**	wir dienten
(voi)	serv**ivate**	ihr dientet
(loro)	serv**ivano**	sie dienten

essere

(io)	**ero**	ich war
(tu)	**eri**	du warst
(lui/lei)	**era**	er/sie war
(noi)	**eravamo**	wir waren
(voi)	**eravate**	ihr wart
(loro)	**erano**	sie waren

Teoria · 12 A

Ma Cloris n'est point

Übersicht der Zeiten

Presente Präsens	Suono il pianoforte. Ich spiele Klavier.
Passato prossimo Perfekt	Ieri ho suonato. Gestern habe ich gespielt.
Passato remoto Historisches Perfekt	Due anni fa suonai a Roma. Vor zwei Jahren spielte ich in Rom.
Imperfetto Imperfekt	Una volta suonavo il pianoforte. Früher spielte ich Klavier.
Futuro Futur	Domani suonerò. Morgen werde ich spielen.

Das Präsens beschreibt Vorgänge der Gegenwart und Tatsachen.

Das Perfekt beschreibt Ereignisse der Vergangenheit, die noch in die Gegenwart hineinwirken.

Das historische Perfekt beschreibt abgeschlossene, weit zurückliegende Vorgänge der Vergangenheit.

Das Imperfekt beschreibt wiederholte Handlungen, Hintergrundinformationen, Rahmenhandlungen.

Das Futur beschreibt alles Zukünftige. Häufig wird an Stelle des Futurs auch Präsens benutzt.

Die Präposition *su* (auf, über)

su + il	**sul**	su + i	**sui**
su + lo	**sullo**	su + gli	**sugli**
su + l'	**sull'**		
su + la	**sulla**	su + le	**sulle**

Musikbox

Übrigens: *su libretto di ...* heißt »nach einem Libretto von ...«

si (man): Singular und Plural im Wechsel

Si suonava uno strumento.
Man spielte ein Instrument.

Si suonavano molti strumenti.
Man spielte viele Instrumente.

Si canta un'aria.
Man singt eine Arie.

Si cantano alcune arie.
Man singt einige Arien.

Je nachdem, ob Singular oder Plural folgt (Akkusativobjekt), steht das Verb entweder im Singular oder im Plural.

Ma Cloris n'est point

12 A · Teoria · Pratica

Parlando

improvvisavo facevo
improvvisavamo facevamo
improvvisavano facevano

62

Achten Sie auf den Betonungswechsel bei den Formen des Imperfekts: Nur in der 1. Person Plural wird das **a** (oder das **e**) der Endung betont.

Pratica

Verwandeln Sie die Präsenssätze in Imperfektsätze.

1. Trasformate dal presente all'imperfetto

1. Ti *spiego* la musica antica.
   Ti spiegavo la musica antica.
2. Si improvvisa molto.
3. L'esecuzione dipende dall'interprete.
4. Si suonano altri strumenti.
5. È un tema complicato.
6. Il biglietto costa poco.
7. Devi studiare molto?
8. Siamo in un negozio di musica.
9. Non sopporti la voce della cantante?

Verbinden Sie.

2. Combinate

1. Gli spartiti   a. cantavi sempre.
2. L'interprete   b. avevo un violino.
3. La notazione   c. studiavamo molto.
4. Tu   d. esistevano.
5. Noi   e. doveva improvvisare.
6. Il risultato   f. era abbreviata.
7. Io   g. era insoddisfacente.

Pratica · 12 A

3. Presente – Imperfetto – Futuro

1. Non *sono* uno specialista.
   ero – sarò
2. Sandro mi *accompagna* al pianoforte.
3. Cosa *fai*, cara?
4. *Ascoltiamo* la radio.
5. *Desiderate* tanto il cd con Kleiber.
6. La musica barocca si *suona* diversamente.
7. *Faccio* anche musica da camera.
8. Il pianista *suona* Brahms.
9. I musicisti non *vedono* il maestro.

Ma Cloris n'est point

Präsens – Imperfekt – Futur:
Ersetzen Sie die kursiv gedruckte
Form des Präsens durch die entsprechenden Formen von Imperfekt
und Futur.

4. Vero o falso?

1. Nella musica barocca si annotava tutto.
2. Un genere musicale del barocco è la fuga.
3. Il basso continuo è un basso che canta sempre.
4. Tutti gli interpreti si servono di strumenti antichi.
5. Esiste una storia dell'ascolto.
6. Il risultato sonoro è spesso insoddisfacente.
7. La prassi esecutiva è un tema complicatissimo.

Wahr oder falsch?
Lesen Sie den Text der Lektion noch
einmal und kreuzen Sie dann die
richtige Antwort an:
1. si   no
2. si   no
3. si   no
4. si   no
5. si   no
6. si   no
7. si   no

5. Singolare o plurale?

1. Si *affrontava un* tem*a*.
   Si affrontavano due temi.
2. Si cantava un'aria.
3. Si suonava un brano di Schubert.
4. Si chiudeva un negozio.
5. Si cercava un tenore.
6. Si raccontava una storia.
7. Si studiava una partitura.

Singular oder Plural?
Machen Sie »zwei« daraus:
Sie können diese Übung auch in
allen anderen Zeiten machen (Präsens, Futur ...):
Si affronta un tema
   Si affrontano due temi.

12 A · Pratica

Setzen Sie die Verknüpfung von *su* mit dem bestimmten Artikel ein.

In Satz 6 gibt es zwei Lösungen.

Satz 8: »Auf der Bühne« heißt normalerweise *in scena*. Sagt man es mit *su*, so wird der räumliche Aspekt betont: auf und nicht unter oder neben der Bühne.

6. *Su* + articolo

1. Nasce una discussione *sulla* musica antica.
2. Cosa sai .... strumenti?
3. Ti dà un bacio .... bocca.
4. Cosa sapete .... concerti?
5. Dimmi qualcosa .... Romanticismo!
6. Sa qualcosa .... cantanti?
7. Lo spartito è .... pianoforte.
8. La signora è .... scena.
9. C'è una discussione .... libretti.

Übersetzen Sie.

7. Traducete

1. Diese Oper ist nach einem Libretto von Piave.
2. Alles hing von den Sängern ab.
3. Die Notation war oft nicht näher ausgeführt.
4. Die Aufführungspraxis ist ein hochkompliziertes Thema.
5. Waren alle Musiker unbefriedigend?
6. Früher sang ich nur Mozart.
7. Wir interessierten uns für alte Musik.
8. Aber was sagten die Musiker des Barock?
9. Er ertrug einfach ihre Stimme nicht.

Parlando

aiutava, aiutavamo, aiutavano, aprivo, aprivamo, aprivano, conoscevo, conoscevamo, conoscevano, dirigevo, dirigevamo, dirigevano, finivo, finivamo, finivano, potevo, potevamo, potevano, vedevo, vedevamo, vedevano

Hören Sie die Wörter von der CD und sprechen Sie sie nach. Machen Sie die Übung auch »trocken«.

Libretto · Lezione 12 B

Libretto

 64

Tacea la notte placida
Es schwieg die friedliche

e bella in ciel sereno.
und schöne Nacht am heiteren Himmel.

La luna il viso argenteo
Der Mond zeigte sein silbernes,

mostrava lieto e pieno
heiteres und volles Gesicht,

quando suonar per l'aere
als man durch die Luft –

Musikbox

La cavatina
Die Kavatine

Die *cavatina* ist ein solistisches Gesangsstück, das weitgehend auf Koloraturen verzichtet und im Unterschied zur *aria* (Arie) einfacher, kürzer und liedhafter ist. Häufig dient die *cavatina* der Einführung einer zentralen Figur innerhalb der Oper (hier Manrico).

12 B · Libretto · Vocaboli

infino allor sì muto
die bislang so still gewesen war –

dolci s'**udiro** e flebili
zart und schwach

gli accordi di un liuto,
die Akkorde einer Laute klingen **hörte**,

e versi melanconici
und traurige Verse

un trovator **cantò**.
ein Troubadour **sang**.

Vocaboli

tacere	schweigen
placido	ruhig, still, friedlich
il ciel(o)	der Himmel
sereno	heiter
la luna	der Mond
il viso	das Gesicht
argenteo	silbern
mostrare	zeigen
lieto	heiter
pieno	voll
quando	als
per	durch
l'aere (f)	die Luft
infino allor	bislang
(co)sì	so
muto	stumm
udire	hören
flebile	schwach
l'accordo	der Akkord

Veraltete Vokabeln

aere	heute: *aria*
infino allor	heute: *finora*
udire	heute: *sentire*

Vocaboli · Teoria · 12 B

il liuto	die Laute
il verso	der Vers
melanconico	melancholisch
il trovatore	der Troubadour

Teoria

V-Ausfall beim Imperfekt in der Opernsprache (Verben auf -ere und -ire)

tacere (schweigen)

tacevo	tacea
tacevi	–
taceva	tacea
tacevamo	–
tacevate	–
tacevano	taceano

Das **v** kann bei der 1. und 3. Person Singular und bei der 3. Person Plural entfallen.
Vorsicht: 1. und 3. Person Singular enden beide auf **a**!

sentire (hören, fühlen, riechen)

sentivo	sentia
sentivi	–
sentiva	sentia
sentivamo	–
sentivate	–
sentivano	sentiano

12 B · Teoria

Historisches Perfekt der Verben auf –ere und –ire

cedere (aufgeben, weichen)

(io)	cedei/cedetti	ich gab auf
(tu)	cedesti	du gabst auf
(lui/lei)	cedé/cedette	er/sie gab auf
(noi)	cedemmo	wir gaben auf
(voi)	cedeste	ihr gabt auf
(loro)	cederono/cedettero	sie gaben auf

Die Verben auf **-ere** haben in der 1. und 3. Person Singular und in der 3. Person Plural eine kurze und eine lange Form. Lang- und Kurzform sind völlig gleichberechtigt.

cedere ist eines der seltenen regelmäßigen Verben auf **-ere**. Die meisten Verben auf **-ere** haben unregelmäßige Formen (siehe Lezione 13 B).

udire (hören)

(io)	udii	ich hörte
(tu)	udisti	du hörtest
(lui/lei)	udì	er/sie hörte
(noi)	udimmo	wir hörten
(voi)	udiste	ihr hörtet
(loro)	udirono	sie hörten

In der Opernsprache wird die 3. Person Plural oft verkürzt: ***udiro(n), andaro(n)*** ...

Gebrauch der Zeiten
Imperfekt und historisches Perfekt:

1. **Tacea** la notte placida ...
   la luna **mostrava** il viso argenteo ...

2. quando s'**udiro** ... gli accordi di un liuto ...
   e versi melanconici un trovator **cantò**.

1. **Hintergrundhandlung im Imperfekt**
   Die Nacht schwieg, der Mond zeigte sein Gesicht ...

2. **Neu eintretende Handlung im historischen Perfekt**
   ... als man die Akkorde einer Laute hörte und ein Troubadour melancholische Verse sang.

Pratica · 12 B

Parlando

nasco   nascevo
conoscono   conoscevano
dico   dicevo

 65

Durch den Wechsel vom Präsens zum Imperfekt kann sich die Aussprache verändern.

Pratica

1a. Rispondete alle domande

1. Udisti il liuto?   *Sì, lo udii.*
2. Cantasti l'aria?   ....
3. Capisti il libretto?   ....
4. Lasciasti il conte?   ....
5. Sentisti il concerto?   ....
6. Raccontasti la storia?   ....
7. Sopportasti il tenore?   ....
8. Tradisti il maestro?   ....
9. Invitasti la signora?   ....

Beantworten Sie die Fragen. Sie brauchen immer nur die 1. Person Singular des *passato remoto*. Sie brauchen aber auch die Akkusativpronomen *lo* und *la*.

1b. Rispondete alle domande

1. Udiste il liuto?   *Sì, lo udimmo.*

Die gleiche Übung. Die Frage muss jedoch in der 2. Person Plural gestellt werden (*voi*), und die Antwort wird entsprechend in der 1. Person Plural gegeben (*noi*).

12 B · Pratica

Setzen Sie die Formen des historischen Perfekts ein:

1. *portare, noi* · 2. *scaldarsi, tu* ·
3. *scoprire, io* · 4. *suonare, loro* ·
5. *aprire, lui* · 6. *andare, voi* ·
7. *superare, voi* · 8. *accompagnare, loro* · 9. *capire, noi*

2. Mettete le forme del passato remoto

1. *Portammo* la partitura al maestro.
2. Ti .... la voce per il concerto?
3. .... una musica molto interessante.
4. .... una sonata a tre.
5. Il direttore d'orchestra .... la partitura.
6. .... alla prima prova?
7. .... l'esame?
8. Gli archi .... la cantante.
9. Non .... la filosofia dell'ascolto.

Wie sagt man heute?

3. Come si dice oggi?

1. aere   a. scuola
2. acchetarsi   b. giorno
3. cangiare   c. scoprivano
4. dì   d. vedevo
5. udire   e. calmarsi
6. infino allor   f. sentire
7. vedea   g. cambiare
8. scola   h. aria
9. scopriano   i. finora

Machen Sie aus den Perfektformen Formen des historischen Perfekts.

4. Trasformate dal passato prossimo al passato remoto

1. *Sono andata* al conservatorio.
   Andai al conservatorio.
2. *Abbiamo parlato* della messa in scena.
3. *Hai capito* la partitura?
4. I miei cd *sono spariti*.
5. *Avete telefonato* al maestro?
6. *Hanno sentito* la voce del soprano.
7. Ti *ha spiegato* la musica barocca.

Pratica · 12 B

8. Quando *avete studiato* lo spartito?
9. *Ho preparato* due brani moderni.

5. Non confondete

Verwechseln Sie ähnlich klingende Wörter nicht. Übersetzen Sie.

1. seno . . . .   segno . . . .
2. oggi . . . .   ogni . . . .
3. piano . . . .   pianto . . . .
4. lieto . . . .   liuto . . . .
5. guidare . . . .   guardare . . . .
6. docile . . . .   dolce . . . .
7. alto . . . .   altro . . . .
8. chiedere . . . .   chiudere . . . .
9. coro . . . .   core . . . .

6. Traducete

Übersetzen Sie.

1. I musicisti tacevano quando il maestro aprì la partitura.
2. Dolci s'udiron le voci del coro.
3. Era notte quando un trovator suonò il liuto.
4. Per l'aere si sentirono suonare i versi melanconici.
5. Si suonavano i concerti con strumenti antichi.
6. I temi dell'esame erano complicatissimi.
7. Sentisti il dolce canto dell'amor mio?
8. Gli uomini cedettero subito.
9. Esistei solo un lieto dì.

Parlando

piangevano, piangono, vinco, vincevo, nascono, nascevano, reggo, reggevo, conosco, conoscevo, dico, dicevo

 66

Hören Sie die Wörter von der CD und sprechen Sie sie nach. Vorsicht: Die Aussprachewechsel sind hier nicht markiert.

13 A   Lezione · Dialogo

67

Gelosia
Eifersucht

Da dove vieni a quest'ora?
Woher kommst du um diese Zeit?

Ma lo sai ... dalla prova.
Aber das weißt du doch ... von der Probe.

Strano, **non** avete **mai** provato così tardi.
Merkwürdig, ihr habt **nie** so spät geprobt.

Normalmente no ... ma l'ottava sinfonia di Mahler non è uno scherzo ... e **giovedì** c'è la prova generale e poi **sabato** abbiamo il concerto.
Normalerweise nicht, aber die 8. Sinfonie von Mahler ist kein Kinderspiel ... und am **Donnerstag** ist Generalprobe, und dann am **Samstag** haben wir das Konzert.

Aha ...
Aha ...

E siccome sono il maestro sostituto ho ancora ripetuto alcune parti difficili con i cantanti ... dopo la prova.
Und da ich der Korrepetitor bin, habe ich einige schwierige Teile mit den Sängern wiederholt ... nach der Probe.

Dopo la prova ...
Nach der Probe ...

E alla fine abbiamo ancora provato le posizioni dei cantanti.
Und am Schluss haben wir noch die Positionen der Sänger geprobt.

Posizioni?
Positionen?

Dialogo · Vocaboli · 13 A

Sì, non è mica facile mettere i solisti ed il coro in uno spazio limitato.
Ja, schließlich ist es nicht einfach, Solisten und Chor in einem begrenzten Raum zu positionieren.

Ci credo, avrai messo soprattutto UNA solista in uno spazio limitato ...
Das glaube ich, du wirst vor allem EINE Solistin in einem begrenzten Raum positioniert haben ...

Cosa vuol dire?
Was soll das heißen?

Non vuol dire **niente**, solo che ha telefonato prima il teatro per disdire la prova e poi un certo albergo »Rosa«: hai dimenticato la carta di credito ...
Das soll gar **nichts** heißen, nur, dass zuerst das Theater angerufen hat, um die Probe abzusagen, und dann ein gewisses Hotel »Rosa«: Du hast deine Kreditkarte vergessen ...

Musikbox

Sinfonia nannte man ursprünglich die dreiteilige Einleitungsmusik (*allegro–adagio–allegro*) der neapolitanischen *opera seria*. Nach 1730 wird die Sinfonie als eigenständiges Musikstück aufgeführt und von da an weiterentwickelt. Populär wurde die klassische Sinfonie vor allem durch Haydn und Mozart. Die klassische Sinfonie besteht aus vier Sätzen (*movimenti*) und folgt in ihrem Aufbau der Sonate.

Vocaboli

la gelosia	die Eifersucht
da dove?	woher?
strano	merkwürdig, seltsam
provare	proben
tardi	spät
normalmente	normalerweise
la sinfonia	die Sinfonie
lo scherzo	der Scherz
il giovedì	der Donnerstag
la prova generale	die Generalprobe
il sabato	der Samstag
siccome	da
il maestro sostituto	der Korrepetitor
ripetere	wiederholen

I giorni della settimana
Die Wochentage

lune**dì**	Montag
marte**dì**	Dienstag
mercole**dì**	Mittwoch
giove**dì**	Donnerstag
vener**dì**	Freitag
sabato	Samstag
domenica	Sonntag

Das *dì* haben Sie als opernsprachliches Wort für »Tag« schon kennengelernt.

Die Wochentage sind männlich (*il*). Ausnahme: *la domenica*.

13 A · Vocaboli · Teoria

difficile	schwierig
la fine	der Schluss
la posizione	die Position, die Stellung
mica	wohl, schließlich
facile	einfach, leicht
lo spazio	der Raum
limitato	begrenzt
messo	gesetzt, gestellt, gelegt, positioniert
soprattutto	vor allem
non ... niente	nichts
disdire	absagen
l'albergo	das Hotel
la carta di credito	die Kreditkarte

Teoria

Die doppelte Verneinung

Im Italienischen wird doppelt verneint:
»nicht ... nichts«
»nicht ... nie«
»nicht ... mehr«

Nur die letzte Variante ist im Deutschen gebräuchlich. Ansonsten bilden Sie Ihren Satz nach dem Schema:
non + Verb + *mai, niente, più ...*

Im Perfekt sieht der Satzbau dann so aus:
non + Verb + ***mai, niente ...*** + Partizip Perfekt.

Non vuol dire **niente**.
Das heißt **nichts**.

Non avete **mai** provato così tardi.
Ihr habt **nie** so spät geprobt.

Non ho **più** tempo.
Ich habe keine Zeit mehr.

non ... mai	nie
non ... niente	nichts
non ... più	nicht mehr

Neu:

non ... nessuno	niemand
non ... neanche	auch nicht, nicht einmal
non ... neppure	auch nicht, nicht einmal
non ... nemmeno	auch nicht, nicht einmal

Nur am Satzanfang können *mai, niente, più ...* alleine stehen:
Mai andrò alla Scala.
Nie werde ich in die Scala gehen.

Teoria · 13 A

Neue Formen des Partizip Perfekt

mettere	messo	gelegt
piangere	pianto	geweint
scoprire	scoperto	entdeckt
tacere	taciuto	geschwiegen
vincere	vinto	gesiegt

Diese Partizipien werden alle mit *avere* verbunden: *ho messo, hai pianto ...*

Ci (da, daran, dahin – uns)

Sono a casa.
Ich bin zu Hause.

Ci sono.
Ich bin **da**.

Credo a questa cosa.
Ich glaube an diese Sache.

Ci credo.
Das glaube ich. Eigentlich: Ich glaube **daran**.

Vado a teatro.
Ich gehe ins Theater.

Ci vado.
Ich gehe **dahin**.

Aber:
Ci vediamo.
Wir sehen **uns**.

Um Wiederholungen zu vermeiden, können Wendungen mit *a* (oder *in*) durch *ci* ersetzt werden.

Ci steht **vor** dem konjugierten **Verb!**

Vorsicht: *ci* kann auch »uns« heißen.

Parlando

tt
atto, affetto, tutto, biglietto, duetto

68
Hören Sie genau hin, wie das Doppel-**t** gesprochen wird: mit einem kurzen Innehalten vor dem Doppel-**t**. Die Zunge liegt am Gaumen, weit vorne an den Schneidezähnen: **t** sprechen und **d** denken.

13 A · Pratica

Pratica

1. Non ... niente, mai, nessuno

Nichts, nie, niemand: Bilden Sie die doppelte Verneinung. Antworten Sie immer in der 1. Person Singular.
1. nichts · 2. niemanden · 3. nicht mehr · 4. nie · 5. niemandem · 6. nichts · 7. niemand · 8. nie · 9. nichts

1. Compri lo spartito?
   Non compro niente.
2. Conosci i cantanti?
3. Vai alla prova?
4. Ma tu canti ?
5. Con chi ripeti?
6. Studi la tua parte?
7. C'è qualche tenore?
8. Quando finisce l'opera?
9. Vedi qualcosa?

Machen Sie aus dem Präsens ein Partizip Perfekt.

Satz 2 und Satz 4: *nessuno* und *niente* werden nachgestellt: *non* + Verb + Partizip Perfekt + *nessuno/niente*.
Die Stellung der Verneinungen hängt auch von Bedeutungsnuancen ab, das heißt, manchmal sind zwei Positionen möglich:
Non sono più andati a Milano.
Non sono andati più a Milano.

2. Trasformate dal presente al passato prossimo

1. Non prova mai.
   Non ha mai provato.
2. Non ripetete niente.
3. Non guardiamo neanche.
4. Non conosco nessuno.
5. Non vanno più al concerto.
6. Non faccio neppure la pausa.
7. Non suonate più.
8. Non ascolto mai la radio.
9. Non aiuta nemmeno il maestro.

Setzen Sie das unregelmäßige Partizip Perfekt ein.

1. *dire* · 2. *tacere* · 3. *mettere* · 4. *vincere*

3. Mettete il participio passato irregolare

1. Perché non mi hai *detto* niente?
2. Il maestro ha . . . .
3. Dove hai . . . . gli spartiti?
4. Ho . . . . il concorso!

Pratica · 13 A

5. Hanno .... un negozio.
6. Quando avete .... a Roma?
7. Mimì ha .... tanto!
8. Avete .... il maestro sostituto?
9. Quando hai .... lo spettacolo?

5. *aprire* · 6. *vivere* · 7. *piangere* · 8. *scoprire* · 9. *vedere*

4. Quale parola non c'entra?

1. placido – lieto – sereno – arcano
2. prova – maestro – prassi – maschera
3. messo – provato – fatto – detto
4. fiasco – fuga – suite – aria
5. platea – pianto – scena – galleria
6. guardò – andrò – saprò – sarò

Welches Wort passt nicht?

In den Beispielen 3 und 6 geht es um Grammatik.

5. Sostituite con *ci*

1. Non credo *a questa storia!*
   Non ci credo!
2. Non torniamo *al teatro.*
3. Domani sarò certamente *a casa.*
4. *A Bayreuth* dirige *L'oro del Reno.*
5. Andiamo *al conservatorio?*
6. Sto lavorando *alla partitura.*
7. Passo una settimana *a Firenze.*
8. Quando vai *alla prova?*
9. Non andare *in scena!*

Ersetzen Sie die kursiv gedruckten Wendungen mit *a* bzw. *in* durch *ci*.

Satz 9: Das *ci* kann vor dem Verb stehen oder an den Infinitiv angehängt werden.

6. Traducete

1. Am Samstag bin ich mit meiner Geliebten in ein Hotel gegangen.
2. Leider ist meine Frau sehr eifersüchtig.
3. Sie glaubt nicht mehr an meine Geschichten.
4. Aber warum hat der Dirigent ausgerechnet heute die Probe abgesagt?

Übersetzen Sie.

Satz 1 und 5: »Am« wird nicht übersetzt. Sie brauchen nur den Wochentag ohne Artikel einzusetzen.

In Satz 2 können Sie das »sehr« mit absolutem Superlativ wiedergeben. Meine (Ehe-)frau = *mia moglie* eifersüchtig = *geloso*

13 A · Pratica

5. Die Generalprobe ist am Donnerstag.
6. Habt ihr die schwierigen Teile mit dem Korrepetitor wiederholt?
7. Wann geht ihr in die Bar? Geht ihr sofort dahin?
8. Es hat mich niemand gesehen, aber das Hotel hat bei mir zu Hause angerufen.
9. Oh Gott! Ich habe meiner Frau nie Hörner aufgesetzt!

Satz 9: *mettere le corna a*

Parlando

bottiglia, clarinetto, detto, fatto, duetto, diretto, giovinotto, libretto, larghetto, mettere, notte, ottoni, scrittura, rispettoso, quartetto

Hören Sie die Wörter mit Doppel-**t** von der CD und sprechen Sie sie nach. Versuchen Sie es auch »trocken«.

Libretto · Lezione 13 B

Libretto

 70

Vissi d'arte, vissi d'amore,
Ich **lebte** von Kunst, ich lebte von Liebe,

non **feci** mai male ad anima viva!
ich **tat** nie einer lebenden Seele was zu Leide!

Con man furtiva
Mit heimlicher Hand

quante miserie **conobbi**, aiutai.
half ich allem Elend, das **ich kennenlernte**.

Sempre con fe' sincera
Immer in ehrlichem Glauben

la mia preghiera
stieg mein Gebet

ai santi tabernacoli salì.
zu den heiligen Tabernakeln auf.

Musikbox

Vissi d'arte (Nur der Schönheit weiht' ich mein Leben): Die berühmte Arie der Floria Tosca ist ihr einziges Solo in der gesamten Oper. Mit Pathos vorgetragen steht dieses lyrische *Andante* wie eine Atempause inmitten der dramatischen und gewaltsamen Handlung der Szene.

13 B · Libretto · Vocaboli

Sempre con fe' sincera
Immer in ehrlichem Glauben

diedi fiori agli altar.
schmückte (**gab**) ich die Altäre mit Blumen.

Diedi gioielli
Ich schenkte Juwelen (Schmuck)

della Madonna al manto
dem Madonnenmantel,

e diedi il canto
und ich schenkte (meinen) Gesang

agli astri, al ciel che ne ridean più belli.
den Sternen, dem Himmel, die schöner darüber lächelten (die sich daran erfreuten).

Nell'ora del dolore
In der Stunde des Schmerzes

perché, perché Signore,
warum, warum, oh Herr,

me ne rimuneri così?
lohnst du es mir so?

Vocaboli

vissi	ich lebte
feci	ich machte
l'anima	die Seele
vivo	lebendig
furtivo	heimlich
la miseria	das Elend
conobbi	ich lernte kennen
la fe(de)	der Glaube, die Treue
sincero	ehrlich, aufrichtig
la preghiera	das Gebet, die Bitte

l'anima: in der Oper auch häufig *l'alma*.

Vocaboli · Teoria · 13 B

santo	heilig
il tabernacolo	der Tabernakel
salire	aufsteigen, hinaufgehen
diedi	ich gab
l'altare (m)	der Altar
il gioiello	das Juwel
il manto	der Mantel
l'astro	der Stern
ne	davon, darüber
ridere	lachen
il dolore	der Schmerz
remunerare	vergelten, (be-)lohnen

il manto — heute: *il cappotto*
l'astro — heute: *la stella*

remunerare — heute: *rimunerare*

Teoria

Das unregelmäßige historische Perfekt

Gruppe 1

vivere (leben)

(io)	**vissi**	ich lebte
(tu)	vivesti	du lebtest
(lui/lei)	**visse**	er/sie lebte
(noi)	vivemmo	wir lebten
(voi)	viveste	ihr lebtet
(loro)	**vissero**	sie lebten

conoscere (kennen, kennenlernen)

(io)	**conobbi**	ich lernte kennen
(tu)	conoscesti	du lerntest kennen
(lui/lei)	**conobbe**	er/sie lernte kennen
(noi)	conoscemmo	wir lernten kennen
(voi)	conosceste	ihr lerntet kennen
(loro)	**conobbero**	sie lernten kennen

Kennzeichnend für die **Gruppe 1** ist, dass 1., 3. (Singular) und 3. (Plural) Person immer die **unregelmäßige Form** haben. Die übrigen Formen sind regelmäßig; sie richten sich nach dem Infinitiv.

Weitere Verben der Gruppe 1 finden Sie auf der nächsten Seite.

13 B · Teoria

Gruppe 2
fare (machen, tun)

(io)	**feci**	ich machte
(tu)	**facesti**	du machtest
(lui/lei)	**fece**	er/sie machte
(noi)	**facemmo**	wir machten
(voi)	**faceste**	ihr machtet
(loro)	**fecero**	sie machten

Gruppe 2 unterscheidet sich von Gruppe 1 nur durch den **erweiterten** (oder veränderten) **Infinitiv** *facere* statt *fare*.

Gruppe 3
dare (geben)

(io)	**diedi**	ich gab	**detti**
(tu)	**desti**	du gabst	
(lui/lei)	**diede**	er/sie gab	**dette**
(noi)	**demmo**	wir gaben	
(voi)	**deste**	ihr gabt	
(loro)	**diedero**	sie gaben	**dettero**

In **Gruppe 3** gibt es nur wenige Verben. Diese sind **völlig unregelmäßig**.

Gruppe 1
arrendersi (aufgeben)
mi arresi   si arrese   si arresero
chiedere (fragen)
chiesi   chiese   chiesero
chiudere (schließen)
chiusi   chiuse   chiusero
conoscere (kennen[-lernen])
conobbi   conobbe   conobbero
dirigere (dirigieren)
diressi   diresse   diressero
mettere (setzen, stellen, legen)
misi   mise   misero

Teoria · 13 B

nascere (geboren werden, entstehen)
nacqui nacque nacquero
piacere (gefallen, schmecken)
piacqui piacque piacquero
piangere (weinen)
piansi pianse piansero
prendere (nehmen)
presi prese presero
ridere (lachen)
risi rise risero
sapere (wissen, erfahren)
seppi seppe seppero
tacere (schweigen)
tacqui tacque tacquero
vedere (sehen)
vidi vide videro
venire (kommen)
venni venne vennero
volere (wollen)
volli volle vollero

Gruppe 2   **Gruppe 3**
fare   **essere**
                      dare

dire   **stare**
dissi   stetti
dicesti   stesti
disse   stette
dicemmo   stemmo
diceste   steste
dissero   stettero

13 B · Teoria · Pratica

ne (davon, darüber)

Parlo **del** libretto.
Ich spreche **vom** Libretto.

Ne parlo.
Ich spreche **darüber (davon)**.

Wendungen mit **di** können durch **ne** ersetzt werden. **Ne** steht wie **ci** vor dem konjugierten Verb.
In der Oper wird **ne** manchmal als Verneinung gebraucht.

Parlando

Unterschied **tt – t**
notte   notazione, annotare
clarinetto   chitarra, chitarrino

Man soll es mit dem Doppel-**t** nicht übertreiben: Wenn einfaches **t** steht, bitte auch nur einfaches **t** sprechen. Der vorausgehende Vokal (vor einfachem **t**) ist meist länger. Lassen Sie die Zunge etwas länger am Gaumen.

71

Pratica

1. Quali forme corrispondono?

Welche Formen des Partizip Perfekt entsprechen den Formen des historischen Perfekt?

conoscere und *sapere* verändern im Partizip Perfekt und im historischen Perfekt ihre Bedeutung:
conoscere   kennen(-lernen)
sapere   erfahren

1. visse   a. siete stati
2. demmo   b. sono venuti
3. seppi   c. ha conosciuto
4. dicesti   d. abbiamo dato
5. tacqui   e. ha vissuto
6. vennero   f. hai detto
7. steste   g. ho taciuto
8. conobbe   h. avete pianto
9. piangeste   i. ho saputo

2. Mettete la forma del passato remoto

Setzen Sie die Formen des historischen Perfekts ein:
1. *suonare, noi* · 2. *dare, lui* · 3. *piacere*

1. *Suonammo* una sonata di Franck.
2. Che cosa .... al maestro?
3. Lo spettacolo gli .... molto.

Pratica · 13 B

4. Verdi . . . . a Roncole.
5. Ti . . . . un bacio ardente.
6. I musicisti . . . . gli spartiti.
7. . . . . i tre tenori a cena.
8. Perché non . . . . niente?
9. La signora . . . . solo il primo atto.

4. *nascere* · 5. *dare, io* · 6. *chiudere, loro* · 7. *invitare, noi* · 8. *dire, tu* · 9. *vedere*

3. Coniugate l'aria di Tosca

1. »Vissi d'arte, vissi d'amore«
   Vivesti d'arte, vivesti d'amore ...
2. non *feci* mai male ad anima viva!
3. Con man furtiva
4. quante miserie *conobbi, aiutai.*
5. Sempre con fe' sincera
6. *diedi* fiori all'altar.
7. *Diedi* gioielli
8. della Madonna al manto,
9. e *diedi* il canto
10. agli astri, al ciel, che ne ridean più belli.

Konjugieren Sie die Arie der Tosca in allen Personen Singular und Plural.

4. Rispondete alle domande

1. L'allegro è un tempo veloce?
2. Il violino è uno strumento a tastiera?
3. La sinfonia ha due movimenti?
4. La Tosca visse di soldi?
5. La prova generale è la prova prima della prima?
6. »Mettere le corna« vuol dire »suonare il corno«?
7. La sonata a tre si suona con tre strumenti?
8. Il fiasco è un grande successo?
9. Il soprano è una voce alta?

Beantworten Sie die Fragen mit *si* und *no*.

13 B · Pratica

Ersetzen Sie die Wendungen mit *di* durch *ne*.

5. Sostituite con *ne*

1. Parliamo *dell'opera seria*.
   Ne parliamo.
2. Ho bisogno *di un nuovo strumento*.
3. Non sapete niente *del Classicismo*.
4. Foste entusiasti *della prima*.
5. Ho sentito parlare *di questa interpretazione*.
6. Cosa sapevi *di questa storia*?
7. Prendo un po' *di questo champagne*.
8. Avete bisogno *della partitura*?
9. Ha parlato *della prassi esecutiva*.

Übersetzen Sie.

6. Traducete

1. Desti gioielli agli astri del ciel.
2. Le nostre preghiere salirono al ciel.
3. Io non risi nell'ora del dolore.
4. Tosca conobbe molte miserie.
5. Misi i fiori ai piè della Madonna.
6. Non faceste male a nessuno.
7. In albergo vidi l'amante tua.

Satz 8: *Salisburgo* ist Salzburg.

8. Mozart visse a Salisburgo.
9. Gli intenditori rideano.

Parlando

Hören Sie die Wörter von der CD und sprechen Sie sie nach. Die Hauptsache ist hier der Wechsel zwischen einfachem und doppeltem **t**.

fattore, eternità, limitato, letteralmente, notazione, notte, pietà, platea, ridotto, spettacolo, settimana, seta, tutti, tutore

Dialogo · Lezione 14 A

Tra musicisti
Unter Musikern

 73

Guarda: »Muti: ritorno sul podio di New York cancellato«.
Schau mal: »Muti: Rückkehr ans New Yorker Dirigentenpult gestrichen.«

Come? Ma questa è una sorpresa. Vuol dire che Muti resta direttore musicale della Scala?!
Wie? Das ist aber eine Überraschung. Das heißt, dass Muti musikalischer Leiter der Scala bleibt?!

Sì, e credo che **abbia** anche ragione.
Ja, und ich glaube auch, dass er Recht **hat**.

In che senso?
Wie meinst du das?

Penso che **sia** difficile realizzare un lavoro serio e produttivo con due orchestre.
Ich denke, dass es schwierig **ist**, eine ernsthafte und produktive Arbeit mit zwei Orchestern zu leisten.

Musikbox

Il direttore d'orchestra	Der Dirigent
il podio	das (Dirigenten-)Pult
la bacchetta	der Taktstock
il direttore ospite	der Gastdirigent
il direttore musicale	der musikalische Leiter
la filarmonica	die Philharmonie
il frac	der Frack
dare l'attacco	den Einsatz geben

14 A · Dialogo · Vocaboli

Stai parlando degli italiani e degli americani?
Meinst du die Italiener und die Amerikaner?

Sì: il contratto prevedeva quattro mesi con la filarmonica newyorkese ... sono troppi.
Ja: Der Vertrag sah vier Monate mit den New Yorker Philharmonikern vor ... das ist zu viel.

Ma credi che lo **faccia** veramente per la musica o per i musicisti?
Glaubst du denn, dass er das wirklich wegen der Musik oder wegen der Musiker **macht**?

Certo!
Sicher!

Io penso invece che i ragionamenti **siano** altri: come direttore ospite per i newyorkesi ed i viennesi più un contratto fisso con **la Scala** guadagna molto di più.
Ich glaube hingegen, dass die Beweggründe andere **sind**: Als Gastdirigent bei den New Yorkern und den Wienern plus festem Vertrag mit der Scala verdient er doch viel mehr.

Ma no ... non credo!
Aber nein ... das glaube ich nicht!

Tu sei proprio ingenuo!
Du bist wirklich naiv!

Musikbox

La Scala

Das berühmte Mailänder Opernhaus wurde Ende des 18. Jahrhunderts erbaut, jedoch 1943 fast vollständig zerstört. 1946 baute man die *Scala* in ihrer alten Gestalt wieder auf.
Ein paar Zahlen: Die *Scala* hat 3.600 Sitzplätze und 146 Logen in 6 Rängen.

Vocaboli

il ritorno	die Rückkehr
il podio	das Pult, das Podium
cancellare	streichen
la sorpresa	die Überraschung
il direttore musicale	der musikalische Leiter
avere ragione	Recht haben

Vocaboli · Teoria · 14 A

in che senso?	in welchem Sinn?
il senso	der Sinn
pensare	denken
realizzare	verwirklichen, umsetzen
serio	ernst
produttivo	produktiv
italiano	Italiener, italienisch
americano	Amerikaner, amerikanisch
il contratto	der Vertrag
prevedere	vorsehen
il mese	der Monat
la filarmonica	die Philharmonie
newyorkese	New Yorker
il ragionamento	der (Beweg-)Grund
il direttore ospite	der Gastdirigent
il viennese	der Wiener
fisso	fest, fix
guadagnare	verdienen
ingenuo	naiv

Alcune nazionalità
Einige Nationalitäten

americano/a	Amerikaner/in, amerikanisch
austriaco/a	Österreicher/in, österreichisch
francese	Franzose/in, französisch
inglese	Engländer/in, englisch
italiano/a	Italiener/in, italienisch
russo/a	Russe/in, russisch
spagnolo/a	Spanier/in, spanisch
svizzero/a	Schweizer/in, schweizerisch
tedesco/a	Deutsche(r), deutsch

Il mese
In der Opernsprache oft *la luna* (der Mond).

Teoria

Konjunktiv Präsens von *essere*

che io	sia	dass ich bin/sei
che tu	sia	dass du bist/seist
che lui/lei	sia	dass er/sie ist/sei
che noi	siamo	dass wir sind/seien
che voi	siate	dass ihr seid/seiet
che loro	siano	dass sie sind/seien

Anmerkungen zum Konjunktiv

1. Die ersten drei Formen sind gleich. Deshalb verwendet man meistens die Personalpronomen, damit man weiß, von wem die Rede ist.
2. Der Konjunktiv wird im Deutschen fast immer mit dem Indikativ übersetzt (»ist« statt »sei«).
3. Der Konjunktiv wird fast nur in Nebensätzen gebraucht.
4. Nur wenn der Konjunktiv im Hauptsatz steht, wird er im Deutschen als Konjunktiv übersetzt:
   Sia contento! »Sei zufrieden!«
   »Mögest du zufrieden sein!«
   »Du sollst zufrieden sein!«

14 A · Teoria

Konjunktiv Präsens von *avere*

che io	abbia	dass ich habe
che tu	abbia	dass du hast
che lui/lei	abbia	dass er/sie hat
che noi	abbiamo	dass wir haben
che voi	abbiate	dass ihr habt
che loro	abbiano	dass sie haben

Konjunktiv Präsens von *fare*

che io	faccia	dass ich mache
che tu	faccia	dass du machst
che lui/lei	faccia	dass er/sie macht
che noi	facciamo	dass wir machen
che voi	facciate	dass ihr macht
che loro	facciano	dass sie machen

Der Konjunktiv wird in folgenden Situationen verwendet:

1. Persönliche Meinung/Stellungnahme:
   credere, pensare

2. Hoffnung/Wunsch/Wille:
   volere, desiderare, sperare (hoffen)

3. Gemütslage/Gefühle:
   essere lieto/contento ...

4. Unpersönliche Ausdrücke:
   è interessante che es ist interessant, dass
   è bello che es ist schön, dass
   è bene che es ist gut, dass
   si dice che man sagt, dass

Verwendung des Konjunktivs

1. **Credo** che **sia** difficile.
   Ich glaube, dass es schwierig ist.

   Penso che **abbia** ragione.
   Ich denke, dass er Recht hat.

2. **Voglio** che tu **faccia** l'esame.
   Ich will, dass du Examen machst.

3. **Sono contento** che lui **sia** a New York.
   Ich bin zufrieden, dass er in New York ist.

4. **È interessante** che **faccia** questo lavoro.
   Es ist interessant, dass er diese Arbeit macht.

Teoria · Pratica · 14 A

Parlando

viennese, veramente, prevedere

 74

Üben Sie die Aussprache des **v**: auf gar keinen Fall **f** sprechen! Das italienische **v** liegt zwischen **w** und **b** ganz weich auf der Unterlippe!

Pratica

1. Trasformate le frasi al congiuntivo

Verwandeln Sie die Sätze in den Konjunktiv.

1. Il maestro fa un lavoro serio.
   Sono contenta che il maestro *faccia* un lavoro serio.
2. I musicisti hanno ragione.
   Penso che i musicisti . . . . ragione.
3. I ragionamenti sono altri.
   Credo che i ragionamenti . . . . altri.
4. I viennesi hanno un contratto nuovo.
   Si dice che i viennesi . . . . un contratto nuovo.
5. Lo fate solo per la musica.
   Voglio che lo . . . . solo per la musica.
6. Il direttore ha un contratto fisso.
   È bene che il direttore . . . . un contratto fisso.
7. È un'orchestra difficile.
   Penso che . . . . un'orchestra difficile.
8. Il cantante ha un maestro bravo.
   Spero che il cantante . . . . un maestro bravo.
9. No, il tenore non lo fa!
   Non credo che il tenore lo . . . .

Musikbox

Statt *sia* und *siano* findet man in der Opernsprache häufig *fia* und *fiano*.

14 A · Pratica

Welcher Konjunktiv entspricht der Form im Indikativ?

2. Quali forme corrispondono?

1. sei
2. avete
3. fanno
4. ho
5. hanno
6. siete
7. fa
8. sono
9. abbiamo

a. abbia
b. siate
c. siano
d. abbiate
e. faccia
f. abbiamo
g. abbiano
h. sia
i. facciano

Welches Wort passt nicht?

3. Quale parola non c'entra?

1. italiano – inglese – viennese – russo
2. bacchetta – frac – podio – ingenuo
3. domani – domenica – sabato – martedì
4. pensare – credere – sperare – andare
5. corno – suite – fuga – sonata

Woher sind die ...? Schreiben Sie das Adjektiv der jeweiligen Nationalität.

1. Italien
2. Österreich
3. England
4. Deutschland: im Plural ein **h** einfügen! · 5. Frankreich
6. Spanien
7. Schweiz
8. Russland
9. Amerika

4. Di dove sono ...?

1. i violini   *italiani*
2. la cantante   ....
3. il frac   ....
4. i baritoni   ....
5. la musica   ....
6. le chitarre   ....
7. il conservatorio ....
8. i bassi   ....
9. la filarmonica   ....

Pratica · 14 A

5. Rispondete alle domande

1. Come si chiama il teatro dell'opera lirica a Milano?
2. Come si chiama il direttore che non ha un contratto fisso per un'orchestra?
3. Il direttore d'orchestra dà l'attacco con ...?
4. Quattro settimane sono un ...?
5. Il giorno dopo »martedì« si chiama ...?
6. Come si dice »ognora« oggi?
7. Quali strumenti (degli archi) conosce?

Beantworten Sie die Fragen.

6. Traducete

1. Das Konzert ist gestrichen.
2. Ich hoffe, dass du einen festen Vertrag hast.
3. Wir glauben nicht, dass es schwierig ist, eine produktive Arbeit zu leisten.
4. Der Gastdirigent gibt nie den Einsatz mit dem Taktstock.
5. Er hofft, dass die Musiker eine Pause machen.
6. Ich denke, dass die New Yorker Recht haben.
7. Der spanische Tenor singt nur Kammermusik.
8. Glaubst du, dass der musikalische Leiter eine Liebhaberin hat?
9. Die Inszenierung wird eine schöne Überraschung sein.

Übersetzen Sie.

In Satz 3: »leisten« (*realizzare*) wird ohne Präposition angeschlossen.

Parlando

venire, valere, vedere, verso, vino, viola, vipera, vivo, voce, vuotare, vita, viso
breve, bravo, schiava, prova, nuovo, involarsi, invece, lavorare

 75

Hören Sie die Wörter von der CD und sprechen Sie sie nach.

14 B — Lezione · Libretto

76 Libretto

Si colmi il calice
Der Kelch **möge sich füllen**

di vino eletto;
mit erlesenem Wein;

nasca il diletto,
Freude **soll entstehen**,

muoia il dolor.
Schmerz **soll sterben**.

Da noi **s'involino**
Von uns **sollen verschwinden**

gli odi e gli sdegni,
Hass und Verachtung,

folleggi e **regni**
es **scherze** und **herrsche**

qui solo amor.
hier Amor allein.

Libretto · Vocaboli · 14 B

Gustiamo il balsamo
Genießen wir diesen Balsam

d'ogni ferita,
auf jeder Wunde,

che nova vita
der neues Leben

ridona al cor.
dem Herzen zurückgibt.

Vuotiam per l'inclito
Leeren wir für den vortrefflichen

Banco i bicchieri!
Banco die Gläser!

Fior de' guerrieri
Den besten aller Krieger

di Scozia onor.
und Schottlands Ehre.

Musikbox

Macbeth
Verdi hatte bereits neun Opern geschrieben, als er mit *Macbeth* zum ersten Mal einen Shakespeare-Stoff vertonte. Verdi plante zunächst die Vertonung des *King Lear* – dieses Projekt wurde jedoch nie realisiert, und so wurde *Macbeth* Verdis »erster Shakespeare« (Uraufführung: Florenz 1847).
Shakespeare wird vierzig Jahre später mit dem *Otello* (1887, in der Librettobearbeitung von Arrigo Boito) wieder aufgegriffen, und 1893 beschließt Verdi sein Opernschaffen wiederum mit der Vorlage eines Textes von Shakespeare, dem *Falstaff*, der 1893 zur Uraufführung gelangt.

Vocaboli

colmarsi	sich füllen
il calice	der Kelch
eletto	erlesen
il diletto	die Freude
morire	sterben
involarsi	davonfliegen, verschwinden
l'odio	der Hass
lo sdegno	die Verachtung, die Entrüstung
folleggiare	scherzen, närrisch sein
regnare	herrschen

14 B · Vocaboli · Teoria

gustare	genießen, schmecken
il balsamo	der Balsam, die Salbe
la ferita	die Wunde, die Verletzung
n(u)ovo	neu
la vita	das Leben
ridonare	wiedergeben
vuotare	leeren
inclito	vortrefflich
il bicchiere	das Glas
il guerriero	der Krieger
la Scozia	Schottland

Mit **balsamo** ist in der Arie der Lady Macbeth der Wein gemeint, der dem Herzen neue Kraft gibt und die Schmerzen aller Wunden lindert.

Teoria

Der Konjunktiv Präsens der regelmäßigen Verben:

1. Die **ersten drei Formen** sind bei allen Verben **gleich**, ob regel- oder unregelmäßig.

2. Vorsicht Lautwechsel, bei Verben auf **-cere, -gere, -scere**:
   vincere   vinca
   dirigere   diriga
   nascere   nasca

3. Bei Verben auf **-care** und **-gare** bleibt der Laut erhalten, dafür fügt man ein **h** ein:
   giocare   giochi
   piagare   piaghi

4. Es gibt **keinen Unterschied** zwischen der Konjugation der Verben auf **-ere** und auf **-ire**.

5. Für den Gebrauch des Konjunktivs gelten die bereits bekannten Regeln (siehe Lezione 14 A).

Konjunktiv Präsens der Verben auf –are

regnare (herrschen)

che io	regni	dass ich herrsche
che tu	regni	dass du herrschst
che lui/lei	regni	dass er/sie herrscht
che noi	regniamo	dass wir herrschen
che voi	regniate	dass ihr herrscht
che loro	regnino	dass sie herrschen

Konjunktiv Präsens der Verben auf –ere

nascere (entstehen, geboren werden)

che io	nasca	dass ich entstehe
che tu	nasca	dass du entstehst
che lui/lei	nasca	dass er/sie entsteht
che noi	nasciamo	dass wir entstehen
che voi	nasciate	dass ihr entsteht
che loro	nascano	dass sie entstehen

Teoria · 14 B

Konjunktiv Präsens der Verben auf -ire

sentire (hören, fühlen, riechen)

che io	sent**a**	dass ich höre
che tu	sent**a**	dass du hörest
che lui/lei	sent**a**	dass er/sie höre
che noi	sent**iamo**	dass wir hören
che voi	sent**iate**	dass ihr höret
che loro	sent**ano**	dass sie hören

Verben auf -ire mit Stammerweiterung

capire (verstehen)

che io	cap**isca**	dass ich verstehe
che tu	cap**isca**	dass du verstehest
che lui/lei	cap**isca**	dass er/sie verstehe
che noi	cap**iamo**	dass wir verstehen
che voi	cap**iate**	dass ihr verstehet
che loro	cap**iscano**	dass sie verstehen

6. Die **Konjunktivform** der ersten drei Personen entspricht dem **Imperativ** (Befehlsform) der **3. Person** Singular (höfliche Anrede):
senta! hören Sie!
regni! herrschen Sie!
faccia! machen Sie!

7. Die **Stammerweiterung** gilt bei Verben auf -ire für die ersten drei Personen und für die 3. Person Plural: Sie bekommen das -isc so wie im Präsens.

Einige unregelmäßige Formen

andare	gehen	**vada**
dare	geben	**dia**
dire	sagen	**dica**
dovere	müssen	**debba**
morire	sterben	**muoia**
piacere	gefallen	**piaccia**
potere	können	**possa**
sapere	wissen	**sappia**
scegliere	wählen	**scelga**
stare	sein/bleiben	**stia**
tacere	schweigen	**taccia**
venire	kommen	**venga**
volere	wollen	**voglia**

14 B · Teoria · Pratica

Übersetzungsmöglichkeiten

1. **Voglio che lui** vada **al bar.**
   Ich will, dass er zur Bar geht.
2. Vada **al bar!**
   Gehen **Sie** zur Bar!

1. Konjunktiv im Italienischen, Indikativ im Deutschen.
2. Imperativ (Befehlsform) der 3. Person = Befehlsform in der höflichen Anrede.

77

Üben Sie den Lautwechsel vom Indikativ zum Konjunktiv.

Parlando

nasce	nasca
piange	pianga
finisce	finisca

Wie lautet der Konjunktiv dieser Indikativformen?

In 3. wird nur ein Buchstabe hinzugefügt; die Aussprache ändert sich nicht.

Pratica

1. Com'è il congiuntivo?

1. prevede   *preveda*
2. potete   ....
3. regnate   ....
4. viene   ....
5. dirigi   ....
6. sappiamo   ....
7. prendono   ....
8. nasco   ....
9. va   ....

Verwandeln Sie die Indikativsätze in Konjunktivsätze (Einleitung: *Credo che...*).

2. Trasformate le frasi al congiuntivo

1. Muti non *vuole* andare a New York.
   Credo che *Muti non voglia andare a New York.*
2. Il diletto *nasce*.
3. Il maestro non *sa* niente.
4. Giulia *deve* superare l'esame.

duecentoquattro 204

Pratica · 14 B

5. I musicisti mi *danno* lo spartito.
6. Il soprano non *capisce* la partitura.
7. Gli *piace* la musica barocca.
8. *Sentite* la sua bella voce?
9. *Puoi* cantare alla Scala.

3. Completate le frasi

Füllen Sie die Lücken.

1. .... il calice di vino eletto;
2. .... il diletto, ... il dolor.
3. Da noi .... gli odi e gli sdegni,
4. .... e .... qui solo Amor.

1. *colmarsi, 3. Sg.*
2. *nascere, morire*
3. *involarsi, 3. Pl.*
4. *folleggiare, regnare*

4. Rispondete alle domande

Beantworten Sie die Fragen mit *si* oder *no*.

1. Banco è l'onore della Scozia?
2. Lady Macbeth ha una ferita?
3. »Fior de' guerrieri« vuol dire »un bravo guerriero«?
4. Il balsamo dà nuova vita al cor?
5. Banco è il balsamo?
6. L'odio è un diletto?
7. Il dolore deve morire?

5. Ditelo in modo più diretto

Sagen Sie's direkter mit einem Imperativ in der 3. Person Singular.

1. Deve *tacere* durante lo spettacolo!
   Taccia durante lo spettacolo!
2. Deve comprare lo spartito!
3. Deve andare al teatro!
4. Deve finire questo lavoro!
5. Deve parlare con il maestro!
6. Deve chiedere alla guardarobiera!
7. Deve fare la fila per i biglietti!
8. Deve prendere la bacchetta!
9. Deve stare sul podio!

14 B · Pratica

Welche Form passt grammatikalisch nicht in die Reihe?

6. Quale forma non c'entra?

1. apra – apriva – aprì
2. andrà – farà – prenda
3. gustiamo – comprate – impariamo
4. dia – dica – dice
5. aprire – capirà – sentirà
6. guardano – sentano – preparano

Übersetzen Sie.

7. Traducete

1. Si colmi d'amore il cor tuo!
2. Vogliamo che vi piaccia lo spettacolo.
3. Non voglio che mia moglie abbia un amante.
4. Gli svizzeri sono contenti che si realizzi un'opera di Händel.
5. Dia l'attacco, maestro Sinopoli!
6. Gustiamo lo champagne che nova vita dona al cor.
7. L'odio e lo sdegno sono due affetti della musica barocca.
8. Credo che gli affetti ci siano anche nell'opera lirica dell'**Ottocento**.
9. Penso che si facciano due opere di Verdi quest'anno.

Satz 8: Italiener bezeichnen die Jahrhunderte anders als wir:

'500	Cinquecento	16. Jahrhundert
'600	Seicento	17. Jahrhundert
'700	Settecento	18. Jahrhundert
'800	Ottocento	19. Jahrhundert
'900	Novecento	20. Jahrhundert

78 🎧

Hören Sie die Wörter von der CD und üben Sie den Lautwechsel. Machen Sie die Übung auch »trocken«.

Parlando

capisce, capisca, diri**g**i, diri**g**ano, disdice, disdicono, disdicano, ferisce, ferisca, tradisci, tradisca, sce**gli**e, sce**lg**a, languisce, languisca, pian**g**e, pian**g**a

Dialogo · Lezione 15 A

I gusti sono gusti
Die Geschmäcker sind verschieden

🔘 79

Vorresti il mio biglietto per la prima?
Möchtest du meine Karte für die Premiere?

E perché non ci vai tu?
Und warum gehst du nicht hin?

Perché domani comincia il festival »Umbria Jazz«
che mi interessa molto di più!
Weil morgen das Festival »Umbria Jazz« anfängt, was mich
viel mehr interessiert.

Ma sei sicuro? La prima di domani sarà eccezionale.
È la cosa più interessante di tutto il cartellone …
Aber bist du sicher? Die Premiere morgen wird großartig.
Es ist das Interessanteste des ganzen Spielplans …

Va be', ma sai che non fa per me!
Ja, aber du weißt (doch), dass das nichts für mich ist.

Eh, non mi lamento mica … se mi **regalassi** il biglietto **sarei** felicissima.
Äh, ich beschwere mich ganz und gar nicht … wenn **du**
mir die Karte **schenken würdest, wäre ich** überglücklich.

Ma certo, sai che mio padre **me li** dà sempre … i
biglietti in omaggio.
Aber klar, du weißt (doch), dass mein Vater **sie mir** immer
gibt … die Freikarten.

Avessi anch'io un padre sovrintendente! Ma **potresti**
anche vendere il biglietto. Sai che **guadagneresti** anche bene.
Ich hätte auch gerne einen Intendanten zum Vater! Aber **du
könntest** die Karte auch verkaufen. Du weißt, dass **du** gut
dabei **verdienen würdest**.

Sì, ma preferisco dar**telo**.
Ja, aber ich gebe **sie dir** lieber.

Musikbox

Il teatro
Das Theater

l'allestimento	die Ausstattung
il cachet	die Gage
il camerino	die Künstlergarderobe
il cartellone	der Spielplan
il costume	das Kostüm
il/la costumista	der/die Kostümbildner/in
il debutto	das Debüt
il/la regista	der/die Regisseur/in
la replica	die Wiederholung
lo scenografo	der Bühnenbildner
il sovrintendente	der Intendant
il trucco	die Maske

15 A · Dialogo · Vocaboli

Beata me! Sentire Bryn Terfel ... dal vivo!
Ich Glückliche! Bryn Terfel live hören!

Ma no! Beato me! Sentire Pat Metheny dal vivo!
Aber nein! Ich Glücklicher! Pat Metheny live hören!

Eh, i gusti sono gusti ...
Nun, die Geschmäcker sind verschieden ...

Vocaboli

il gusto	der Geschmack
cominciare	anfangen
il festival	das Festival
»Umbria Jazz«	Jazzfestival in Umbrien
sicuro	sicher

Vocaboli · Teoria · 15 A

eccezionale	großartig, fantastisch
il cartellone	der Spielplan
lamentarsi	sich beklagen
regalare	schenken
felice	glücklich
felicissimo	überglücklich
il padre	der Vater
il sovrintendente	der Intendant
vendere	verkaufen
preferire	bevorzugen, lieber machen
beato	glücklich, Glücklicher
dal vivo	live

Parenti
Verwandte

il padre	der Vater
il genitor	
la madre	die Mutter
il marito	der Ehemann
la moglie	die Ehefrau
il fratello	der Bruder
il germano	
la sorella	die Schwester
il figlio	der Sohn
la figlia	die Tochter

Fett gedruckt sind die opernsprachlichen Wörter.

Teoria

Konditional von *essere*

sarei	ich wäre
saresti	du wärest
sarebbe	er/sie wäre
saremmo	wir wären
sareste	ihr wärt
sarebbero	sie wären

Das Konditional von *essere* ist unregelmäßig.
In Operntexten findet man statt *sarei* oder *sarebbe* häufig *saria*.

Anmerkungen zum Konditional:
1. Das Konditional drückt aus, was unter bestimmten Umständen (Bedingungen, Konditionen) geschehen könnte, aber nicht unbedingt geschehen muss.
2. Das Konditional wird umgangssprachlich meist mit der Umschreibung »würde« übersetzt: Ich würde verdienen, du würdest verdienen ...
3. Regelmäßige Verben auf **-are** und **-ere** haben die gleichen Endungen im Konditional:
guadagnare   guadagnerei
prendere   prenderei.

Konditional der Verben auf -are

guadagnare (verdienen)

guadagn**erei**	ich verdiente
guadagn**eresti**	du verdientest
guadagn**erebbe**	er/sie verdiente
guadagn**eremmo**	wir verdienten
guadagn**ereste**	ihr verdientet
guadagn**erebbero**	sie verdienten

15 A · Teoria

4. Verben auf **-care/-gare** bekommen ein **h**: pag**h**erei.
5. Regelmäßige Verben auf **-ire** unterscheiden sich nur durch das **i** in der Endung.
6. Es werden dieselben Verben verkürzt/verändert wie beim Futur:

avere	avrei, avresti, avrebbe, ...
andare	andrei, andresti, ...
dare	darei
dire	direi
dovere	dovrei
fare	farei
potere	potrei
sapere	saprei
vedere	vedrei
venire	verrei
volere	vorrei

Konditional der Verben auf -ire

servire (dienen)

serv**irei**	ich diente
serv**iresti**	du dientest
serv**irebbe**	er/sie diente
serv**iremmo**	wir dienten
serv**ireste**	ihr dientet
serv**irebbero**	sie dienten

Die Formen des **Konjunktiv Imperfekt** lernen Sie erst im **B-Teil** von Lezione 15 kennen. Sie stehen in enger Verbindung mit dem Konditional (aber Sie müssen sich noch ein paar Seiten gedulden)!

Konjunktiv Imperfekt

Se mi **regalassi** ...
Wenn du mir **schenktest** ...
(schenken würdest) ...

Avessi anch'io ...
Hätte ich (doch) auch ...

Wenn Dativpronomen mit den Akkusativpronomen **lo, la, li, le** zusammen verwendet werden, nennt man sie doppelte Pronomen.

Doppelte Pronomen

Lui **mi** dà **i biglietti**.
Er gibt **mir die Karten**.

Lui **me li** dà.
Er gibt **sie mir**.

Teoria · 15 A

Posso dar**ti il biglietto**.
Ich kann **dir die Karte** geben.

Posso dar**telo**.
Ich kann **sie dir** geben.

Die Dativpronomen
(zur Wiederholung):

mi	mir
ti	dir
gli	ihm
le	ihr
ci	uns
vi	euch
loro (gli)	ihnen

Verknüpfungen von zwei Pronomen

1. **Mi** dai **la viola**?   **Me la** dai?
   Gibst du mir die Viola?   Gibst du **sie mir**?

2. **Ti** do **il coro**.   **Te lo** do.
   Ich gebe dir den Chor.   Ich gebe **ihn dir**.

3. **Gli** canto **i lieder**.   **Glieli** canto.
   Ich singe ihm die Lieder vor.   Ich singe **sie ihm**.

4. **Le** canto **le arie**.   **Gliele** canto.
   Ich singe ihr die Arien vor.   Ich singe **sie ihr**.

5. **Ci** suona **il brano**?   **Ce lo** suona?
   Spielt er uns das Stück?   Spielt er **es uns**?

6. **Vi** do **la parte**.   **Ve la** do.
   Ich gebe euch die Rolle.   Ich gebe **sie euch**.

7. **Gli** regalo **il bar**.   **Glielo** regalo.
   Ich schenke ihnen die Bar.   Ich schenke **sie ihnen**.

Verknüpfung der Pronomen in der Übersicht

	lo	*la*	*li*	*le*
1. *mi*	me lo	me la	me li	me le
2. *ti*	te lo	te la	te li	te le
3. *gli*	glielo	gliela	glieli	gliele
4. *le*	glielo	gliela	glieli	gliele
5. *ci*	ce lo	ce la	ce li	ce le
6. *vi*	ve lo	ve la	ve li	ve le
7. *gli*	glielo	gliela	glieli	gliele

Die doppelten Pronomen stehen normalerweise vor dem konjugierten Verb: Me lo dai?
Sie können an den Infinitiv und an den Imperativ angehängt werden. Dann schreibt man sie zusammen:

Me lo puoi cantare?
Infinitiv: Puoi cantar**melo**? (End-e entfällt)
Imperativ: Canta**melo**!

15 A · Teoria · Pratica

Parlando

Die Betonung der Verben (wie hier in der Randspalte erläutert) ändert sich nicht durch das Anhängen von Pronomen:

Kurze Wiederholung aus Lezione 7 A: **80**

Betonung der Verben auf **-are** und **-ire**:
Infinitiv – auf der Endung:
suonare, capire
Imperativ – auf dem Stamm:
suona!, capisci!

are + ire
compraglielo!   puoi comprarglielo!
serviglielo!   puoi servirglielo!

ere
crediglielo!   puoi crederglielo!

Betonung der Verben auf **-ere**:
Infinitiv – auf dem Stamm:
credere, prendere
Imperativ – auf dem Stamm:
credi!, prendi!

Pratica

Sagen Sie's mit dem Konditional.

1. Ditelo con il condizionale

1. Mi *dai* il tuo biglietto?
   Mi daresti il tuo biglietto?
2. Ma al teatro *guadagnate* di più!
3. *Vuoi* il libretto?
4. *Prende* anche un posto in galleria?
5. *Possono* andare al festival.
6. Non mi *lamento* mica!
7. *Suoni* questo brano difficile?
8. *Realizziamo* anche questo spettacolo.
9. *Siete* proprio felici!

Verbinden Sie.

2. Combinate

1. sarebbero   a. wir möchten
2. prenderemmo   b. ihr könntet
3. capirebbe   c. sie sprächen

Pratica · 15 A

4. verresti
5. canterei
6. dareste
7. vorremmo
8. parlerebbero
9. potreste

d. sie wären
e. sie verstünde
f. du kämst
g. ich sänge
h. ihr gäbet
i. wir nähmen

3. Mettete i pronomi doppi

1. Gli canteresti le arie?
   Gliele canteresti?
2. Mi darebbe il biglietto?
3. Ci spiegherebbe la partitura?
4. Ti metterebbe le corna?
5. Mi mostreresti il mondo?
6. Le racconterebbe la storia?
7. Ci suonereste un brano di Bach?
8. Gli darebbe lo spartito?
9. Mi venderesti i libretti?

Setzen Sie die doppelten Pronomen ein.

In Satz 6 wird das *le* zu *gli + la*.

4. Come si dice oggi?

1. genitor
2. cangerei
3. sarìa
4. germano
5. rai
6. ponno
7. aere
8. fe'
9. luna

a. sarebbe
b. mese
c. possono
d. occhi
e. aria
f. padre
g. fede
h. cambierei
i. fratello

Wie sagt man heute?

213 duecentotredici

15 A · Pratica

Stellen Sie die Pronomen um.

Tipp: Wenn Sie erfahren wollen, wie die Lösungen richtig betont werden, müssen Sie sich nur die Beispiele der **Parlando**-Übung anhören.

Übersetzen Sie.

In Satz 2 steht das Possessivpronomen ohne Artikel!

5. Spostate i pronomi doppi
1. Me lo puoi regalare?
   a. *Puoi regalarmelo?* b. *Regalamelo!*
2. Glielo vuoi spiegare?
3. Ce la devi comprare?
4. Me li vuoi cantare?
5. Me la puoi chiamare?
6. Glielo devi vendere?
7. Ce la puoi aprire?
8. Me lo sai spiegare?
9. Glieli devi dare?

6. Traducete
1. Das wäre eine wunderschöne Überraschung!
2. Mein Vater gibt sie mir immer, die Freikarten.
3. Möchtest du die Partitur des Maestro?
4. Für diese Karten würdet ihr auch Schlange stehen.
5. Du gehst lieber zum Rossini Opera Festival.
6. Ich würde mich nie beklagen!
7. Händel würde diese Verzierung nicht spielen.
8. Ich will den Klavierauszug! Schenk ihn mir!
9. Willst du sie ihm kaufen, die Bratsche?

81

Hören Sie die Beispiele von der CD und sprechen Sie sie nach. Machen Sie die Übung auch »trocken«.

Parlando

Puoi regalarmelo?	Regalamelo!
Vuoi spiegarglielo?	Spiegaglielo!
Devi comprarcela?	Compracela!
Vuoi cantarmeli?	Cantameli!
Puoi chiamarmela?	Chiamamela!
Devi venderglielo?	Vendiglielo!
Puoi aprircela?	Apricela!
Sai spiegarmelo?	Spiegamelo!
Devi darglieli?	Daglieli!

Libretto · Lezione 15 B

Libretto

 82

1. O Re, **se** non **foss'io** con te nel regio ostel,
   Oh König, **wenn ich** nicht hier mit dir in königlicher Bleibe **wäre**,

   oggi stesso, lo giuro a Dio, doman **saresti**
   wärest du noch heute, das schwöre ich zu Gott,

   presso il Grande Inquisitor al tribunal
   beim Großinquisitor des höchsten

   supremo.
   Gerichts.

2. S'ei mille vite **avesse**
   Wenn er tausend Leben **hätte**

   e spegnerle **potesse**
   und mein Zorn sie auslöschen

   d'un colpo il mio furor,
   könnte mit einem Schlag,

   non **sarei** sazio ancor.
   so **wäre ich** noch nicht befriedigt.

3. Se quel guerriero
   Wenn jener Krieger

   io fossi! Se il mio sogno
   ich (doch) **wäre**! Wenn mein Traum

   si avverasse!
   (doch) wahr würde!

Musikbox

Verdi & Schiller

Verdi griff bei der Auswahl seiner Opernstoffe gerne auf literarische Vorlagen zurück. Shakespeare wurde in diesem Zusammenhang schon erwähnt. Ebenso wichtig war Schiller: Er lieferte die Vorlage zu *Giovanna d'Arco, I Masnadieri, Luisa Miller* und schließlich *Don Carlos*. Auch der Inhalt von *Simone Boccanegra* geht auf ein Drama von Schiller zurück: *Die Verschwörung des Fiesco zu Genua*. Allerdings bediente sich Verdi hier nicht der Schiller'schen Fassung als Librettovorlage, sondern der Version des spanischen Dramatikers Antonio Garcia Gutierrez. Librettist wurde Piave; eine spätere Überarbeitung fertigte Arrigo Boito an.

15 B · Vocaboli · Teoria

Vocaboli

il re	der König
regio	königlich
l'ostel(lo)	die Bleibe, die Herberge
oggi stesso	noch heute
l'inquisitor(e) (m)	der Inquisitor
il tribunale	das Gericht
supremo	höchste/r/s
spegnere	auslöschen
il colpo	der Schlag
il furor(e)	die Wut
sazio	satt, befriedigt
il sogno	der Traum
avverarsi	wahr werden

Musikbox

Opernspezialitäten, die bisher unerwähnt blieben:

ivi	dort		li		
loco	Ort		luogo		
meco	mit mir		con me		
onde	wo		dove		
pria	vorher		prima		
seco	mit sich		con sé		
tai	solche		tali		
teco	mit dir		con te		

Übrigens: Eine Gesamtübersicht der wichtigsten Opernvokabeln finden Sie im Anhang.

Teoria

Anmerkungen zum Konjunktiv Imperfekt

1. Der Konjunktiv Imperfekt erfüllt die gleichen Funktionen wie der Konjunktiv Präsens, jedoch auf der Zeitebene der Vergangenheit.

Konjunktiv Präsens: **Credo** che lui **sia** un pianista molto bravo.

Konjunktiv Imperfekt: **Credevo** che lui **fosse** un pianista molto bravo.

Hauptsatz	Nebensatz
Präsens	Konjunktiv Präsens
Imperfekt	Konjunktiv Imperfekt

Konjunktiv Imperfekt von *essere*

se io	fossi	wenn ich wäre
se tu	fossi	wenn du wärst
se lui/lei	fosse	wenn er/sie wäre
se noi	fossimo	wenn wir wären
se voi	foste	wenn ihr wärt
se loro	fossero	wenn sie wären

Konjunktiv Imperfekt der Verben auf –are

se io	suonassi	wenn ich spielte
se tu	suonassi	wenn du spieltest
se lei	suonasse	wenn sie spielte
se noi	suonassimo	wenn wir spielten
se voi	suonaste	wenn ihr spieltet
se loro	suonassero	wenn sie spielten

Teoria · 15 B

Konjunktiv Imperfekt der Verben auf -ere

se io	pot**essi**	wenn ich könnte
se tu	pot**essi**	wenn du könntest
se lui	pot**esse**	wenn er könnte
se noi	pot**essimo**	wenn wir könnten
se voi	pot**este**	wenn ihr könntet
se loro	pot**essero**	wenn sie könnten

Konjunktiv Imperfekt der Verben auf -ire

se io	cap**issi**	wenn ich verstünde
se tu	cap**issi**	wenn du verstündest
se lei	cap**isse**	wenn sie verstünde
se noi	cap**issimo**	wenn wir verstünden
se voi	cap**iste**	wenn ihr verstündet
se loro	cap**issero**	wenn sie verstünden

Irrealer Bedingungssatz

Se mi **regalassi** il biglietto, **sarei** felicissima.
Wenn **du** mir die Karte **schenktest** (schenken würdest), **wäre ich** überglücklich.

Se non **foss'io** con te ..., doman **saresti** al tribunal.
Wenn **ich** nicht mit dir **wäre** ..., **wärst du** morgen vor Gericht.

2. Wünsche, die unerfüllbar erscheinen, werden mit dem Konjunktiv Imperfekt zum Ausdruck gebracht:
Avessi un padre sovrintendente!
Hätte ich (doch) einen Intendanten zum Vater!
3. Die Formen von *dire* und *fare* folgen dem erweiterten Infinitiv:
dicessi
facessi
4. Unregelmäßig sind *dare* und *stare*
dare: *dessi, dessi, desse, ...*
stare: *stessi, stessi, stesse, ...*

Beim irrealen Bedingungssatz (*periodo ipotetico*) steht der Einleitungssatz mit *se* im **Konjunktiv Imperfekt** (wenn ich hätte, könnte, wäre ...) und der **Hauptsatz** im **Konditional**:

Konjunktiv Imperfekt	Konditional
se avessi ...	*sarei ...*
wenn ich hätte ...	wäre ich ...
se potessi ...	*farei ...*
wenn ich könnte ...	täte ich ...

***se*-Satz: Konjunktiv Imperfekt + Hauptsatz: Konditional**
Diese Unterscheidung ist für deutschsprachige Lerner besonders wichtig, da das Deutsche den Unterschied zwischen Konjunktiv und Konditional in Bedingungssätzen nicht kennt.

83

Versuchen Sie, das Doppel-**b** ganz weich und labial (mit den Lippen) zu sprechen.

15 B · Teoria · Pratica

Parlando

sarebbe
conobbe
andrebbero
conobbero

Verbinden Sie: Welche Sätze gehören zusammen?

Pratica

1. Combinate

1. Se avessi lo spartito	a. andrebbero al bar.
2. Se fossi italiana	b. sarebbe un intenditore.
3. Se conoscessi l'aria	c. te lo darei.
4. Se superasse l'esame	d. andremmo alla prima.
5. Se sapeste cantare	e. parleresti italiano.
6. Se ti dessi un bacio	f. canterei meglio.
7. Se finissero la prova	g. cantereste in un coro.
8. Se avessimo tempo	h. saresti felice.
9. Se capisse la musica	i. potrebbe studiare.

Vorsicht: 1. und 2. Person sind im Konjunktiv Imperfekt gleich! Mehrere Lösungen sind möglich. Versuchen Sie alle Satzteile sinnvoll miteinander zu verbinden.

Verwandeln Sie die Präsenssätze in Imperfektsätze.

2. Trasformate al congiuntivo imperfetto

1. Credo che lui sia un musicista bravo.
   Credevo che fosse un musicista bravo.
2. Penso che lei vada a New York.
3. Spero che tu abbia ragione.
4. Spero che lei vinca il concorso.
5. Credo che lui voglia un'altra donna.
6. Penso che lei diriga l'*Aida*.
7. Credo che loro non vengano.
8. Spero che sia un piacere.
9. Spero che voi facciate la fila.

Pratica · 15 B

3. Mettete le forme del congiuntivo imperfetto

1. Se *affrontassi* la situazione, sarebbe meglio.
2. Se .... un baritono, potrei dargli questa parte.
3. Se .... così bene il clarinetto, andrei al conservatorio.
4. Conoscereste meglio la partitura, se .... di più.
5. Non vorrei che ....
6. Se .... un padre sovrintendente, sarei felice.
7. Se .... di più, guadagnerebbero meglio.
8. Credevo che .... questo brano!
9. Se il mio sogno si .... !

Setzen Sie die Formen des Konjunktiv Imperfekt ein.

1. affrontare, tu
2. essere, lui
3. suonare, io
4. studiare, voi
5. esagerare, tu
6. avere, io
7. lavorare, loro
8. cancellare, noi
9. avverarsi

4. Quale parola non c'entra?

1. cachet – lavoro – contratto – tenore
2. amico – marito – padre – figlio
3. trucco – costume – trillo – maschera
4. ognor – onor – adesso – domani
5. diletto – piacere – divertimento – odio
6. spegnere – sentire – udire – ascoltare

Welches Wort passt nicht?

5. Che cosa farebbe se ...?

1. Se vincessi il concorso *aprirei una bottiglia di champagne*.
2. Se studiassi canto lirico ....
3. Se avessi molti soldi ....
4. Se fossi intelligente ....
5. Se suonassi il liuto ....
6. Se andassi a Bayreuth ....

Was täten Sie, wenn ...
Setzen Sie die richtige Konditionalform ein.

1. aprire *una bottiglia di champagne* · 2. scegliere *un insegnante italiano* · 3. *non lavorare più* · 4. studiare *filosofia* · 5. fare *musica antica* · 6. voler *vedere La Valchiria*

15 B · Pratica

7. Se sapessi improvvisare ....
8. Se mi esercitassi di più ....
9. Se ascoltassi la radio ....

7. suonare *musica jazz* · 8. essere *più brava* · 9. poter *sentire una trasmissione*

Übersetzen Sie.

6. Traducete

1. Se potessi scegliere, quel guerriero sarebbe il mio sogno.
2. Foss'io con te nel regio ostel!
3. Se ti aiutassi, non dovresti andare al tribunal supremo.
4. Credevo che tu desiderassi andare al festival.
5. Se amassi Aida, il mio furor spegnerebbe Radames.
6. Ve lo donerei, l'onor, se voleste.
7. Speravo che egli mi desse il pugnale.
8. Se dovessi studiare tutta la partitura, non finirei mai.
9. Potrei regalartelo, il mio violino.

Satz 6: In Operntexten wird übrigens manchmal verkürzt: Statt *ve lo* könnte *vel* stehen.

84

Hören Sie die Wörter von der CD und sprechen Sie sie nach. Sie können auch versuchen, die Formen einmal zu übersetzen.

Parlando

conobbe, verrebbe, interesserebbero, desidererebbe, preparerebbe, debbo, guadagnerebbe, accompagnerebbe, sarebbero, vorrebbero, conoscerebbe

Ripetizione · Lezione 16

Ripetizione
Wiederholung

1. Qual è la soluzione corretta?

Wie lautet die richtige Lösung? Manchmal gibt es nur eine, manchmal zwei richtige Antworten.

1. La scala di Sol maggiore ha
   a. tre diesis.
   b. cinque diesis.
   c. un diesis.

2. Schumann è un compositore del
   a. Barocco.
   b. Romanticismo.
   c. Rinascimento.

3. Generi e forme del Barocco sono
   a. la suite.
   b. il madrigale.
   c. il camerino.

4. Come si dice oggi *fo?*
   a. fanno
   b. vado
   c. faccio

Musikbox
Jammern, Klagen & Co.

deh!	ach!
ahi!	ach, weh!
ahimè!	o je, weh!
ohimè!	o je, weh mir!
lasso!	oh Elend!
ohibò!	pfui!
orsù!	nun los! auf!

221 duecentoventuno

16 · Ripetizione

5. Per i suoi libretti Verdi si serviva di
a. Beckett.
b. Shakespeare.
c. Schiller.

6. Il direttore d'orchestra dirige con
a. il trucco.
b. la bacchetta.
c. il cappotto.

7. Claudio Monteverdi era
a. austriaco.
b. viennese.
c. italiano.

8. Il segno dinamico *pp* vuol dire
a. pianissimo.
b. più piano possibile.
c. piano.

9. Affetti sono
a. l'odio.
b. l'anno.
c. l'amore.

Bilden Sie die entsprechenden Formen des historischen Perfekts.

2. Mettete al passato remoto

1. Siamo andati a Salisburgo
   Andammo a Salisburgo.
2. Gli strumenti sono spariti.
3. Hai superato l'esame?
4. Abbiamo conosciuto Abbado.
5. Il tenore è venuto al conservatorio.
6. Ho vissuto d'arte.
7. I musicisti non hanno detto niente.
8. Hai rallentato in questa misura?
9. Lo scenografo ha fatto l'allestimento.

Ripetizione · 16

3. Mettete al plurale

1. Il maestro non farà l'intervista.
   I maestri non faranno le interviste.
2. Il compositore cancellerà questa misura.
3. La cantante aprirà lo spartito.
4. La discussione sarà difficile.
5. L'intenditore ascolterà la trasmissione.
6. Il musicista dovrà improvvisare.
7. L'allievo preparerà bene questo brano.
8. Il direttore ripeterà il movimento.
9. Il regista non realizzerà lo spettacolo.

Setzen Sie die Sätze in den Plural.
Es ist immer die 3. Person Plural im Futur gefragt.

4. Esercizio di ascolto e traduzione

1. Soave .... il vento,
2. tranquilla .... l'onda
3. ed ogni elemento.
4. Benigno ....
5. ai nostri desir.

 85

Hören Sie sich das Terzett aus *Così fan tutte* an und setzen Sie die fehlenden Konjunktivformen ein. Übersetzen Sie anschließend den Text. Der Konjunktiv wird hier mit Konjunktiv übersetzt.

1. soave (sanft); il vento (der Wind)
2. tranquillo (ruhig); l'onda (die Welle)
3. l'elemento (das Element)
4. benigno (gütig); rispondere a (antworten, hier: erfüllen)
5. il desir (der Wunsch)

16 · Ripetizione

Bilden Sie irreale Bedingungssätze in der 3. Person Singular: Im Se-Satz brauchen Sie Konjunktiv Imperfekt, im Nebensatz Konditional:

1. avere/guadagnare
2. esercitarsi/potere
3. prepararsi/superare
4. vincere/essere
5. capire/dirigere
6. essere/fare
7. ascoltare/imparare
8. arrendersi/morire
9. avere/sapere

Bilden Sie Wortgruppen. Es gehören immer drei Wörter zusammen.

5. Periodo ipotetico

1. Se *avesse* un contratto, *guadagnerebbe* meglio.
2. Se si ...., ... fare il concerto.
3. Se si ...., ... l'esame.
4. Se ...., ... felice.
5. Se .... la musica, non .... così.
6. Se .... il regista, ... lo spettacolo.
7. Se .... meglio, ... qualcosa.
8. Se si ...., ... presto.
9. Se .... un'amante, la moglie lo ....

6. Gruppi di tre parole

pianissimo
anno
carta di credito
lui
regista
scena
giovedì
piano
luna
platea
stella
messa in scena

settimana
regia
astro
galleria
sabato
guadagnare
mese
ei
soldi
domenica
forte
egli

Ripetizione · 16

7. Traducete

1. Deh vieni alla finestra, o mio tesoro.
2. Deh vieni a consolar il pianto mio.
3. Se neghi a me di dar qualche ristoro,
4. davanti agli occhi tuoi morir vogl'io!
5. Tu ch'hai la bocca dolce più del miele,
6. tu che il zucchero porti in mezzo al core!
7. Non esser, gioia mia, con me crudele!
8. Lasciati almen veder, mio bell'amore!

Übersetzen Sie:
1. *deh* (ach); *la finestra* (das Fenster); *il tesoro* (der Schatz)
2. *consolare* (trösten)
3. *negare* (verweigern); *a me* (mir); *il ristoro* (der Trost)
4. *davanti a* (vor)
5. *il miele* (der Honig)
6. *il (opernsprachlich)/lo zucchero* (der Zucker); *in mezzo a* (mitten in)
7. *la gioia* (die Freude)

8. La posizione dei pronomi doppi

1. Lo spartito?
a. Voleva dartelo.
b. Lo voleva darti.
c. Te lo voleva dare.

2. Dov'è il loro cd?
a. Gliela cerco.
b. Glieli cerco.
c. Glielo cerco.

3. Mi può aprire la bottiglia?
a. Può la mi aprire?
b. Me la può aprire?
c. Può aprirmela?

4. Ti devo disdire il concerto?
a. Te lo devo disdire?
b. Devo disdirtelo?
c. Ti devo lo disdire?

Welches ist die richtige Position der Pronomen? Es gibt mal eine, mal zwei Lösungen.

16 · Ripetizione

Musikbox

Lorenzo Da Ponte
(1749–1838)

Der berühmte Librettist Mozarts hat ein bewegtes Leben geführt. Eigentlich hieß er Emanuele Conegliano. Er war jüdischen Glaubens, konvertierte dann aber zum Katholizismus. Lorenzo wurde nach den Studien der Rhetorik, Poetik, Philosophie und der Theologie Priester, ließ dann aber in Venedig die Kutte Kutte sein und lernte zusammen mit Casanova andere Lebensfreuden kennen. Schließlich musste er wegen verschiedener Ausschweifungen fliehen, war Spion in venezianischen Diensten und wurde nach weiteren Turbulenzen Hofdichter in Wien (1783–91), wo er außer für Mozart unter anderem für Salieri schrieb. Bekannt wurde Da Ponte durch seine Mozartlibretti für *Le nozze di Figaro*, *Don Giovanni* und *Così fan tutte*.
Da Pontes Autobiografie heißt bezeichnenderweise »Mein abenteuerliches Leben« und umfasst vier Bände.

5. Vi posso portare le partiture.
a. Ve li posso portare.
b. Posso portarvele.
c. Ve le posso portare.

6. Le dono i miei gioielli.
a. Gliela dono.
b. Gliele dono.
c. Glieli dono.

7. Mi presenterebbe il repertorio?
a. Me lo presenterebbe?
b. Presenterebbemelo?
c. Me la presenterebbe?

8. Ci rifareste la prima parte?
a. Ce li rifareste?
b. Ce la rifareste?
c. Rifarestecela?

9. Raccontami la storia!
a. Me la racconti!
b. Raccontamela!
c. Mi raccontala!

Glossario

Wörterverzeichnis Italienisch – Deutsch

In diesem Glossar finden Sie alle italienischen Vokabeln, die im Buch vorkommen. Mit Hilfe der dahinter stehenden Zahl können Sie erkennen, in welcher Lektion das Wort zum ersten Mal erscheint. Die zweite Zahl weist auf die Lektion hin, in der dem betreffenden Wort eine weitere Bedeutung zukommt. Das Glossar ersetzt kein Wörterbuch und gibt meistens nur die Bedeutung an, die das Wort im jeweiligen Zusammenhang hat. Ein Wörterbuch sollten Sie sich trotzdem zulegen.

Ein (T) zeigt an, dass das Wort dem Theorie- oder Praxisteil entnommen ist, man es also nicht im Vokabelteil der Dialoge oder Libretti findet. Substantive, deren Geschlecht sich nicht an der Endung erkennen lässt, sind mit **m** für maskulin und **f** für feminin gekennzeichnet. Substantive im Plural sind mit einem **Pl** versehen. Wörter, die Sie auch im Wörterverzeichnis der Opernsprache finden, sind *fettkursiv* gedruckt.

a	an/in/nach/zu; auf	1 A, 3 B	*allegro*	fröhlich	13 A (T)
abbreviato	verkürzt, abgekürzt	12 A	*allestimento*	Ausstattung	15 A (T)
acchetarsi	sich beruhigen	10 B	*allievo*	Schüler	8
accidente (m)	Vorzeichen	9 A (T)	*allora*	also	3 A
accompagnare	begleiten	9 A	*alma*	Seele	13 B (T)
accordo	Akkord	12 B	*almen(o)*	wenigstens, mindestens	8
adagio	Adagio	2 B (T)	*altare* (m)	Altar	13 B
adesso	jetzt	6 A	*alto*	hoch	9 B
ad ogni modo	jedenfalls	3A	*altro*	andere/n/r/s, weitere/n/r/s	9 A
adop(e)rare	anwenden	11 B	*amante* (m+f)	Liebhaber/in	7 A
adorato	angebetet	7 A	*americano*	Amerikaner, amerikanisch	14 A
aere (f)	Luft	12 B	*amicizia*	Freundschaft	2 B
affetto	Affekt, Zuneigung	11 A	*amico*	Freund	3 A
affrontare	sich auseinandersetzen mit	11 A	*amore* (m)	Liebe	4 B
aguzzare	schärfen	10 B	*amoroso*	liebevoll	10 B
ahi!	ach, weh!	16	*anche*	auch	2 A
ahimé!	o je, weh!	16	*ancora*	noch	3 A
aiutare	helfen	11 A	*andante*	gehend	13 B (T)
albergo	Hotel	13 A	*andare*	gehen, fahren	3 B (T)
alcuni	einige, ein paar	6 A			
alla fin(e)	am Ende, schließlich	10 B			

Glossario

anima	Seele	13 B
anno	Jahr	10 B (T)
annotare	notieren	12 A
antico	alt, antik	11 A
applauso	Applaus	1 A
aprire	öffnen	4 B
arcano	Geheimnis	11 B
archi (Pl)	Streicher	10 A
arco	Bogen	10 A
ardente	brennend, glühend	6 B
argenteo	silbern	12 B
aria	Arie	6 A
arrendersi	aufgeben	12 A
arte (f)	Kunst	11 B
ascoltare	(zu-)hören	7 A
ascolto	Hören	12 A
astro	Stern	13 B
attacco (dare l')	Einsatz (den ... geben)	14 A (T)
atto	Akt	5 A
augurio	Glückwunsch, guter Wunsch	11 A
aurora	Morgenröte	7 B
austriaco	Österreicher, österreichisch	14 A (T)
avere (m)	haben (Besitz)	1 B, 5 B
avverarsi	wahr werden	15 B
bacchetta	(Takt-)Stock	14 A (T)
bacio	Kuss	6 B
ballare	tanzen	11 B
balsamo	Balsam, Salbe	14 B
bar (m)	Bar, Stehcafé	5 A
baritono	Bariton	1 A
basso continuo	Generalbass	12 A
basso	Bass	1 A (T)
beato	glücklich, Glücklicher	15 A
bello	schön	1 A
bemolle	b	9 A (T)
bene (m)	gut (Gut, Besitz, Schatz)	3 A, 5 B
benigno	gütig	16
bicchiere (m)	Glas, Becher	14 B
biglietto	Eintrittskarte	3 A
biglietto omaggio	Freikarte	3 A
bis (m)	Zugabe	1 A (T)
bisogno di, avere	brauchen	2 B

bocca	Mund	6 B
bottiglia	Flasche	7 A
braccio	Arm	6 B
brano	(Musik-)Stück	6 A
bravo	gut	2 A
breve	kurz	3 B
buon divertimento!	viel Vergnügen!	8
buon(o)	gut	8
c'è	da ist, es gibt	7 A
cachet (m)	Gage	15 A (T)
cafone (m)	Stoffel	4 A
calice (m)	Kelch	14 B
calmarsi	sich beruhigen	10 B (T)
cambiare	ändern, wechseln	10 B (T)
camerino	(Künstler-)Garderobe	15 A (T)
campo	Feld, Gebiet	12 A
cancellare	streichen	14 A
cangiare	verändern, wechseln	10 B (T)
cantante (m+f)	Sänger/in	2 A
cantare	singen	3 A (T)
cantata	Kantate	12 A (T)
canto lirico	Operngesang	6 A
canzone (f)	Lied, Chanson	6 A (T)
capire (isc)	verstehen	1 A
cappotto	Mantel	13 B (T)
capriola	Kapriole, Sprung	11 B
caratteristica	Eigenschaft	10 A
caro	lieb, teuer	3 B
carta di credito	Kreditkarte	13 A
cartellone (m)	Spielplan	15 A
casa	Haus	3 B
cavatina	Kavatine	12 B (T)
cd (m)	CD	2 A
cedere	aufgeben, weichen	10 B
cena	Abendessen	7 A
cercare	suchen, versuchen	4 A
certamente	sicherlich	11 A
certo	sicher, sicherlich	7 A
cessare	aufhören, beenden	8
champagne (m)	Champagner, Sekt	7 A
che cosa?	was?	3 B
che	der, die, das (Rel.pron.), dass, was	1 B, 8, 9 A
che?	was für ein/e?; welche?	1 A, 2 A

Glossario

chi?	wer?	2 A
chiamare	nennen, rufen	3 B
chiedere	fragen, verlangen	4 A
chitarra	Gitarre	11 B
chitarrino	Gitärrchen	11 B
chiudere	schließen	6 B
ci	da, dort, uns	3 A, 6 A
ciao	hallo, tschüss	6 A
ciel(o)	Himmel	12 B
cioè	das heißt	3 A
circa	ungefähr	3 A
clarinetto	Klarinette	3 A (T)
clavicembalo	Cembalo	3 A (T)
colmarsi	sich füllen	14 B
colpa	Schuld	1 B
colpo	Schlag	15 B
come (?)	als (wie?)	2 A
cominciare	anfangen	15 A
complicato	kompliziert	12 A
compositore (m)	Komponist	4 A
comprare	kaufen	3 A
comunque	trotzdem, auf jeden Fall	5 A
comunque sia	wie dem auch sei	11 A
con	mit	2 A
concerto	Konzert	1 A (T)
concorso	Wettbewerb	6 A
conoscere	kennen(-lernen)	4 A
conservatorio	Konservatorium	1 A
consolare	trösten	16
conte (m)	Graf	11 B
contemporaneo	zeitgenössisch	6 A
contenti (Pl)	Zufriedenheit	10 B (T)
contento	zufrieden	10 B
contino	Gräfchen	11 B
contralto	Alt	1 A (T)
contrasto	Auseinandersetzung, Streit	9 A
contratto	Vertrag	14 A
convinto	überzeugt	7 A
corno	Horn	10 A
cornuto	Gehörnter	10 A (T)
coro	Chor	1 A
cosa (?)	Ding, Sache (was?)	1 B, 4 A
così	so	2 A
costare	kosten	3 A
costor(o) (Pl)	diese da	6 B
costume (m)	Kostüm	15 A (T)
costumista (m+f)	Kostümbildner/in	15 A (T)
credere	glauben	7 A
crescendo	wachsend	3 A (T)
crudel(e)	grausam	2 B
c(u)or(e) (m)	Herz	1 B
da (... in poi)	aus (ab)	7 B
da ... a	von ... bis	10 A
da dove?	woher?	13 A
dai!	komm schon, los!	3 A
dal vivo	live	15 A
dappertutto	überall	6 A
dare	geben	3 B
davanti a	vor (räumlich)	16
davvero	wirklich, tatsächlich	4 A
debole (m)	schwach, Schwäche	10 B
debutto	Debüt	15 A (T)
decrescendo	Decrescendo	9 A
deh	ach	16
desi(de)r(io) (m)	Wunsch	16
desiderare	wünschen	4 A
desso/a	er, sie	2 B (T)
destino	Schicksal	2 B
detto	Wort	9 A (T)
dì (m)	Tag	7 B
di chi?	von wem?	5 A
di là	(von) dort	11 B
di qua	(von) hier	11 B
di	von, aus	1 B
diesis (m)	Kreuz	9 A
differenza	Unterschied	7 A
differenziare	unterscheiden	9 A
difficile	schwierig	13 A
diletto	Freude, Schatz, Lieb	14 B
dimenticare	vergessen	9 A
Dio, Dei	Gott, Götter	7 B
dipendere da	abhängen von	11 A
dire	sagen	1 B
diretto da	dirigiert von	14 A
direttore musicale (m)	musikalischer Leiter	14 A
direttore ospite (m)	Gastdirigent	14 A
dirigere	dirigieren	7 A
disco	Scheibe, Schallplatte	1 A (T)
discussione (f)	Diskussion	12 A
disdire	absagen	13 A
dissimulare	vortäuschen, sich verstellen	11 B

Glossario

diverso	verschieden, anders	7 A		fa per te	ist für dich,	
divertimento	Vergnügen	8			passt zu dir	10 A
docile	fügsam, folgsam	10 B		face (f)	Fackel	3 B
dolce	süß, sanft	10 B		facile	einfach, leicht	13 A
dolcezza	Sanftheit, Süße	10 B (T)		fare	machen, tun	2 B
dolere	schmerzen	6 B		fatto	gemacht, getan	9 A
dolore (m)	Schmerz	13 B		fattore (m)	Faktor	11 A
domanda	Frage	10 A		fe(de) (f)	Glaube, Treue	13 B
domani	morgen	1 A		fedel(e)	treu	5 B
domenica	Sonntag	13 A (T)		felice	glücklich	15 A
donare	schenken	6 B		femmina	Frau, Weib	4 B
donna	Frau	2 B		ferire (isc)	verletzen	10 B
dono	Geschenk, Gabe	5 B		ferita	Wunde, Verletzung	14 B
dopo	nach, danach, später	9 A		festival (m)	Festival	15 A
doppier(e) (m)	zweiarmiger Leuchter	7 B		fiasco	Flasche, Reinfall	4 B (T)
doppio	doppelt	9 A (T)		figlia	Tochter	15 A (T)
dove?	wo, wohin?	4 A		figlio	Sohn	15 A (T)
dovere	müssen, sollen	5 A		fila (fare la)	Reihe (Schlange	
duetto	Duett	1 A (T)			stehen)	3 A, (3 B)
dunque	also	6 A		filarmonica	Philharmonie	14 A
durante	während	2 A		filosofia	Philosophie	12 A
				finalmente	endlich	7 A
				fine (f)	Schluss	13 A
e	und	2 B		finestra	Fenster	16
eccezionale	großartig, fantastisch	15 A		finire (isc)	enden, beenden	7 B
ecco	hier, bitte sehr	2 A		fiore (m)	Blume	2 B
ed	und	1 B		fischio	Pfiff	1 A (T)
egli	er	2 B		fisso	fest, fix	14 A
elemento	Element	16		flauto	Flöte	4 A
eletto	erlesen	14 B		flebile	schwach	12 B
ella	sie	2 B (T)		folleggiare	scherzen,	
emozionato	aufgeregt	6 A			närrisch sein	14 B
entusiasta di	begeistert von	11 A		forma	Form	12 A (T)
esagerare	übertreiben	7 A		forse	vielleicht	11 A
esame (m) (dare l')	Examen, Prüfung			forte	laut, stark	9 A (T)
	(machen)	6 A, 10 A		forza	Macht, Kraft	5 A
esaurito	ausverkauft	5 A		fra	in, zwischen,	
esecutivo	Aufführungs...	12 A			unter	10 B (T)
esecuzione	Aus-/Aufführung	12 A		frac (m)	Frack	14 A (T)
esempio (per)	Beispiel (zum)	9 A		francese (m+f)	Franzose/in,	
esercitarsi	üben	9 A			französisch	14 A (T)
esibirsi (isc)	sich zeigen, auftreten	6 A		fratello	Bruder	15 A (T)
esistere	existieren, geben	12 A		fuga	Fuge	5 A (T)
esperienza	Erfahrung	11 A		f(u)oco	Feuer	3 B
espressività	Ausdruckskraft	7 A		fuori	außerhalb, draußen	3 B
esserci	da sein, geben	4 A		furor(e) (m)	Wut	15 B
essere	sein	1 A		furtivo	heimlich	13 B
eternità	Ewigkeit	6 B				
euro	Euro	3 A				

Glossario

galleria	Rang	3 A		iniziare	anfangen, beginnen	5 A
gelosia	Eifersucht	13 A		inquisitor(e) (m)	Inquisitor	15 B
geloso	eifersüchtig	13 A		insegnante (m+f)	Lehrer, Lehrerin	10 A
genere (m)	Gattung, Art	12 A (T)		insegnare	lehren, beibringen	11 B
genitore (m)	Vater	15 A (T)		insoddisfacente	unbefriedigend	12 A
germano	Bruder	15 A (T)		insomma	na ja	10 A
già	schon	3 A		intelligente	intelligent	3 A
giocare	spielen	10 B		intendere	meinen	11 A
gioia	Freude	16		intenditore (m)	Kenner	5 A (T)
gioiello	Juwel	13 B		intenditrice (f)	Kennerin	5 A
giorno	Tag	7 B		interessante	interessant	7 A
giovane	jung	2 B		interessare	interessieren	4 A
giovedì (m)	Donnerstag	13 A		interessarsi di	sich interessieren	
giovinotto	junger Mann	6 B			für	6 A (T)
giuramento	Schwur	10 B (T)		interesse (m)	Interesse	11 A
giurare	schwören	10 B		interpretazione (f)	Interpretation	11 A
gli	ihm, ihnen	11 A		interprete (m+f)	Interpret/in	12 A
grande	groß	11 A		intervista	Interview	11 A
grato	dankbar	11 A		invece	hingegen, sondern,	
guadagnare	verdienen	14 A			stattdessen	10 A
guardare	schauen, sehen	4 B		invitare	einladen	7 A
guardarobiera	Garderobiere	1 A		involarsi	davonfliegen,	
guerriero	Krieger	14 B			verschwinden	14 B
guidare	lenken, führen	10 B		io	ich	1 A
gustare	genießen, schmecken	14 B		italiano	Italiener, italienisch	14 A
gusto	Geschmack	15 A		**ivi**	dort	15 B (T)
ieri	gestern	10 B (T)		la	sie, es	7 A
imbecille (m)	Dummkopf, Trottel	9 A		**labbro**	Lippe, Mund	10 B (T)
imbiancare	weiß machen, erhellen	7 B		lamentarsi	sich beklagen	15 A
immaginar(si)	(sich) vorstellen	5 B		languente	schwach,	
immersione (f)	Eintauchen,				sehnsuchtsvoll	7 B
	Vertiefung	11 A		languire (isc)	schmachten, sehnen	8
imparare da	lernen von	11 A		larghetto	etwas breit	5 A (T)
improvvisare	improvisieren	12 A		largo	breit	5 A (T)
in bocca al lupo!	viel Glück!,			lasciare	(zu-, ver-)lassen	5 B
	toi toi, toi!	6 A		**lasso!**	oh Elend!	16
in che senso?	in welchem Sinn?	14 A		lavorare	arbeiten	11 A
in mezzo a	mitten in	16		lavoro	Arbeit	5 A
in qual modo?	auf welche Weise?	5 B		le, Le	sie, ihr, Ihnen	8, 11 A
in (tutto)	in (insgesamt)	3 B, 1 B		legni (Pl)	Holzbläser	10 A
incauto	unvorsichtig	4 B		legno	Holz	10 A
inclito	vortrefflich	14 B		lei, Lei	sie, Sie	1A (T)
infino allor	bislang	12 B		lento	langsam	7 B
ingegno	Verstand, Geist	10 B		letteralmente	wörtlich	11 A
ingenuo	naiv	14 A		li	sie (Pl)	8
inglese (m+f)	Engländer/in,			librettista (m+f)	Librettist/in	5 A
	englisch	14 A (T)		libretto	Textbuch, Libretto	5 A

231 duecentotrentuno

Glossario

lieto	heiter	12 B
limitato	begrenzt	13 A
lingua	Sprache, Zunge	2 B
lira	Lira	3 A
liuto	Laute	12 B
lo	sie, ihn, es	4 B
loco	Ort	15 B (T)
loro	sie (Pl)	1 B (T)
lui (a lui)	er (ihm)	1 A (T), 6 B
lume (m)	Licht, Auge	4 B (T)
luna	Mond, Monat	12 B, 14 A (T)
lunedì (m)	Montag	13 A (T)
ma	aber	2 A
macchina	Plan, Auto	11 B
Maddalena	Maria Magdalena	9 B
madre (m)	Mutter	15 A (T)
maestro sostituto	Korrepetitor	13 A
maestro	Dirigent, Repetitor; Lehrer, Meister	7 A (T)
maggiore	Dur	4 A (T)
mai	nur, bloß, nie	10 B (T)
male	schlecht	3 A
mano (f)	Hand	6 B
manto	Mantel	13 B
marito	Ehemann	15 A (T)
martedì (m)	Dienstag	13 A (T)
maschera	Platzanweiser/in, Maske	5 A
me	mich	5 A
meco	mit mir	15 B (T)
meglio	besser	11 B
melanconico	melancholisch	12 B
memoria, (a memoria)	Gedächtnis, Erinnerung, (auswendig)	5 A
mensa	Tafel, Tisch, Kantine	3 B
menzognero	verlogen, falsch	10 B (T)
mercoledì (m)	Mittwoch	13 A (T)
mese (m)	Monat	14 A
messa in scena, messinscena	Inszenierung	3 A
mettere	setzen, stellen, legen	10 A
mettere le corna	Hörner aufsetzen	10 A
mezzosoprano (m+f)	Mezzosopran	1 A (T)
mi	mich, mir	1 B
mica	wohl, schließlich	13 A
miele (m)	Honig	16

minore	Moll	4 A
mio	mein/e/r/s	2 A
miseria	Elend	13 B
misura	Takt	9 A
mobile	unbeständig	2 B
moderno	modern	6 A
modo	Art, Weise	5 B
moglie (f)	Ehefrau	13 A (T)
molto	sehr, viel	2 A, 11 A
momento	Moment	10 B (T)
mondo	Welt	7 A
morire	sterben	14 B
mostrare	zeigen	12 B
movimento	Satz	13 A (T)
musica	Musik	4 A
musica barocca	Barockmusik	11 A
musica da camera	Kammermusik	6 A
musicale	Musik..., musikalisch	10 A
musicalità	Musikalität	7 A
muto	stumm	12 B
nascere	entstehen, geboren werden	12 A
nato	geboren	10 A (T)
naturalmente	natürlich	5 A
ne	davon, darüber	13 B
neanche	auch nicht, nicht einmal	13 A (T)
negare	verweigern	16
negozio di musica	Musikalienhandlung	4 A
nemmeno	auch nicht, nicht einmal	13 A (T)
neppure	auch nicht, nicht einmal	13 A (T)
nessuno	niemand	13 A (T)
newyorkese (m+f)	New Yorker	14 A
niente	nichts	3 A
no	nein	1 A
nobiltà	Vortrefflichkeit, Adel	3 B
noi	wir	1 B (T)
nome (m)	Name	3 B
non ... più	nicht mehr	6 A
non	nicht, kein	1 A
normalmente	normalerweise	13 A
nostro	unser/e/s	2 A
notazione (f)	Notation	12 A
notte (f)	Nacht	9 B
numero	Zahl, Nummer	2 A

Glossario

n(u)ovo	neu	14 B
nuovo (di)	neu (wieder, von Neuem)	2 A, 9 A
o	oder	1 B
obbediente	gehorsam	10 B
oboe (m)	Oboe	1 A (T)
occhio	Auge	4 B
oddio!	oh Gott!, du liebe Zeit!	2 A
odio	Hass	14 B
odore (m)	Geruch, Duft	2 B
oggi	heute	10 A
oggi stesso	noch heute	15 B
ogni	jede/r/s	5 B
ognor(a)	immer	8
ohibò!	pfui!	16
ohimé!	o je, weh mir!	16
onda	Welle	16
onde	wo	15 B (T)
onore (m), in	Ehre(n), zu	7 A
opera	Werk, Oper	5 A
opera lirica	Oper	5 A
or(a)	jetzt, Stunde	5 B
oratorio	das Oratorium	12 A (T)
orchestra	Orchester	2 A (T)
organologia	Instrumentenkunde	10 A
originale (m)	Original	4 A
ornamento	Verzierung	9 A
orrendo	schrecklich	7 A
orsù!	nun los!, auf!	16
ostel(lo)	Bleibe, Herberge	15 B
ottone (m)	Messing	10 A
ottoni	Blechbläser, Blech	10 A
ove?	wo?	7 B
padre (m)	Vater	15 A
paese (m)	Dorf, Land	9 B
pagina	Seite	10 A
paragone (m)	Vergleich	7 A
parente (m+f)	Verwandte/r	15 A (T)
pari	gleich	2 B
parlare (di)	sprechen (von/über)	5 A
parmi	mir scheint	5 B (T)
parte (f) (in)	Teil, Rolle (zum)	5 A
partitura	Partitur	11 A
passare	vorbeikommen, verbringen	7 B, 9 B (T)

pausa	Pause	2 A
pena	Qual, Pein	10 B (T)
pensare	denken	14 A
per esempio	zum Beispiel	12 A
per	für, wegen, um zu, durch	1 A, 12 B
perché	weil, warum	4 A
però (!)	aber (Donnerwetter!)	6 A
perso	verloren	9 B (T)
piacere	gefallen, schmecken; Vergnügen, Freude	9 A, 10 B (T)
piagare	verwunden	10 B
piangendo	weinend	9 B
piangere	weinen	9 B
pianista (m+f)	Pianist/in	2 A
piano	leise, langsam, sacht	9 A (T), 11 B
pianoforte (m)	Klavier	3 A (T)
pianto	Weinen	10 B (T)
piè, piede (m)	Fuß	6 B
pieno	voll	12 B
pietà (per pietà)	Mitleid (bitte, um alles in der Welt)	9 B
più (di)	mehr	9 A
pizzicato	gezupft	3 B (T)
placido	ruhig, still, friedlich	12 B
platea	Parkett	3 A
po', poco	bisschen, wenig	4 B
poco fa	vor kurzem	10 B
podio	(Dirigenten-)Pult, Podium	14 A
poi	dann, danach, später	5 A
portare	(mit-)bringen	7 A
posizione (f)	Position, Stellung	13 A
possibile	möglich	2 A
posto	Platz	2 A
potere	können, dürfen	5 A
prassi (f)	Praxis	12 A
preferire	bevorzugen, lieber machen	15 A
preghiera	Gebet, Bitte	13 B
prendere	nehmen	5 A
preparare	(vor-)bereiten	3 B
presentar(si)	(sich) vorstellen	6 A
presso	(nahe) bei, am	7 B
presto	schnell	3 B
prevedere	vorsehen	14 A
pria	vorher	15 B (T)

233 duecentotrentatré

Glossario

prima	Premiere	3 A
prima di	vor	5 A
primo	erste/r/s	5 A
produttivo	produktiv	14 A
professore (m)	Lehrer, Professor	6 A
proposito, a	übrigens, à propos	5 A
proprio	genau, gerade, ausgerechnet	12 A
prossimo	nächste/r/s/n	10 A
prova	Probe	1 A
prova generale	Generalprobe	13 A
provare	proben	13 A
pugnale (m)	Dolch	2 B
pupilla	Pupille, Auge	4 B (T)
pure	nur, ruhig	7 A
qualche (+ Sg.)	einige, ein paar	6 A
qualcosa di	etwas von	4 A
quale?	welche/r/s?	4 A
qualità	Qualität	11 A
quando (?)	wann(?), als	1 A, 12 B
quanto?	wie viel?	3 A
quartetto	Quartett	1 A (T)
quasi	fast	7 A
quegli	diese, jene	4 B
quello	jene/r/s	4 B (T)
questo	diese/r/s	2 A
qui	hier	6 A
quindi	also	5 A
raccontare	erzählen	5 A
radio (f)	Radio	1 B (T)
ragionamento	(Beweg-)Grund	14 A
ragione, avere	Recht haben	14 A
rai (m, Pl)	Strahlen, Augen	4 B (T)
rallentare	langsamer werden	9 A
re (m)	König	15 B
re(ri)munerare	vergelten, (be-)lohnen	13 B
realizzare	verwirklichen, umsetzen	14 A
realizzazione (f)	Umsetzung	12 A
recitativo	Rezitativ	1 B (T)
regalare	schenken	15 A
reggere	halten, stützen	10 B
regia	Regie	2 B (T)
regio	königlich	15 B

regista (m+f)	Regisseur/in	15 A (T)
regnare	herrschen	14 B
repertorio	Repertoire	1 B (T)
replica	Wiederaufnahme	15 A (T)
restare	sein, bleiben	10 B
riassunto	Zusammenfassung	5 A
ricamare	sticken	3 B
ricchezza	Reichtum	3 B
ricusare	ablehnen	10 B
ridere	lachen	13 B
ridonare	wiedergeben	14 B
ridotto	reduziert, vergünstigt	3 A
rifare	noch einmal machen	9 A
rifiutare	verweigern, ablehnen	10 B (T)
rigor(e) (m)	Strenge	8
rinfrescarsi	sich erfrischen	6 B
ringraziare	sich bedanken	11 A
ripetere	wiederholen	13 A
rispettoso	respektvoll	10 B
rispondere (a)	antworten (auf)	16
ristoro	Trost, Erquickung	16
risultato	Ergebnis	12 A
risuonare	wieder erklingen	10 B
ritardo	Verspätung	2 A
ritorno	Rückkehr	14 A
Romanticismo	Romantik	11 A
romantico	romantisch	6 A
rovesciare	umwerfen, umstürzen	11 B
russo	Russe, russisch	14 A (T)
sabato	Samstag	13 A
salire	aufsteigen, hinaufgehen	13 B
santo	heilig	13 B
sapere	wissen, können, erfahren	3 A
sasso	Stein	1 B
sazio	satt, befriedigt	15 B
sbagliare	falsch machen	9 A
sc(u)ola	Schule	11 B
scala	(Ton-)Leiter, Treppe	9 A (T)
scaldarsi la voce	sich einsingen	6 A
scegliere	auswählen	10 A
scellerato	ruchlos, Ruchloser	3 A (T)
scena (in)	Szene, Bühne (auf der)	3 A (T)

Glossario

scenografo	Bühnenbildner	15 A (T)
schermire	schützen, verbergen	11 B
scherzo	Scherzo,	
	Scherz	5 A (T), 13 A
schiava	Sklavin	6 B
sciccheria	Schickeria	3 A (T)
sciocco	Dummkopf, dumm	4 B
scoprire	entdecken	11 B
Scozia	Schottland	14 B
scrittura	Schreibweise, Schrift	12 A
scusare	entschuldigen	6 A
scusi (!)	Entschuldigung	
	(entschuldigen Sie!)	1 A
sdegno	Verachtung,	
	Entrüstung	14 B
se	wenn, falls, ob	1 B
seco	mit sich	15 B (T)
secondo	zweite/r/s	3 A
segno (dinamico)	(Lautstärke-)Zeichen	9 A
semplicemente	einfach	11 A
sempre	immer	12 A
sen(o)	Busen	10 B (T)
senso	Sinn	14 A
sentire	hören, fühlen,	
	riechen	4 B (T)
senz'altro	gewiss, sicherlich	11 A
senza	ohne	5 A
sera	Abend	1 A
sereno	heiter	12 B
serio	ernst	14 A
servir (si)	(sich) bedienen	12 A
seta	Seide	3 B
settimana	Woche	10 A
severo	streng	6 A
si	man, sich	5 A
sì, (co)sì	ja, so	1 A, 12 B
siccome	da	13 A
sicuro	sicher	15 A
signora	Frau, Dame	1 A
signore (m)	Herr	4 A
Signore	Herr (Jesus Christus)	9 B
sincero	ehrlich, aufrichtig	13 B
sinfonia	Sinfonie	13 A
soave	sanft	16
sogno	Traum	15 B
soldo	Geld, Sous	1 B
solo	allein, nur, Solo	1 A (T)
sonata (a tre)	(Trio-)Sonate	4 A, 12 A (T)
sonno	Schlaf	7 B

sonoro	klanglich	12 A
sopportare	ertragen	7 A
soprano	Sopran	1 A
soprattutto	vor allem	13 A
sorella	Schwester	15 A (T)
sorpresa	Überraschung	14 A
sospirare	seufzen	8
sovrintendente (m)	Intendant	15 A
spagnolo	Spanier, spanisch	14 A (T)
sparire (isc)	verschwinden	7 B
spartito	Noten, Klavierauszug	4 A
spazio	Raum	13 A
specialista (m+f)	Fachmann/frau	12 A
specializzazione (f)	Spezialisierung	10 A
specificato	näher bestimmt	12 A
spegnere	auslöschen	15 B
sperare	hoffen	14 A (T)
spesso	häufig, oft	12 A
spettacolo	Vorstellung	5 A
spiegar (si)	(sich) erklären	11 A
spiritoso	geistreich	5 A
spogliar (si)	(sich) befreien,	
	(sich) ausziehen	5 B
spuntare	emporkommen,	
	auftauchen	7 B
staccato	staccato	2 A (T)
stare	sein, sich befinden	11 A
stasera	heute Abend	3 A
stella	Stern	13 B (T)
storia	Geschichte	3 B
strano	merkwürdig, seltsam	13 A
strumentazione (f)	Instrumentierung	10 A
strumento	Instrument	4 A
studente	Student, Schüler	3 A
studiare	lernen, üben,	
	studieren	9 A
su(lla)	über, auf	10 A
subito	sofort	11 A
successo	Erfolg	11 A
suite (f)	Suite	12 A (T)
suo, Suo	sein, ihr, Ihr	3 A
suonare	klingen, spielen	
	(Instrument)	3 A
superare	schaffen, bestehen	10 A
supplicare	anflehen	9 B
supremo	höchste/r/s	15 B
svizzero	Schweizer,	
	schweizerisch	14 A (T)

Glossario

tabernacolo	Tabernakel	13 B
tacere	schweigen	12 B
tai	solche	15 B (T)
tanti/e	viele	1 B
tanto	so viel, sowieso	4 A
tardi	spät	13 A
tastiera, a	Tasten...	10 A
tavola	Tisch, Tafel	3 B (T)
te	dich, dir	3 A, 5 B
teatro	Theater	1 A
teco	mit dir	15 B (T)
tedesco	Deutscher, deutsch	14 A (T)
tela	Leinwand	3 B
telefonare	anrufen	3 A
tema (m)	Thema	10 A
tempo	Zeit, Tempo	6 A, 9 A
tenore (m)	Tenor	1 A
tesoro	Schatz	16
ti	dir, dich	1 B
toccare	berühren	10 B
tonalità	Tonart	9 A
tornare	zurückkehren	9 B
tradire (isc)	verraten, betrügen	1 B
trama	Handlung	5 A
tranquillo	ruhig	16
trapassare	weggehen, vorbeigehen	10 B (T)
trappola	Falle	10 B
trasmissione (f)	Übertragung, Sendung	7 A
trattarsi di	sich handeln um	10 A
trenta	dreißig	1 B
tribunale (m)	Gericht	15 B
trillo	Triller	9 A
tromba	Trompete	3 A (T)
troppo	zu viel, zu sehr	6 A
trovatore (m)	Troubadour	12 B
trucco	Maske	15 A (T)
tu	du	1 A (T)
tuo	dein	2 B
tutor(e) (m)	Vormund	10 B
tutta una	eine ganze	12 A
tutti gli	alle (die), die ganzen ...	10 A
tutto	alles	7 A

udire	hören	12 B
uguale	gleich	9 A
uomo, uomini	Mann, Männer	4 B
usare	benutzen	5 B
va bene, va be'	in Ordnung, na gut	3 A, 5 A
valchiria	Walküre	7 A
valere	gelten, wert sein	6 A
vedere	sehen	4 A
veloce	schnell	9 A
vendere	verkaufen	15 A
venerdì (m)	Freitag	13 A (T)
venire	kommen	7 A
vento	Wind	16
veramente	wirklich	2 A
vero	wahr	2 A
veron(e) (m)	Balkon	7 B
versione (f)	Version	4 A
verso	Vers	12 B
vi	euch	5 B
viennese (m+f)	Wiener/in, wienerisch	14 A
vincere	gewinnen	10 B
vino	Wein	9 B
viola	Viola	1 A (T)
violinista (m+f)	Geiger/in	6 A
violino	Violine	3 A (T)
violoncello	Cello	1 A (T)
vipera	(Gift-)Schlange	10 B
viso	Gesicht	12 B
vita	Leben	14 B
vivere	leben	5 B
vivo	lebendig	13 B
voce (f)	Stimme	1 A
voi	ihr, Ihr, Sie (Pl)	1 B (T)
voler dire	bedeuten, meinen	11 A
volere	wollen	1 B
volta (una volta)	... Mal, früher einmal	6 A, 12 A
vostra	euer, eure, Ihre (Pl)	2 B
vuotare	leeren	14 B
zio	Onkel	4 A
zucchero	Zucker	16

Glossario della lirica

Wörterverzeichnis der Opernsprache

Vorliegendes Verzeichnis erhebt keinen Anspruch auf Vollständigkeit. Es soll nur das schnelle Auffinden einiger gängiger Opernbegriffe erleichtern. Zur Vereinfachung wurde hier der Begriff »Opernsprache« gewählt, aber die Wortliste gilt selbstverständlich auch für andere musikalische Formen (Madrigal, Oratorium etc.). In der rechten Spalte finden Sie die heute üblichen italienischen Begriffe, sozusagen eine Übersetzung aus dem Opernitalienischen ins aktuelle Standarditalienisch. Nicht immer sind Entsprechungen vorhanden, denn einige »Opernwörter« finden sich auch heute noch im normalen Sprachgebrauch. An das Wörterverzeichnis schließt sich eine kleine Verbübersicht an, die Ihnen das Auffinden schwieriger Sonderformen der Opernsprache erleichtern soll.

Glossario della lirica

Opernsprache	Übersetzung	Heutiges Italienisch
accento	Wort, Ton	parola, suono
acchetarsi	sich beruhigen	
acquetare	beruhigen	acquietare
aere	Luft	aria
affanno	Kummer, Trübsal	
ahi!	ach, weh!	
ahimè!	o je, weh!	
aita	Hilfe	aiuto
alma	Seele	anima
amistà, amistade	Freundschaft	amicizia
angiol(o) (m)	Engel	angelo
ara	Altar	altare
arcano	Geheimnis	segreto
arena	Strand, Gestade, Sand	riva, spiaggia, sabbia
ascondere	verstecken	nascondere
ascoso	versteckt	nascosto
astro	Stern	stella
aura	Luft	aria
balenare	erscheinen, auftauchen	apparire
beltà, beltade	Schönheit	bellezza
bramare	wollen, verlangen	desiderare
brando	Schwert	spada
cagion(e) (f)	Grund, Ursache	ragione
cangiare	ändern, wechseln	cambiare
capo	Kopf	testa
carnefice (m)	Henker	boia
chioma	Haar, Frisur	capelli, pettinatura
ciglio	Auge, Wimper	occhio
cor(e) (m)	Herz	cuore
cospetto, cospettaccio!	verflixt!	maledizione!
costei	sie, diese	questa
costor(o)	diese da	loro
cotesto	dieser	questo
crin(e) (m)	Haar	capelli
crudel(e)	grausam	
deh!	ach!	
desio, desire (m)	Wunsch	desiderio
desso/a	er/sie	questo/a; lui/lei
detto	Wort	parola
dì (m)	Tag	giorno
dianzi	vor	dinanzi
diletto/a	Freude, Schatz, Lieb	
duol(o) (m)	Schmerz	dolore
ebben(e)	nun denn	be', bene
egli, ei	er	lui, loro
ella	sie	lei
empio	ruchlos	

Glossario della lirica

ermo	einsam	solo, abbandonato
farmaco	Medizin	medicina
favellar(e)	erzählen	raccontare
fera	wildes Tier	bestia
fero	stolz, grausam	fiero, crudele
ferro	Dolch, Schwert	pugnale, spada
foco	Feuer	fuoco
fral (m)	Körper	corpo
german(o)	Bruder	fratello
giovin(e)	jung, junger Mensch	giovane
guardo	Blick	sguardo
idol(o) (m)	Liebste/r	
imeneo	Hochzeit	matrimonio, nozze
infausto	unglücklich	infelice
ivi	dort	lì
labbro	Mund	bocca
lagrima	Träne	lacrima
lasso!	oh Elend!	
loco	Ort	luogo
lume (f)	Licht, Auge, Blick	luce, occhio, sguardo
luna	Monat	mese
magion(e) (f)	Haus	casa
mai	jemals, niemals, bloß	
meco	mit mir	con me
merto	Verdienst	merito
mesto	traurig	triste
mirare	schauen	guardare
mongibello	Vulkan	vulcano
morbo	Krankheit	malattia
niun(o)	niemand	nessuno
nol	ihn/es nicht	non lo
novel(lo)	neu	nuovo
obliar(e)	vergessen	dimenticare
ognor(a)	immer	sempre
ohibò	pfui!	
ohimé!	o je, weh mir!	
olà	wer ist da?	chi è là?
olezzar(e)	duften	profumare
omai	inzwischen, nunmehr	ormai
onde?	wo?	dove
or(a)	jetzt, Stunde	
orben(e)	nun gut	va be'
orsù!	nun los!, auf!	
ostel(lo)	Bleibe, Herberge	
ove?	wo?	dove
pei	für die	per i
pena	Qual, Pein	sofferenza
perfido/a	Hinterhältige/r, Treulose/r	
periglio	Gefahr	pericolo

Glossario della lirica

piè (m)	Fuß	piede
pietade (f)	Erbarmen	pietà
pria	vorher	prima
primiero/a	erste/r	primo/a
procella	Sturm	tempesta
pupilla	Auge	occhio
rai	Augen	occhi
re(g)al	königlich	
rio	böse, schuldig, Fluss	cattivo, colpevole, fiume
scellerato/a	ruchlos	
scempio	Gemetzel	strage
sciagurato/a	unglückselig	
sdegno	Verachtung, Entrüstung	
seco	mit sich	con sé
secondare	helfen, beistehen	aiutare
seno	Busen, Schoß	
sguardo	Blick	
smania	Qual	tormento
speme (f)	Hoffnung	speranza
svenare	töten	uccidere
sventura	Unglück	sfortuna
tai	solche	tali
teco	mit dir	con te
tempio	Kirche	chiesa
tisi (f)	Tuberkulose	tubercolosi
udire	hören	sentire
unqua	also	dunque
uopo, d' (è)	angemessen, sinnvoll (es ist ...)	conviene
vendetta	Rache	
vil	feige	vile

Sonderformen Verben

dee (dovere)	er/sie muss	deve
deggio (dovere)	ich muss, soll	devo
dei (dovere)	du musst, sollst	devi
die' (dare)	er/sie gab	diede
fe (fare)	er/sie machte	fece
fia (essere)	es wird sein, es sei	sarà, sia
fo (fare)	ich mache	faccio
han	sie haben	hanno
ite	geht	andate
iti	gegangen	andati
odi (udire)	du hörst	senti
parmi	mir scheint	mi pare

Glossario della lirica

ponno (potere)	sie können	possono
potria (potere)	er/sie könnte	potrebbe
potrien (potere)	sie könnten	potrebbero
puote (potere)	er/sie kann	può
saria (essere)	es wäre	sarebbe
sien (essere)	sie seien	siano
veggiamo (vedere)	wir sehen	vediamo
veggo (vedere)	ich sehe	vedo
vo (andare)	ich gehe	vado
vo' (volere)	ich will	voglio

Weitere Hinweise

1. **Buchstabenausfall:**
   - am Ende eines Wortes: *sol(o), son(o), ferir(e), voler(e)*
   - mitten im Wort: *c(u)ore, mer(i)to, pri(m)a*

2. **Endungsausfall:**
   - beim historischen Perfekt: *udir(ono)*
   Teuflisch: Wenn man nur *udir* liest, kommt man schnell auf die falsche Fährte, im Glauben, es handele sich um einen Infinitiv, dem nur das End-e fehlt!

3. **Pars pro toto** (ein Teil steht für das Ganze):
   - *labbro* (Lippe) für Mund, *tetto* (Dach) für Haus

Soluzioni

Lösungen

Lezione 1

Teoria 1 A
Parlando Cherubino ist der süße Page aus Mozarts *Le nozze di Figaro* (= Die Hochzeit des Figaro). Conte di Ceprano (= Graf von Ceprano) heißt der eifersüchtige Ehemann, der auf den Duca di Mantova (= Herzog von Mantua) ganz und gar nicht gut zu sprechen ist, weil dieser seine Frau, die *contessa*, allzu sehr umgarnt. Das geschieht in Verdis *Rigoletto*. Bleibt noch Euridice (= Euridike), die verloren gegangene Liebste von Orfeo (= Orpheus) aus der gleichnamigen Oper von Gluck *Orfeo ed Euridice*.

Pratica 1 A
1. **Sono** ... 1. un 2. una 3. un 4. un/una 5. una 6. un
2. **Essere** 1. è 2. sono 3. sei 4. è 5. è 6. sono
3. **Il? La?** 1. la 2. il 3. la 4. il 5. il 6. la 7. il 8. la
4. **Non** 1. Non sono un tenore. 2. Non è una bella voce. 3. Non sei la traviata. 4. Non sono al teatro. 5. La signora non è al conservatorio. 6. Non sei un tenore.
5. **Traducete** 1. Il soprano è una bella voce. 2. La prova è al teatro. 3. (Io) non sono un tenore, (io) sono un baritono. 4. Non capisco la guardarobiera. 5. Domani il coro è al conservatorio./Il coro è al conservatorio domani. 6. (Tu) non sei la traviata?

Pratica 1 B
1. **Ho, hai, ha** 1. ha 2. hai 3. ha 4. ho 5. ha 6. ho
2. **Mettete al plurale** 1. i baritoni 2. le signore 3. le sere 4. i teatri 5. i conservatori 6. le voci 7. i cori 8. le colpe 9. i tenori 10. i soldi
3. **Essere o avere?** 1. hai 2. ha 3. è 4. è 5. sono 6. ha 7. sei 8. ho
4. **Traducete** 1. Die Garderobiere hat ein Herz aus Stein. 2. Ich habe eine schöne Sache (etwas Schönes), was ich dir sagen will. 3. Wann bist du am Konservatorium? 4. Sind Sie ein Mezzosopran oder ein Alt? 5. Ich verstehe den Tenor nicht. 6. Morgen bin ich am Theater. 7. Ich habe dreißig Sous (Heller) für den Bariton. 8. Die Signora hat eine schöne Stimme.
Parlando *Guglielmo Tell* heißt eine Oper von Gioacchino Rossini (auf Deutsch: Wilhelm Tell).

Soluzioni

Lezione 2

Pratica 2 A
1. Mettete le forme di *essere* 1. siamo 2. sei 3. è 4. è 5. sono 6. sei 7. siete 8. sono
2. Coniugate in tutte le forme 1. ho un posto; hai un posto; ha un posto; abbiamo un posto; avete un posto; hanno un posto 2. ho una pausa; hai una pausa; ha una pausa; abbiamo una pausa; avete una pausa; hanno una pausa 3. ho un concerto domani; hai un concerto domani; ha un concerto domani; abbiamo un concerto domani; avete un concerto domani; hanno un concerto domani
3. Mettete la forma del plurale 1. concerti 2. posti 3. pianiste 4. cantanti 5. guardarobiere 6. solisti 7. voci 8. prove
4. Qual è la desinenza corretta? 1. Abbiamo un teatro nuovo. 2. La nuova cantante è molto bella. 3. Il pianista è bravo. 4. Il baritono ha una bella voce. 5. Il coro ha una prova. 6. Il mio posto è il numero nove. 7. La Bartoli è così brava come cantante. 8. Questo è il mio posto. 9. Com'è la nuova cantante?
5. Mettete la parola che manca 1. avete 2. sono 3. ha 4. abbiamo 5. hanno 6. sei 7. siete 8. ho
6. Traducete 1. Abbiamo cinque tenori al teatro. 2. Questa musicista è veramente brava. 3. Ma questo non è il mio posto! 4. Il/La mezzosoprano ha una bella voce. 5. Durante la pausa avete una prova./Avete una prova durante la pausa. 6. Non sei così bravo come pianista. 7. Il coro ha dieci cantanti.

Teoria 2 B
Parlando Germont heißt der strenge Vater Alfredos aus Verdis Oper *La Traviata*, der die Liebe zwischen Alfredo und Violetta unmöglich macht. Gilda ist die wohlbehütete Tochter Rigolettos, wobei der väterliche Schutz, wie wir wissen, sie doch nicht vor ihrem tragischen Ende bewahren kann.

Pratica 2 B
1. Come sono le desinenze? 1. giovane 2. belli 3. possibile 4. nuovi 5. brava 6. crudele 7. questi/queste 8. nuove
2. Mettete l'articolo determinativo 1. il 2. la 3. i 4. il 5. l' 6. le 7. il 8. l' 9. la 10. il/la 11. i 12. il
3. Mettete l'articolo indeterminativo 1. un 2. una 3. una 4. un 5. un' 6. una 7. un 8. un/una 9. un 10. un 11. un 12. una
4. Mettete le forme di *avere* 1. ha 2. hai 3. abbiamo 4. hanno 5. ha 6. ho 7. avete 8. ha
5. Traducete 1. Er hat einen Platz, ich habe einen Dolch. 2. Die Frau, die ich habe, ist grausam. 3. Ihr seid gut (tüchtig), aber unbeständig. 4. Wir brauchen gute Musiker.

Soluzioni

5. Don Giovanni braucht 10 Frauen. 6. Wir sind schön: Er ist ein Bariton, ich bin ein Tenor. 7. Das Schicksal, das ihr habt, ist nicht grausam.
Parlando Don Giovanni ist sicherlich bekannt als Held der gleichnamigen Mozartoper und Giuseppe Verdi als bedeutender, italienischer Opernkomponist. Weniger geläufig ist vielleicht *Giulio Cesare in Egitto* (= Julius Cäsar in Ägypten), eine Oper von Georg Friedrich Händel. Pietro Mascagni hat die Oper *Cavalleria rusticana* komponiert.

Lezione 3

Pratica 3 A
1. **Quale strumento suonano?** 1. suona 2. suonate 3. suonano 4. suoni 5. suoniamo 6. suono 7. suona
2. **Combinate** 1. b 2. g 3. e 4. a 5. f 6. d 7. c
3. **Mettete l'aggettivo possessivo** 1. la mia colpa 2. il suo/il loro amico 3. la nostra prova 4. il vostro duetto 5. la sua voce 6. il tuo destino 7. la sua/la loro lingua 8. il mio cuore 9. il nostro pianoforte
4. **Mettete al plurale** 1. I baritoni sono molto bravi. 2. Questi biglietti non sono ridotti. 3. Le cantanti sono veramente brave. 4. I pianisti sono ancora giovani. 5. Queste guardarobiere sono intelligenti. 6. I repertori non sono nuovi. 7. Le donne sono mobili. 8. Le vere amicizie sono belle.
5. **Traducete** 1. Ho un posto in galleria. 2. Ci sono ancora due biglietti, quarta fila in platea. 3. Cantate il vostro duetto stasera? 4. Per la messa in scena abbiamo bisogno di due tenori. 5. I nuovi musicisti suonano anche durante la pausa. 6. Quando compri i biglietti? 7. Questa è la quinta fila, ma noi abbiamo l'ottava. 8. Allora tu suoni il pianoforte ed il clavicembalo.

Pratica 3 B
1. **Combinate** 1. al concerto 2. alla mensa 3. all'orchestra 4. al coro 5. ai cantanti 6. alla voce 7. al teatro 8. alla prova 9. ai pianisti 10. alla guardarobiera
2. **Mettete la preposizione *a* con l'articolo** 1. al 2. alla 3. al 4. alla 5. alle 6. Alle 7. all' 8. al 9. ai
3. **Come sono le forme di *fare*?** 1. fa 2. facciamo 3. fanno 4. faccio 5. fai 6. Fate 7. Facciamo
4. **Come sono le forme di *dare*?** 1. Diamo 2. do 3. danno 4. dà 5. Date 6. dai 7. Diamo
5. **Traducete** 1. Ich weiß nicht mehr, was (wer) ich bin, was ich mache. 2. Macht schnell, oh liebe Freunde! 3. Man nennt mich Rudi (Sie nennen mich Rudi), aber mein Name ist Rodolfo. 4. Geben wir Frau Mimì die Seide. 5. Ich bereite die Tafel mit Reichtum und Vortrefflichkeit (Ich bereite eine reichliche und vortreffliche Tafel). 6. Wann spielst du am Konservatorium? 7. Heute Abend gibt man die *Cenerentola*.

Soluzioni

Lezione 4

Pratica 4 A

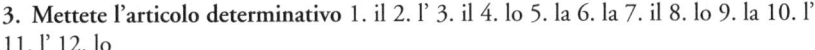

1. **Mettete la forma corretta del verbo** 1. Conosci 2. desidera 3. preparate 4. cercano 5. Cerchiamo 6. suono 7. chiede 8. chiedete 9. conoscono 10. vedo 11. desiderano 12. Chiamiamo 13. compri 14. telefona
2. **Disordine** 1. g 2. f 3. h 4. k 5. b 6. i 7. a 8. c 9. d 10. j 11. l 12. e
3. **Mettete l'articolo determinativo** 1. il 2. l' 3. il 4. lo 5. la 6. la 7. il 8. lo 9. la 10. l' 11. l' 12. lo
4. **Dove vanno?** 1. va 2. vanno 3. andiamo 4. va 5. vanno 6. vai 7. va 8. vado 9. andate
5. **Trovate le risposte!** 1. c 2. h 3. a 4. b 5. d 6. g 7. f 8. e
6. **Traducete** 1. Cerchiamo la sonata in La minore. 2. Quale strumento suoni? 3. Perché non comprate l'originale? 4. Mi interessa questa versione. 5. Non conosci il compositore? 6. Non abbiamo questo spartito. 7. Stasera canto la Mimì. 8. Massimo non va alla prima.

Pratica 4 B

1. **Aprire, capire, tradire** 1. Il baritono tradisce la mezzosoprano. (Hier wäre auch *capisce* denkbar, wenn der Bariton sie verstünde, statt sie zu betrügen.) 2. Io non capisco questa musica. 3. Il conservatorio apre domani. 4. Ma voi capite la messa in scena? 5. I musicisti non capiscono questo compositore. 6. Io apro un negozio di musica. 7. Tu non apri gli occhi. 8. Io tradisco la cantante con una pianista. 9. Noi guardarobiere non apriamo la galleria.
2. **Mettete al plurale** 1. I cantanti cercano gli spartiti. 2. Gli zii conoscono queste sonate. 3. Le donne conoscono l'amore/gli amori. 4. I pianisti aprono i pianoforti. 5. Gli studenti preparano i concerti. 6. Gli uomini tradiscono le donne. 7. Le musiciste comprano gli strumenti. 8. I tenori sentono le belle voci. 9. I compositori conoscono questi recitativi.
3. **Mettete insieme** 1. d 2. e 3. f 4. a 5. c 6. b
4. **Come si dice oggi?** 1. cuore 2. lui 3. faccio 4. tavola 5. fuoco 6. lui 7. fanno 8. lei
5. **Cosa sanno fare?** 1. so 2. sa 3. sanno 4. sappiamo 5. sai 6. sapete
6. **Traducete** 1. Schaut (euch) diese dummen Männer an! 2. Wir können die Liebe im Herzen sehen (eigentlich: Wir wissen die Liebe im Herzen zu sehen.). 3. Kennst du die Weiber? Weißt du, was sie sind? 4. Der unvorsichtige Komponist betrügt (verrät) dich. 5. Die Musiker öffnen die Noten. 6. Die Frauen kennen Cherubino nicht. 7. Ich gebe dem Onkel diese Sonate. 8. Don Giovanni riecht den Geruch (Duft) der Frauen. 9. Heute Abend öffnet der zweite Rang.

Soluzioni

Lezione 5

Pratica 5 A
1. *Di* + articolo 1. Prendo lo spartito del tenore. 2. Ti posso fare il riassunto della trama. 3. Sono un intenditore dell'opera lirica. 4. È il biglietto dello studente. 5. Chi è il compositore della sonata in La minore? 6. È il repertorio dei baritoni. 7. Dov'è la pausa delle trombe? 8. Questo è il solo del pianoforte. 9. Dove canta il coro degli studenti?
2. *Di* con o senza articolo? 1. È il lavoro di due librettisti. 2. *La Traviata* è di Giuseppe Verdi. 3. Stasera danno *La forza del destino*. 4. Parliamo della trama dell'opera lirica. 5. L' *Aida* è di Antonio Ghislanzoni. 6. Il musicista ha bisogno di uno strumento. 7. Prima dello spettacolo andiamo al bar. 8. Dobbiamo parlare del libretto! 9. Di chi è quest'opera?
3. Mettete le forme di *potere* 1. potete 2. puoi 3. Posso 4. Possiamo 5. può 6. Possono 7. può
4. Come si dice oggi? 1. f 2. d 3. e 4. a 5. c 6. b
5. *Potere* o *sapere*? 1. sa 2. posso 3. possiamo 4. sai 5. può/sa
6. Traducete 1. I musicisti possono/sanno essere molto spiritosi. (Hier geht beides – ist Interpretationssache.) 2. Dev'essere un intenditore dell'opera lirica. 3. Prendiamo comunque il libretto. 4. Il quartetto è di Beethoven. 5. Parlo della trama del primo atto. 6. I biglietti per la prima sono esauriti. 7. Dobbiamo fare una pausa. 8. Quando vai al concerto?

Pratica 5 B
1. Mettete le forme di *volere* 1. Vuoi 2. Voglio 3. Volete 4. vuole 5. Vogliamo 6. vogliono 7. vuole 8. vuoi 9. vogliono
2. Trovate le forme corrispondenti 1. dovete – potete 2. devo – posso 3. devi – puoi 4. dobbiamo – possiamo 5. deve – può 6. devono – possono
3. Spostate i pronomi 1. Posso suonarti il flauto. 2. Vuoi raccontarmi la storia. 3. Vogliamo darvi il libretto. 4. Devi comprarmi due biglietti. 5. Possiamo cantarvi qualcosa di Mozart. 6. Devono cercarti un uomo. 7. Puoi parlarmi della trama?
4. Ricostruite le frasi 1. Io voglio cantare del tuo amore. 2. Ha il core (cuore) di sasso. 3. Non si può raccontare il mio destin(o). 4. Non dovete lasciarmi. (Non mi dovete lasciare.) 5. Non possono capirvi. (Non vi possono capire.) 6. Conosco i fiori di Mimì. 7. Volete tradire il mio uomo? 8. Io non ho colpa. 9. Io posso vederti domani. (Io ti posso vedere domani.)

Soluzioni

5. Quale preposizione manca: *a* o *di*? 1. Andiamo al concerto stasera? 2. Vuoi parlare della trama? 3. Di chi è quest'opera? 4. A proposito: perché non canti domani? 5. Vado al bar del teatro. 6. Perché non telefonate alla signora? 7. Ha bisogno della tua amicizia. 8. Prima dello spettacolo andiamo al bar. 9. Non volete chiedere alla maschera?
6. Traducete 1. Ich will von deiner Liebe singen. 2. Er/Sie hat (Sie haben) ein Herz aus Stein. 3. Mein Schicksal kann man nicht erzählen. (Mein Schicksal lässt sich nicht erzählen.) 4. Ihr sollt (müsst) mich nicht verlassen. 5. Sie können euch (Euch) nicht verstehen. 6. Ich kenne Mimìs Blumen. (Ich kenne die Blumen von Mimì.) 7. Ihr wollt meinen Mann verraten/betrügen? 8. Ich habe keine Schuld. 9. Ich kann dich morgen sehen.

Lezione 6

Pratica 6 A
1. Mettete il pronome riflessivo 1. mi 2. ti 3. si 4. ci 5. vi 6. si
2. Mettete il verbo riflessivo 1. ti esibisci 2. si presentano 3. ci vediamo 4. mi sento 5. vi scaldate 6. si chiama 7. si conoscono 8. ti chiami 9. si prepara
3. Combinate 1. g 2. a 3. f 4. h 5. b 6. c 7. d 8. e
4. Disordine 1. b/c/f 2. d/h 3. g 4. e 5. b/c/f 6. a 7. d/h 8. f
5. Come si dice con *qualche*? 1. Suono qualche brano di Bach. 2. Ho ancora qualche biglietto per la prima. 3. Andiamo al concerto con qualche intenditrice. 4. Si presenta con qualche sonata. 5. Facciamo un concerto con qualche studente. 6. Posso raccontare qualche storia. 7. Qualche teatro dà il *Rigoletto*. 8. Qualche cantante non è emozionato. 9. Qualche donna è mobile.
6. Quale parola non c'entra? 1. colpa (Die »Schuld« ist kein Instrument.) 2. ridotto (Dieses Wort hat weder in der Bedeutung von »Foyer« noch in der Bedeutung von »reduziert« etwas mit den übrigen Begriffen zu tun.) 3. bar (Die *bar* ist streng genommen kein »Theaterwort« – darüber lässt sich allerdings streiten ...) 4. egli (hat als einziges Wort nicht die Bedeutung von »also«.) 5. prova (Die »Probe« ist keine Vortragsbezeichnung.) 6. qualche (ist kein Fragepronomen.)
7. Traducete 1. Con quali brani vi presentate/vi esibite? 2. In bocca al lupo! – Crepi il lupo! 3. (Lei) Suona alcune sonate di Mozart./(Lei) Suona qualche sonata di Mozart. 4. Alcuni professori sono molto severi./Qualche professore è molto severo. 5. Facciamo un po' di musica da camera? 6. (Io) Mi presento già per la terza volta. 7. Sono emozionato/a prima dell'esame. 8. Perché non canti niente di contemporaneo? 9. Dobbiamo scaldarci la voce adesso./Ci dobbiamo scaldare la voce adesso.

Soluzioni

Pratica 6 B

1. Mettete i pronomi *mi, ti, ci, vi* 1. Ci presentiamo con Mozart. 2. Lasciatemi cantare! 3. Ti voglio raccontare la storia. 4. Scaldatevi la voce per il concerto! 5. Telefonateci domani sera! 6. Mi suoni questa fuga? 7. Ti do lo spartito. 8. Vi presentate al concorso? 9. Mi esibisco con una sonata.
2. Spostate i pronomi 1. Voglio presentarmi al concorso. 2. Potete cantarci due lieder. 3. Parmi severo il professore. (Dieser Satz könnte nur in der Oper oder in der Literatur vorkommen. Im gesprochenen Italienisch klänge er komisch.) 4. Potete rinfrescarvi al bar. 5. Devi spogliarti in scena? 6. Puoi suonarci qualcosa di romantico? 7. Non voglio darti il mio flauto. 8. Non possono farvi il riassunto. 9. Può suonarmi un brano per viola?
3. Prima dell'esame ... 1. Preparatevi bene! 2. Cercatevi un professore poco severo! 3. Rinfrescatevi al bar! 4. Immaginatevi qualcosa di bello! 5. Prendetevi una pausa! 6. Chiedetevi come volete suonare! 7. Preparatevi un bel repertorio!
4. Spostate l'aggettivo *bello* 1. il bel piede 2. la bella bocca 3. i bei giovinotti 4. i begli uomini 5. le belle storie 6. il bell'amore 7. la bell'aria 8. la bella musica 9. i bei professori
5. Come si dice oggi? 1. g 2. e 3. f 4. b 5. a 6. d 7. c
6. Traducete 1. Wir wollen dich brennend vor Liebe. 2. Mir scheint, ich rieche Frauenduft. 3. Ruchlos sind die schönen jungen Männer. 4. Dein Kuss schmerzt mich noch. 5. Gebt mir Euren Mund! 6. Ich muss diese schönen Augen sehen. 7. (Eine) grausame Frau ist deine Sklavin. 8. Sie hat ein Herz aus Stein. 9. Lasst mich eine Liebesarie singen. 10. Gebt mir die Hand, schöne Frau!

Lezione 7

Pratica 7 A

1. Dal *Voi* al *tu* 1. Dirigi questo concerto! 2. Guarda queste femmine! 3. Ascolta la radio! 4. Credimi! 5. Sopporta il maestro! 6. Lasciami raccontare! 7. Prendi questo fiore! 8. Suona la sonata! 9. Chiedi alla maschera!
2.a Imperativo e pronomi 1. Portala! 2. Prendilo! 3. Chiamalo! 4. Cantala! 5. Guardalo! 6. Presentalo! 7. Raccontala! 8. Aprila! 9. Suonalo!
2.b Non ... 1. Non la portare!/Non portarla! 2. Non lo prendere!/Non prenderlo! 3. Non lo chiamare!/Non chiamarlo! 4. Non la cantare!/Non cantarla! 5. Non lo guardare!/Non guardarlo! 6. Non lo presentare!/Non presentarlo! 7. Non la raccontare!/Non raccontarla! 8. Non l(a) aprire!/Non aprirla! 9. Non lo suonare!/Non suonarlo!
3. Mettete la parola che manca 1. una trasmissione 2. platea 3. ascoltare 4. diretto da 5. contemporaneo 6. lo spartito 7. un biglietto 8. il cd 9. onore

4. *In*: articolo sì o no? 1. Nella 2. in 3. nello 4. nell' 5. in 6. nel 7. in 8. Nell' 9. nei
5. *C'è o ci sono?* 1. C'è 2. Ci sono 3. Ci sono 4. Ci sono 5. C'è 6. c'è 7. c'è 8. ci sono 9. c'è
6. Traducete 1. Apri lo spartito! 2. Guarda la *Valchiria*! 3. Puoi sentire la differenza: nella musicalità, nell'espressività. 4. Vengo alla prima? 5. Non sopporto questo direttore d'orchestra. 6. Neville Mariner dirige quasi tutto. 7. Vieni pure a casa mia! 8. Suonami qualcosa di romantico! 9. Stasera c'è la Traviata, diretta da Muti.

Pratica 7 B

1. Dal singolare al plurale 1. i miei biglietti 2. le sue arie 3. i loro flauti 4. le nostre maschere 5. le tue opere 6. i suoi violinisti 7. i nostri direttori 8. le loro lingue 9. i vostri duetti
Übersetzung: 1. meine Eintrittskarten 2. seine/ihre Arien 3. Ihre Flöten 4. unsere Masken (Platzanweiser) 5. deine Werke (Opern) 6. seine Violinisten 7. unsere Dirigenten 8. ihre Sprachen (Zungen) 9. eure Duette

2. Combinate 1. h 2. f 3. i 4. g 5. a 6. b 7. d 8. e 9. c
3. Come si dice oggi? 1. f 2. e 3. g 4. d 5. h 6. a 7. b 8. c
4. Trasformate 1. Non compro quegli strumenti. 2. Non conosco quella donna. 3. Prepari quelle scene? 4. È bello quel baritono. 5. Quei baci sono ardenti. 6. Quell'amore ti tradisce. 7. Non canto quell'aria. 8. Perché prendi quel direttore? 9. Quel tenore è orrendo.
5. Quale parola non c'entra? 1. concorso (Hat mit der Liebe nichts zu tun! Oder etwa doch? Immerhin spielt der »Wettbewerb« auch eine Rolle.) 2. paragone (Der »Vergleich« ist keine Person.) 3. bottiglia (Die »Flasche« ist kein Körperteil.) 4. cena (»Abendessen« ist keine Tempobezeichnung.) 5. piede (Der »Fuß« hat mit Gesang nichts zu tun.)
6. *Da* con o senza articolo? 1. dalla 2. dal 3. dal 4. da 5. dalla 6. Dal 7. da
7. Traducete 1. Diese oder jene sind mir gleich. 2. Aus Euren Augen kommt der Tag empor. 3. Für Karajan habe (hege) ich keine Liebe. 4. Meine lieben Freunde, ich lade euch ein! 5. Jener (dieser) Ruchlose betrügt mich. 6. Endlich sehe ich meine Frauen! 7. Schau jene (diese) Frauen an! 8. Es ist noch Zeit genug, sich auszuziehen. 9. Hier ist der Klavierauszug (die Partitur) – nehmt ihn (sie)!

Lezione 8

Ripetizione

1. Qual è la soluzione corretta? 1. b 2. c 3. b 4. a 5. c 6. b. 7. c 8. a
2. Mettete la forma del verbo 1. devono 2. apre 3. conoscono 4. capisco 5. Volete 6. faccio 7. esibisci 8. Comprate 9. Ci inte-

Soluzioni

ressiamo 10. posso 11. Suoni 12. tradisce 13. sai 14. danno 15. vede 16. si presentano 17. prendi 18. Voglio 19. Cerchiamo 20. parlate
3. Gruppi di tre parole canzone, canto, aria – adagio, lento, presto – bocca, occhi, braccio – moderno, romantico, contemporaneo – flauto, tromba, clarinetto – signora, femmina, donna – cd, disco, radio – spettacolo, regia, messa in scena
4. Qual è la preposizione corretta? 1. b 2. c 3. a 4. b 5. a 6. c 7. a
5. Mettete la parola che manca 1. credimi 2. il cor 3. fedele 4. crudel 5. credimi 6. il cor
Übersetzung: 1. Mein lieber Schatz, glaube mir wenigstens (doch), 2. (dass) ohne dich das (mein) Herz schmachtet (sich sehnt). 3. Dein Getreuer seufzt immer. 4. Beende, Grausame, deine Strenge! 5. Mein lieber Schatz, glaube mir wenigstens (doch), 6. (dass) ohne dich das (mein) Herz schmachtet.
6. Sostituite il sostantivo 1. Guardalo! 2. Suonala! 3. Ascoltalo! 4. Preparatela! 5. Cercali! 6. Comprali! 7. Chiudilo! 8. Invitale! 9. Cantale!
7. Di chi sono queste opere? 1. i 2. g 3. h 4. a 5. f 6. b 7. c 8. e 9. d
8. Traducete 1. Stasera vado al concerto. 2. (Che) cosa danno? 3. Non lo so. 4. Come? Non lo sai? 5. È qualcosa di contemporaneo. 6. Oh Dio! 7. Perché »Oh Dio«? (Io) m'interesso di musica contemporanea. 8. Veramente? Ma non conosci il nome del compositore, non conosci il nome del brano ... 9. Sì, ma so che il compositore è un allievo di Donatoni. 10. Ah ... molto interessante ... allora buon divertimento!

Lezione 9

Pratica 9 A

1. Ditelo al passato 1. Ho suonato questo brano. 2. Il pianista ha sbagliato. 3. Ti ho accompagnato al concerto. 4. Ma cosa hai fatto? 5. Non avete sentito la differenza? 6. Abbiamo cantato la scala in Do maggiore. 7. Il maestro ha diretto il concerto. 8. Abbiamo aperto un negozio di musica. 9. Perché non hai preso il biglietto?
2. Ditelo al presente 1. Chiedo alla maschera. 2. Chiudiamo la galleria. 3. Perché non dici niente al maestro? 4. Fa un bel concerto. 5. Cantano in un coro. 6. Sentite il primo atto. 7. Sopportiamo questa messinscena. 8. Non voglio andare al concerto. 9. Perché non suoni il trillo?
3. *Piace* o *piacciono*? 1. piace 2. piacciono 3. piacciono 4. piace 5. piace 6. piacciono 7. piace 8. piace 9. piacciono
4. Qual è la tonalità? 1. d 2. g 3. f 4. a 5. b 6. e 7. c
5. Quale parola non c'entra? 1. comprare (hat nichts mit Musizieren zu tun) 2. clavicembalo (ist kein Blasinstrument) 3. tempo (sagt nichts aus über die Anzahl der

Musiker) 4. tu (ist ein Personalpronomen) 5. adorato (ist im Unterschied zu den anderen drei Wörtern positiv).
6. **Le forme di *dire*** 1. dico 2. dite 3. dicono 4. dice 5. dici 6. diciamo 7. dici
7. **Traducete** 1. Nella seconda misura (io) rallento. 2. Perché non hai suonato il trillo? 3. Hai sbagliato di nuovo! 4. I lieder di Brahms non mi piacciono. 5. Cantami la scala di Do maggiore! 6. Dovete esercitarvi di più! 7. Dopo il forte hai un pianissimo. 8. Un bemolle? Quindi il brano è in Fa maggiore. 9. Cinque diesis? Non lo so suonare. (Non so suonarlo.)

Pratica 9 B

1. **Ditelo al passato** 1. La cantante è andata alla prova. 2. Il maestro è stato al teatro. 3. Perché la guardarobiera non è passata? 4. Gli spartiti sono spariti. 5. Il maestro è venuto al mio concerto. 6. Sei tornato prima dello spettacolo, Giorgio? 7. Noi siamo andate a cena. 8. I miei allievi sono stati molto bravi. 9. Francesca non è venuta alla prima.
2. **Conoscete gli infiniti?** 1. vedere 2. chiedere 3. aprire 4. dirigere 5. dire 6. fare 7. essere 8. venire 9. prendere 10. chiudere 11. vivere
3. ***Essere* o *avere*?** 1. Hai sbagliato tutto! 2. Ti ho accompagnato al pianoforte. 3. Perché non siete tornati/e a casa? 4. I pianisti non sono venuti alla prova. 5. Chi ha diretto il concerto? 6. Non abbiamo fatto il decrescendo. 7. Avete sentito la trasmissione alla radio? 8. Perché non hai detto niente al regista? 9. Turiddu è andato a casa di Lola.
4. **Sostituite i sostantivi** 1. la 2. lo 3. li 4. le 5. la 6. li 7. li 8. le 9. li 10. le 11. la 12. lo 13. li 14. la 15. lo 16. la 17. li 18. lo
5. **Colloquio tra musicisti** 1. No, non l'ho fatto. 2. No, non li ho suonati. 3. No, non l'ho studiata. 4. No, non le ho cantate. 5. No, non l'ho preparata. 6. No, non l'ho visto. 7. No, non l'ho guardato. 8. No, non l'ho sentito. 9. No, non li ho accompagnati.
6. **Traducete** 1. Santuzza? L'abbiamo vista in paese (al paese). 2. Turiddu ha comprato il vino. 3. La *Cavalleria rusticana* mi piace molto. 4. Questa versione è troppo alta per me. 5. Ti supplico: studia anche la parte B! 6. I tenori non mi piacciono. 7. La nuova messa in scena (messinscena)? Sì, l'ho vista. 8. Ha comprato tre biglietti per la prima. 9. Va bene, lo rifacciamo.

Lezione 10

Pratica 10 A

1. **Cosa fa oggi? Cosa farà domani?** 1. Oggi canto due arie, domani canterò venti arie. 2. Oggi studio quindici pagine, domani studierò cinquanta pagine. 3. Oggi sono a casa, domani

Soluzioni

sarò al conservatorio. 4. Oggi vedo un amico, domani vedrò il maestro. 5. Oggi suono un lied, domani suonerò un concerto. 6. Oggi vengo al teatro, domani verrò al conservatorio. 7. Oggi compro il biglietto, domani comprerò lo spartito. 8. Oggi ascolto la radio, domani ascolterò il cd. 9. Oggi supero l'esame, domani supererò il concorso. **2. Come sono le forme del futuro?** 1. La prossima settimana chiamerà il maestro. 2. Quando andrete al conservatorio? 3. I musicisti studieranno questo brano. 4. Credi che supererò l'esame? 5. Ma avrai scelto un tema! 6. Il pianista dovrà presentarsi al concorso. 7. Conosceremo tutti gli strumenti. 8. Cosa farai la prossima settimana? 9. Gli amici apriranno un negozio di musica. 10. Che cosa dirigerà il maestro? 11. Quando finirà questo spettacolo? 12. Cosa suoneranno i legni? 13. Verrai a cena? 14. Passerò la pausa al bar.
3. Passato, presente, futuro 1. canto, canterò 2. cerchi, cercherai 3. diciamo, diremo 4. lasciano, lasceranno 5. prende, prenderà 6. sentiamo, sentiremo 7. siete, sarete 8. vengono, verranno 9. vai, andrai
4. A quale gruppo appartengono ... ? 1. b, d, f 2. c, g 3. a, e, i 4. h, j
5. Quando sono nati i compositori? 1. nel milleottocentotredici 2. nel millesettecentocinquantasei 3. nel milleseicentoottantacinque 4. nel millecinquecentosettantasei 5. nel millesettecentosettanta 6. nel millenovecentootto 7. nel milleottocentotrentanove 8. nel milleottocentosessantasei 9. nel milleottocentosettantasei 10. nel millenovecentoquattro 11. nel millesettecentonovantasette 12. nel millenovecentodiciotto
6. Traducete 1. Farai il concerto la prossima settimana? 2. Dovrete esercitarvi di più. 3. Domani sera ho/avrò un concerto. 4. Devo studiare settantotto pagine! 5. Lo rifacciamo dalla misura quindici (in poi). 6. Questo cd è caro: (costa) venticinque euro! 7. L'insegnante farà anche alcune domande sulla strumentazione. 8. Prenderemo i posti in platea. 9. Devi studiare tutti gli strumenti per l'esame.
Parlando 1. trecentoquindici (315) 2. quarantadue (42) 3. duemilatrecentosette (2307) 4. ottantasei (86) 5. centoundici (111) 6. settantacinque (75) 7. seicentoquaranta (640) 8. novantuno (91) 9. 10. millenovecentoquarantasei (1946) 11. ottantotto (88) 12. trentatré (33).

Pratica 10 B
1. Trasformate al passato remoto 1. Ascoltammo la radio. 2. Andaste a vedere lo spettacolo? 3. I miei amici comprarono i biglietti. 4. Suonai il clarinetto. 5. I Berliner suonarono alla Scala. 6. Superasti l'esame? 7. Mi raccontaste la trama. 8. Il pugnale mi piagò il cuore. 9. Portarono gli strumenti in scena.
2. Combinate 1. g 2. h 3. i 4. a 5. c 6. e 7. d 8. f 9. b
3. Passato remoto o futuro? 1. Domani sera canterò al teatro. 2. Due anni fa andai a Verona. 3. Nel 1900 l'orchestra suonò la *Tosca*. 4. Un'eternità fa parlammo con gli Dei. 5. Fra un anno supererà il concorso. 6. Nel 1787 Mozart presentò il *Don Giovanni*.

Soluzioni

7. Domani ascolteranno la radio. 8. Molto tempo fa lui mi piagò il cor. 9. Ieri ti raccontai la trama dell'opera.
4. Quale parola non c'entra? 1. domanda (ist keine Zeitangabe) 2. docile (ist keine Tempobezeichnung) 3. senza (dient nicht der Erläuterung eines Notentextes) 4. corno (ist kein Holzblasinstrument) 5. odori (gehört zu keiner Instrumentengruppe).
5. Fra e fa 1. Un anno fa cantai alla Scala. 2. Due settimane fa andarono alla prima. 3. Alcuni anni fa ti raccontò la storia. 4. Poco fa foste molto contenti. 5. Alcuni giorni fa suonammo al teatro. 6. Tre anni fa fosti un tenore molto bravo. 7. Alcune settimane fa andai in Italia. 8. Alcune ore fa ti scaldasti la voce. 9. Poco fa furono a casa.
6. Traducete 1. Wo sind die schönen Momente 2. der Süße und der Freude; 3. wohin gingen die Schwüre 4. dieses verlogenen Mundes? 5. Warum nur, wenn in Weinen und Qualen 6. für mich sich alles verwandelt hat, 7. (verschwand) die Erinnerung an jenen Schatz (meinen Schatz) 8. nicht aus meinem Busen?

Lezione 11

Pratica 11 A
1. Come sta? 1. stai 2. stanno 3. sta 4. state 5. sta 6. sta 7. stanno 8. stai 9. state
2. Come sono le forme del gerundio? 1. parlando 2. capendo 3. andando 4. chiudendo 5. dicendo 6. accompagnando 7. sentendo 8. prendendo 9. facendo
3. Trasformate al gerundio 1. Sto andando al conservatorio. 2. Il soprano sta cantando. 3. Stiamo preparando una messa in scena. 4. State imparando dai maestri antichi. 5. Ma cosa stai dicendo, Susanna? 6. State parlando dell'interpretazione? 7. Il maestro sta lavorando molto. 8. Violetta sta piangendo. 9. Sto parlando in questo momento.
4. In quale periodo scrivono …? 1. c, i, l 2. f, g 3. d, e, h, j 4. a, b, k
5. Mettete l'avverbio 1. semplicemente 2. certamente 3. brevemente 4. lentamente 5. letteralmente 6. velocemente 7. ardentemente 8. dolcemente 9. veramente
6. Come sono i pronomi del dativo? 1. Le dai lo spartito, per favore? 2. Perché non gli telefonate? 3. Vi piace il *Tristano*? 4. Gli devi dire qualcosa! 5. Le posso fare una domanda? 6. Mi canti un'aria di Mozart? 7. Chiedigli perché non suona più! (chiedi + gli = chiedigli!) 8. Ti compriamo un nuovo cd. 9. Le puoi dare la prima pagina?
7. Traducete 1. La qualità della musica dipende da molti fattori. 2. Le diamo certamente un biglietto omaggio. 3. Sto preparando il *Tristano*. 4. Ti spiego i maestri antichi. 5. Stai imparando/studiando »Gli affetti nella musica barocca«? 6. La ringrazio per l'intervista. 7. Ti aiuta quest'esperienza? 8. Dipende semplicemente dalla partitura. 9. Come stanno i musicisti?

Soluzioni

Parlando er/sie sang/singt/wird singen, sie hörten zu/hören zu/werden zuhören, sie hörten/hören/werden hören, er/sie arbeitete/arbeitet/wird arbeiten, sie riefen/rufen/werden rufen, er/sie lernte/lernt/wird lernen, sie verlangsamten/verlangsamen/werden verlangsamen

Pratica 11 B
1. Traducete il gerundio in tedesco 1. Da ich den Grafen kenne, weiß ich, dass er ein Don Giovanni ist. 2. Wenn ich diese Arie höre, vergesse ich alles. (Beim Hören dieser Arie ...) 3. Da er ein guter Musiker ist, hat er schon einige CDs gemacht. 4. Wenn man will, kann man auch ins Konzert gehen. 5. Da Aida eine Sklavin ist, kann sie nicht wählen (hat sie keine Wahl). 6. Wenn wir so viele Pausen machen, werden wir mit dieser Arbeit nie fertig. 7. Während wir vom Libretto sprachen, sind wir zur Bar gegangen. 8. Da ihr in Mailand lebt, könnt ihr immer in die Scala gehen. 9. Da er (sie) eine schöne Stimme hat, kann er (sie) am Wettbewerb teilnehmen.
2. Com'è il superlativo assoluto? 1. bravissima 2. difficilissima 3. carissimo 4. intelligentissimo 5. fedelissima 6. interessantissima 7. nuovissimo 8. dolcissima 9. brevissima
3. Trasformate dal Lei al Voi 1. Volete ballare? 2. Vi suonerò la chitarra. 3. Vi insegnerò la capriola. 4. Volete venire? 5. Vi rovescerò le macchine. 6. Saprò spiegarVi ogni arcano. 7. Non dovete scherzare. 8. Vi canterò una cavatina. 9. Non Vi darò la mia Susanna.
4. Fate la comparazione di ... 1. più cara, la più cara 2. più contento, il più contento 3. più moderni, i più moderni 4. più severo, il più severo 5. più vere, le più vere 6. più amorosa, la più amorosa 7. più giovane, il (la) più giovane 8. più veloce, il (la) più veloce 9. più nuovi, i più nuovi
5. Diminuite con »etto« 1. il cornetto 2. la bottiglietta 3. la casetta 4. il labbretto 5. la musichetta 6. l'operetta ... **con »ino«** 7. la sonatina 8. il piedino 9. il teatrino 10. la vocina 11. il tavolino
6. Traducete 1. Essendo entusiasta del *Tristano* vado alla prima. 2. Le insegnerò quest'aria. 3. Come canta male il soprano! Che vocina! 4. Suoneremo i brani più semplici. 5. Ha una bocca bellissima! 6. Conoscendo bene la musica barocca supererà l'esame. 7. È ancora molto giovane (giovanissimo), ma già un musicista bravissimo. 8. Quando le dai la partitura? 9. *Così* è l'opera più bella del mondo.

Soluzioni

Lezione 12

Pratica 12 A
1. **Trasformate dal presente all'imperfetto** 1. spiegavo 2. improvvisava 3. dipendeva 4. suonavano 5. Era 6. costava 7. Dovevi 8. Eravamo 9. sopportavi
2. **Combinate** 1. d 2. e 3. f 4. a 5. c 6. g 7. b
3. **Presente – Imperfetto – Futuro** 1. ero – sarò 2. accompagnava – accompagnerà 3. facevi – farai 4. Ascoltavamo – Ascolteremo
5. Desideravate – Desidererete (Die Futurform klingt so, als sei ein *er* zu viel, aber es stimmt: desider-are – desider-erete.) 6. suonava – suonerà 7. Facevo – Farò 8. suonava – suonerà 9. vedevano – vedranno
4. **Vero o falso?** 1. no 2. sì 3. no 4. no 5. sì 6. sì 7. sì
5. **Singolare o plurale?** 1. Si affrontavano due temi. 2. Si cantavano due arie. 3. Si suonavano due brani di Schubert. 4. Si chiudevano due negozi. 5. Si cercavano due tenori. 6. Si raccontavano due storie. 7. Si studiavano due partiture.
Im Präsens: 1. affronta – affrontano 2. canta – cantano 3. suona – suonano 4. chiude – chiudono 5. cerca – cercano 6. racconta – raccontano 7. studia – studiano
Im Futur (für die Superfleißigen): 1. affronterà – affronteranno 2. canterà – canteranno 3. suonerà – suoneranno 4. chiuderà – chiuderanno 5. cercherà – cercheranno 6. racconterà – racconteranno 7. studierà – studieranno
6. **Su + articolo** 1. sulla 2. sugli 3. sulla 4. sui 5. sul 6. sui/sulle 7. sul 8. sulla 9. sui
7. **Traducete** 1. Quest'opera è su libretto di Piave (del Piave). 2. Tutto dipendeva dai cantanti. 3. Spesso la notazione non era specificata. 4. La prassi esecutiva è un tema complicatissimo. 5. Tutti i musicisti erano insoddisfacenti?/Erano insoddisfacenti tutti i musicisti? 6. Una volta cantavo solo Mozart. 7. Ci interessavamo di musica antica. 8. Ma cosa dicevano i musicisti del barocco? 9. (Lui) Non sopportava semplicemente la sua voce.

Pratica 12 B
1a. Rispondete alle domande 1. Sì, lo udii. 2. Sì, la cantai. 3. Sì, lo capii. 4. Sì, lo lasciai. 5. Sì, lo sentii. 6. Sì, la raccontai. 7. Sì, lo sopportai. 8. Sì, lo tradii. 9. Sì, la invitai.
1b. Rispondete alle domande 1. Udiste il liuto? – Sì, lo udimmo. 2. Cantaste l'aria? – Sì, la cantammo. 3. Capiste il libretto? – Sì, lo capimmo. 4. Lasciaste il conte? – Sì, lo lasciammo. 5. Sentiste il concerto? – Sì, lo sentimmo. 6. Raccontaste la storia? – Sì, la raccontammo. 7. Sopportaste il tenore? – Sì, lo sopportammo. 8. Tradiste il maestro? – Sì, lo tradimmo. 9. Invitaste la signora? – Sì, la invitammo.
2. Mettete le forme del passato remoto 1. Portammo 2. scaldasti 3. Scoprii 4. Suonarono 5. aprì 6. Andaste 7. Superaste 8. accompagnarono 9. capimmo

Soluzioni

3. Come si dice oggi? 1. h 2. e 3. g 4. b 5. f 6. i 7. d 8. a 9. c
4. Trasformate dal passato prossimo al passato remoto 1. Andai 2. Parlammo 3. Capisti 4. sparirono 5. Telefonaste 6. Sentirono 7. spiegò 8. studiaste 9. Preparai
5. Non confondete 1. Busen – Zeichen 2. heute – jede/r/s 3. leise, sacht, langsam – Weinen 4. heiter – Laute 5. führen, lenken – (an-)schauen 6. gefügig – süß, sanft 7. hoch – andere/r/s 8. fragen, verlangen – schließen 9. Chor – Herz
6. Traducete 1. Die Musiker schwiegen als der Dirigent die Partitur öffnete (geöffnet hat). 2. Man hörte (hat gehört) die sanften Stimmen des Chors. 3. Es war Nacht als ein Troubadour die Laute spielte (gespielt hat). 4. Man hörte (hat gehört wie ... erklangen) melancholische Verse in der Luft erklingen. 5. Man spielte (die) Konzerte mit alten Instrumenten. 6. Die Examensthemen waren hochkompliziert. 7. Hörtest du (Hast du gehört) den süßen (sanften) Gesang meiner Liebe? 8. Die Männer (wichen) gaben sofort auf. 9. Ich existierte (lebte) nur einen heiteren Tag (lang).

Lezione 13

Pratica 13 A
1. Non ... niente, mai, nessuno ... 1. Non compro niente. 2. Non conosco nessuno. 3. Non vado più alla prova. 4. Non canto mai. 5. Non ripeto con nessuno. 6. Non studio niente. 7. Non c'è nessuno. 8. Non finisce mai. 9. Non vedo niente.
2. Trasformate dal presente al passato prossimo 1. Non ha mai provato. 2. Non avete ripetuto niente. 3. Non abbiamo neanche guardato. 4. Non ho conosciuto nessuno. 5. Non sono più andati/e al concerto. 6. Non ho neppure fatto la pausa. 7. Non avete più suonato. 8. Non ho mai ascoltato la radio. 9. Non ha nemmeno aiutato il maestro.
3. Mettete il participio passato irregolare 1. detto 2. taciuto 3. messo 4. vinto 5. aperto 6. vissuto 7. pianto 8. scoperto 9. visto
4. Quale parola non c'entra? 1. arcano (heißt »geheim«, »Geheimnis« und passt nicht zur heiteren Entspannung der übrigen drei Wörter) 2. prassi (die »Praxis« allein hat nichts mit dem Konzert- oder Theaterbetrieb zu tun) 3. provato (ist als einziges Partizip Perfekt regelmäßig) 4. fiasco (ist keine musikalische Form) 5. pianto (das Weinen beschreibt keine theaterspezifischen Orte) 6. guardò (ist die einzige Form im historischen Perfekt; die übrigen sind Futurformen).
5. Sostituite con *ci* 1. Non ci credo! 2. Non ci torniamo. 3. Domani ci sarò certamente. 4. Ci dirige *L'oro del Reno*. 5. Ci andiamo? 6. Ci sto lavorando. 7. Ci passo una settimana. 8. Quando ci vai? 9. Non ci andare!/Non andarci!
6. Traducete 1. Sabato sono andato in (un) albergo con la mia amante. (...con la mia amante in [un] albergo.) 2. Purtroppo mia moglie è molto gelosa. (...è molto gelosa mia moglie.) 3. Non crede più alle mie storie. 4. Ma perché il direttore d'orchestra

(maestro) ha disdetto la prova proprio oggi (proprio oggi la prova)? 5. La prova generale è giovedì. 6 Avete ripetuto le parti difficili con il maestro sostituto? 7. Quando andate al bar? Ci andate subito? 8. Non mi ha visto nessuno, ma l'albergo ha telefonato a casa mia. 9. Oddio! Non ho mai messo le corna a mia moglie!

Pratica 13 B
1. **Quali forme corrispondono?** 1. e 2. d 3. i 4. f 5. g 6. b 7. a 8. c 9. h
2. **Mettete la forma del passato remoto** 1. Suonammo 2. diede/dette
3. piacque 4. nacque 5. diedi/detti 6. chiusero 7. Invitammo 8. dicesti
9. vide
3. **Coniugate l'aria di Tosca**
tu: 1. *Vivesti* d'arte, *vivesti* d'amore, 2. non *facesti* male ad anima viva!
3. Con man furtiva 4. quante miserie *conoscesti*, *aiutasti*. 5. Sempre con fe' sincera
6. *desti* fiori all'altar. 7. *Desti* gioielli 8. della Madonna al manto, 9. e *desti* il canto
10. agli astri, al ciel, che ne ridean più belli.
lui/lei: 1. Visse, visse 2. fece 4. conobbe, aiutò 6. diede/dette 7. Diede/Dette 9. diede/dette
noi: 1. Vivemmo, vivemmo 2. facemmo 4. conoscemmo, aiutammo 6. demmo 7. Demmo 9. demmo
voi: 1. Viveste, viveste 2. faceste 4. conosceste, aiutaste 6. deste 7. Deste 9. deste
loro: 1. Vissero, vissero 2. fecero 4. conobbero, aiutarono 6. diedero/dettero 7. Diedero/Dettero 9. diedero/dettero
4. **Rispondete alle domande** 1. sì 2. no 3. no 4. no 5. sì 6. no 7. sì 8. no 9. sì
5. **Sostituite con *ne*** 1. Ne parliamo. 2. Ne ho bisogno. 3. Non ne sapete niente. 4. Ne foste entusiasti. 5. Ne ho sentito parlare. 6. Cosa ne sapevi? 7. Ne prendo un po'. 8. Ne avete bisogno? 9. Ne ha parlato.
6. **Traducete** 1. Den Sternen des Himmels gabst du Juwelen. 2. Unsere Gebete stiegen zum Himmel auf. 3. In der Stunde des Schmerzes lachte ich nicht. 4. Tosca kannte (lernte) viel Elend (kennen). 5. Ich legte Blumen zu Füßen der Madonna. 6. Ihr tatet niemandem weh (ein Leid an). 7. Im Hotel sah ich deine Geliebte. 8. Mozart lebte in Salzburg. 9. Die Kenner lachten.

Lezione 14

Pratica 14 A
1. **Trasformate le frasi al congiuntivo** 1. faccia 2. abbiano 3. siano 4. abbiano 5. facciate 6. abbia 7. sia 8. abbia 9. faccia
2. **Quali forme corrispondono?** 1. h 2. d 3. i 4. a 5. g 6. b 7. e 8. c 9. f

Soluzioni

3. Quale parola non c'entra? 1. viennese (bezeichnet keine Nationalität, sondern die Herkunft aus einer Stadt: Wien) 2. ingenuo (hängt nicht unbedingt mit dem Dirigentenberuf zusammen) 3. domani (bezeichnet als einziges Wort keinen Wochentag) 4. andare (ist das einzige Verb der Bewegung) 5. corno (ist das einzige Instrument in der Reihe).
4. Di dove sono …? 1. i violini italiani 2. la cantante austriaca 3. il frac inglese 4. i baritoni tedeschi 5. la musica francese 6. le chitarre spagnole 7. il conservatorio svizzero 8. i bassi russi 9. la filarmonica americana
5. Rispondete alle domande 1. (Il teatro dell'opera lirica a Milano) si chiama »La Scala«. 2. (Il direttore che non ha un contratto fisso per un'orchestra) si chiama »direttore ospite«. 3. (Il direttore d'orchestra dà l'attacco con) la bacchetta. 4. (Quattro settimane sono) un mese. 5. (Il giorno dopo martedì) si chiama »mercoledì«. 6. (Oggi) si dice »sempre«. 7. Conosco il violino, la viola, il violoncello. (Das sind zumindest die Streichinstrumente, die Sie bisher im Buch kennengelernt haben.)
6. Traducete 1. Il concerto è cancellato. 2. Spero che (tu) abbia un contratto fisso. 3. Non crediamo che sia difficile realizzare un lavoro produttivo. 4. Il direttore ospite non dà mai l'attacco con la bacchetta. 5. Spera che i musicisti facciano una pausa. 6. Penso che i newyorkesi abbiano ragione. 7. Il tenore spagnolo canta solo musica da camera. 8. Credi che il direttore musicale abbia un'amante? 9. La messa in scena sarà una bella sorpresa.

Pratica 14 B

1. Com'è il congiuntivo? 1. preveda 2. possiate 3. regniate 4. venga 5. diriga 6. sappiamo 7. prendano 8. nasca 9. vada
2. Trasformate le frasi al congiuntivo 1. Credo che Muti non voglia andare a N.Y. 2. Credo che il diletto nasca. 3. Credo che il maestro non sappia niente. 4. Credo che Giulia debba superare l'esame. 5. Credo che i musicisti mi diano lo spartito. 6. Credo che il soprano non capisca la partitura. 7. Credo che gli piaccia la musica barocca. 8. Credo che (voi) sentiate la sua bella voce. 9. Credo che (tu) possa cantare alla Scala.
3. Completate le frasi 1. Si colmi 2. nasca; muoia 3. si/s'involino 4. folleggi; regni
4. Rispondete alle domande 1. sì 2. no 3. sì 4. sì 5. no 6. no 7. sì
5. Ditelo in modo più diretto 1. Taccia durante lo spettacolo! 2. Compri lo spartito! 3. Vada al teatro! 4. Finisca questo lavoro! 5. Parli con il maestro! 6. Chieda alla guardarobiera! 7. Faccia la fila per i biglietti! 8. Prenda la bacchetta! 9. Stia sul podio!
6. Quale forma non c'entra? 1. apra (die beiden anderen sind Vergangenheitsformen) 2. prenda (die beiden anderen sind Futurformen) 3. comprate (die beiden anderen stehen in der 1. Person Plural) 4. dice (die beiden anderen sind Konjunktiv- bzw. Imperativformen) 5. aprire (die beiden anderen Formen sind im Futur konjugiert) 6. sentano (die beiden anderen Formen stehen im Indikativ).
7. Traducete 1. Dein Herz möge sich mit Liebe (er)füllen! (…erfülle sich …) 2. Wir wollen, dass euch die Aufführung gefällt. 3. Ich will nicht, dass meine Frau einen

Soluzioni

Liebhaber hat. 4. Die Schweizer sind zufrieden, dass man eine Händeloper realisiert (macht, umsetzt …). 5. Geben Sie den Einsatz, Maestro Sinopoli! 6. Genießen wir den Champagner, der dem Herzen neues Leben schenkt. 7. Hass und Verachtung sind zwei Affekte der Barockmusik. 8. Ich glaube, dass es die Affekte auch in der Oper des 19. Jahrhunderts gibt. 9. Ich denke, dass man in diesem Jahr zwei Verdiopern macht.

Lezione 15

Pratica 15 A

1. **Ditelo con il condizionale** 1. Mi daresti il tuo biglietto? 2. Ma al teatro guadagnereste di più! 3. Vorresti il libretto? 4. Prenderebbe anche un posto in galleria? 5. Potrebbero andare al festival. 6. Non mi lamenterei mica! 7. Suoneresti questo brano difficile? 8. Realizzeremmo anche questo spettacolo. 9. Sareste proprio felici.

2. **Combinate** 1. d 2. i 3. e 4. f 5. g 6. h 7. a 8. c 9. b
3. **Mettete i pronomi doppi** 1. Gliele canteresti? 2. Me lo darebbe? 3. Ce la spiegherebbe? 4. Te le metterebbe? 5. Me lo mostreresti? 6. Gliela racconterebbe? 7. Ce lo suonereste? 8. Glielo darebbe? 9. Me li venderesti?
4. **Come si dice oggi?** 1. f 2. h 3. a 4. i 5. d 6. c 7. e 8. g 9. b
5. **Spostate i pronomi doppi** 1. a. Puoi regalarmelo? b. Regalamelo! 2. a. Vuoi spiegarglielo? b. Spiegaglielo! 3. a. Devi comprarcela? b. Compracela! 4. a. Vuoi cantarmeli? b. Cantameli! 5. a. Puoi chiamarmela? b. Chiamamela! 6. a. Devi venderglielo? b. Vendiglielo! 7. a. Puoi aprircela? b. Apricela! 8. a. Sai spiegarmelo? b. Spiegamelo! 9. a. Devi darglieli? b. Daglieli!
6. **Traducete** 1. Sarebbe una sorpresa bellissima (una bellissima sorpresa)! 2. Mio padre me li dà sempre, i biglietti (in) omaggio. 3. Vorresti la partitura del maestro? 4. Per questi biglietti fareste la fila anche voi (anche voi fareste la fila). 5. Preferisci andare al Rossini Opera Festival (festival di Rossini). 6. Non mi lamenterei mai! 7. Händel non suonerebbe quest(o) ornamento. 8. Voglio/Vorrei lo spartito! Regalamelo! 9. Vuoi comprargliela, la viola?

Pratica 15 B

1. **Combinate** 1. c, f, h 2. e, f, h 3. f, h 4. b, i 5. g 6. h, (f, e) 7. a 8. d 9. b, i
2. **Trasformate al congiuntivo imperfetto** 1. Credevo che fosse un musicista bravo. 2. Pensavo che lei andasse a New York. 3. Speravo che tu avessi ragione. 4. Speravo che lei vincesse il concorso. 5. Credevo che lui volesse un'altra donna. 6. Pensavo

Soluzioni

che lei dirigesse l'*Aida*. 7. Credevo che loro non venissero. 8. Speravo che fosse un piacere. 9. Speravo che voi faceste la fila.
3. Mettete le forme del congiuntivo imperfetto 1. affrontassi 2. fosse 3. suonassi 4. studiaste 5. esagerassi 6. avessi 7. lavorassero 8. cancellassimo 9. avverasse
4. Quale parola non c'entra? 1. tenore (passt nicht zu den übrigen Begriffen, die um die künstlerische Arbeit kreisen) 2. amico (ist kein Verwandter) 3. trillo (ist eine Verzierung und hat mit den übrigen Theaterbegriffen nichts zu tun) 4. onor (heißt »Ehre« und ist keine Zeitangabe) 5. odio (hat als einziger Begriff nichts Angenehmes, Vergnügliches) 6. spegnere (hat nichts mit »Hören« zu tun).
5. Che cosa farebbe se ... ? 1. ... aprirei una bottiglia di champagne 2. sceglierei un insegnante italiano 3. non lavorerei più 4. studierei filosofia 5. farei musica antica 6. vorrei vedere la *Valchiria* 7. suonerei musica jazz 8. sarei più brava 9. potrei sentire una trasmissione
6. Traducete 1. Wenn ich wählen könnte, wäre dieser (jener) Krieger mein Traum. 2. Wäre ich (doch) mit dir im königlichen Heim (Herberge, Bleibe)! 3. Wenn ich dir helfen würde (wenn du dir helfen würdest), müsstest du nicht zum höchsten Gericht gehen. 4. Ich glaube, dass du dir wünschen würdest (wünschtest), zum Festival zu gehen. 5. Wenn ich Aida liebte, würde meine Wut Radames auslöschen. 6. Ich schenkte (würde schenken) sie Euch, die Ehre, wenn Ihr wolltet. 7. Ich hoffte, er gäbe (würde mir geben) mir den Dolch. 8. Wenn ich die ganze Partitur lernen müsste, würde ich nie fertig. 9. Ich könnte sie dir schenken, meine Geige.

Lezione 16

Ripetizione
1. Qual è la soluzione corretta? 1. c 2. b 3. a, b 4. c 5. b, c 6. b 7. c 8. a 9. a, c
2. Mettete al passato remoto 1. Andammo a Salisburgo. 2. Gli strumenti sparirono. 3. Superasti l'esame? 4. Conoscemmo Abbado. 5. Il tenore venne al conservatorio. 6. Vissi d'arte. 7. I musicisti non dissero niente. 8. Rallentasti in questa misura? 9. Lo scenografo fece l'allestimento.
3. Mettete al plurale 1. I maestri non faranno le interviste. 2. I compositori cancelleranno queste misure. 3. Le cantanti apriranno gli spartiti. 4. Le discussioni saranno difficili. 5. Gli intenditori ascolteranno le trasmissioni. 6. I musicisti dovranno improvvisare. 7. Gli allievi prepareranno bene questi brani. 8. I direttori ripeteranno i movimenti. 9. I registi non realizzeranno gli spettacoli.
4. Esercizio di ascolto e traduzione 1. sia 2. sia 4. risponda
1. Der Wind sei sanft (möge/soll sanft sein), 2. die Welle sei ruhig (möge/soll ruhig sein). 3. Und jedes Element 4. erfülle gütig 5. unsere Wünsche.

Soluzioni

5. Periodo ipotetico 1. Se avesse un contratto, guadagnerebbe meglio. 2. Se si esercitasse, potrebbe fare il concerto. 3. Se si preparasse, supererebbe l'esame. 4. Se vincesse, sarebbe felice. 5. Se capisse la musica, non dirigerebbe così. 6. Se fosse il regista, farebbe lo spettacolo. 7. Se ascoltasse meglio, imparerebbe qualcosa. 8. Se si arrendesse, morirebbe presto. 9. Se avesse un'amante, la moglie lo saprebbe.

6. Gruppi di tre parole pianissimo – piano – forte; anno – settimana – mese; carta di credito – guadagnare – soldi; lui – ei – egli; regista – messa in scena – regia; scena – platea – galleria; giovedì – sabato – domenica; luna – stella – astro

7. Traducete 1. Ach, komm ans Fenster, mein Schatz. 2. Ach komm, um mein Weinen zu trösten. 3. Wenn du es mir verweigerst, mir etwas Trost zu schenken (geben), 4. will ich vor deinen Augen sterben! 5. Du, die du einen (den) Mund hast, (der) süßer als Honig (ist), 6. du, die du den Zucker mitten im Herzen trägst! 7. Sei, meine Freude, nicht grausam mit mir! 8. Lass dich wenigstens blicken (Zeige dich), meine schöne Liebe!

8. La posizione dei pronomi doppi 1. a, c 2. c 3. b, c 4. a, b 5. b, c 6. c 7. a 8. b 9. b

Citazioni

Nachweis der Opern- und Arienzitate

Nr. Oper/Werk	Komponist	Librettist	Opernfigur	Akt/Szene
Lezione 1 B				
1. Don Giovanni	Mozart	Da Ponte	Zerlina	I./16
2. La Bohème	Puccini	Illica/Giacosa	Rodolfo	II./-
3. La Bohème	Puccini	Illica/Giacosa	Mimì	IV./-
4. »Vedi quanto adoro«	Schubert	Metastasio	-	-
5. Don Giovanni	Mozart	Da Ponte	Leporello	II./14
Lezione 2 B				
1. Rigoletto	Verdi	Piave	Rigoletto	I./8
2. Don Giovanni	Mozart	Da Ponte	Donna Anna	I./11
3. Così fan tutte	Mozart	Da Ponte	Don Alfonso	I./12
4. La Bohème	Puccini	Illica/Giacosa	Mimì	I./-
5. Rigoletto	Verdi	Piave	Duca	III./1
6. La Traviata	Verdi	Piave	Germont	II./5
7. Turandot	Puccini	Adami/Simoni	Chor	I./-
Lezione 3 B				
1. Così fan tutte	Mozart	Da Ponte	Chor	II./15
2. La Bohème	Puccini	Illica/Giacosa	Mimì	I./-
Lezione 4 B				
1. Le nozze di Figaro	Mozart	Da Ponte	Figaro	IV./8
2. Le nozze di Figaro	Mozart	Da Ponte	Cherubino	II./3
Lezione 5 B				
1. La Traviata	Verdi	Piave	Alfredo	II./1
2. La Traviata	Verdi	Piave	Germont	II./5
3. La Traviata	Verdi	Piave	Germont	II./5
4. L'elisir d'amore	Donizetti	Romani	Nemorino	I./6
5. Norma	Bellini	Romani	Pollione	I./6
6. Norma	Bellini	Romani	Norma	I./7
Lezione 6 B				
1. Turandot	Puccini	Adami/Simoni	Principe	II./2
2. Turandot	Puccini	Adami/Simoni	Principe	III./1
3. Turandot	Puccini	Adami/Simoni	Principe	III./1
4. Turandot	Puccini	Adami/Simoni	Turandot	II./2
5. Don Giovanni	Mozart	Da Ponte	Masetto	II./6

Citazioni

Nr. Oper/Werk	Komponist	Librettist	Opernfigur	Akt/Szene
6. Turandot	Puccini	Adami/Simoni	Liù	III./1
7. Don Giovanni	Mozart	Da Ponte	Leporello	I./20
Lezione 7 B				
1. Don Carlo	Verdi	Méry/Du Locle	Fillipo II.	III./1
Lezione 8				
1. »Caro mio ben«	Giordani	Giordani	–	–
Lezione 9 B				
1. Cavalleria rusticana	Mascagni	Targioni-Tozzetti	Santuzza/Lucia	–/2
Lezione 10 B				
1. Il barbiere di Siviglia	Rossini	Sterbini	Rosina	I./5
2. Le nozze di Figaro	Mozart	Da Ponte	Contessa	III./8
Lezione 11 B				
1. Le nozze di Figaro	Mozart	Da Ponte	Figaro	I./2
Lezione 12 B				
1. Il trovatore	Verdi	Cammarano	Leonora	I./1
Lezione 13 B				
1. Tosca	Puccini	Illica/Giacosa	Tosca	II./2
Lezione 14 B				
1. Macbeth	Verdi	Piave	Lady Macbeth	II./7
Lezione 15 B				
1. Don Carlos	Verdi	Méry/Du Locle	Inquisitore	III./2
2. Simone Boccanegra	Verdi	Piave	Gabriele	II./5
3. Aida	Verdi	Ghislanzoni	Radames	I./1
Lezione 16				
1. Così fan tutte	Mozart	Da Ponte	Terzett	I./6

Grammatica

Erläuterung grammatischer Begriffe

Grammatischer Begriff	Beispiel	Erläuterung
Adjektiv, aggettivo	nuovo, dolce, bello	Eigenschaftswort (bestimmt ein Substantiv näher)
Adverb, avverbio	letteralmente, dolcemente, bene	Umstandswort (bestimmt ein Verb näher)
Akkusativ, accusativo	Compro lo spartito.	4. Fall (wen oder was?)
Akkusativpronomen, pronome dell'accusativo	lo compro	Fürwort im 4. Fall
Artikel, articolo	il, la, gli, le, un, una	Geschlechtswort
Dativ, dativo	Date lo strumento al maestro?	3. Fall (wem?)
Dativpronomen, pronome del dativo	Gli date lo strumento?	Fürwort im 3. Fall
feminin, femminile	la, una, questa, signora	weiblich
Fragepronomen, pronome interrogativo	come? quando?	Fragefürwort
Futur, futuro	saprò, andremo, farete	Zukunft
Gerundium, gerundio	andando, venendo	Mittel zur Verkürzung von Nebensätzen; dient auch zur Bildung der Verlaufsform (mit *stare*)
Historisches Perfekt, passato remoto	suonai, suonasti, suonò	Historisches Perfekt
Imperativ, imperativo	guardate! guarda!	Befehlsform
Imperfekt, imperfetto	facevo, prendevano	Einfache Vergangenheit
Infinitiv, infinito	cantare, capire, suonare	Grundform
Komparativ, comparativo	più grande, più bello	Zweite Stufe der Steigerung
Konditional, condizionale	sarei, farebbe, andrebbero	Art, eine Bedingung zu bezeichnen
Konjugation, coniugazione		Beugung des Tätigkeitsworts
Konjunktiv Imperfekt, congiuntivo imperfetto	fosse, sentisse	Möglichkeitsform der Vergangenheit

Grammatica

Grammatischer Begriff	Beispiel	Erläuterung
Konjunktiv Präsens, congiuntivo presente	sia, creda, vadano	Möglichkeitsform der Gegenwart
Konsonant, consonante	b, c, d ...	Mitlaut
maskulin, maschile	il, un, uomo, questo	männlich
Modalverb, verbo modale	volere, potere, dovere	Tätigkeitswort der Art und Weise
Objekt, oggetto	Vedo *il direttore*.	Satzergänzung
Partizip Perfekt, participio passato	andato, preso, fatto	Mittelwort der Vergangenheit
Perfekt, passato prossimo	sono andato, ho comprato	Vollendete Gegenwart
Personalpronomen, pronome personale	io, tu, lui ...	Persönliches Fürwort
Plural, plurale	cantanti, pianisti, queste	Mehrzahl
Possessivpronomen, pronome possessivo	il mio, le sue, i nostri	Besitzanzeigendes Fürwort
Prädikat, predicato	Gianni va al teatro.	Satzaussage
Präposition, preposizione	a, in, di, su, con ...	Verhältniswort
Präsens	sono, andiamo, prendete	Gegenwart
Pronomen, pronome	io, gli, la	Fürwort
reflexives Verb, verbo riflessivo	interessarsi, esibirsi	Rückbezügliches Tätigkeitswort
Reflexivpronomen, pronome riflessivo	mi, ti, si, ci ...	Rückbezügliches Fürwort
Singular, singolare	una chitarra, lo spartito	Einzahl
Subjekt, soggetto	*Il maestro* prende la bacchetta.	Satzgegenstand
Substantiv, sostantivo	casa, bottiglia, maestro	Hauptwort
Superlativ	il più grande, il più bello	Dritte Stufe der Steigerung
Syntax, sintassi	Il maestro va a casa.	Satzbau
Verb, verbo	sentire, tacere, prendere	Tätigkeitswort
Vokal, vocale	a, e, i, o, u	Selbstlaut

Indice

Wo finde ich die wichtigsten grammatischen Regeln?

Adjektive	2 A, 3 A
Adverb	11 A
Akkusativpronomen	6 B, 7 A, 8, 11 A
Akkusativpronomen + Perfekt	9 B
alcuni/qualche	6 A
Anrede voi	2 B
Are-Verben	3 A, 4 A
Artikel	1 A, 1 B, 2 B, 4 A, 4 B
avere bisogno di	2 B
bello	6 B
c'è	7 A
ci	13 A
Dativpronomen	6 B, 11 A
Doppelte Pronomen	15 A
Doppelte Verneinung	13 A
Ere-Verben	4 A
Fragepronomen	4 A
Futur	10 A
Gerundium	11 A, 11 B
Historisches Perfekt	10 B, 12 B, 13 B
Imperativ	4 B, 7 A
Imperfekt	12 A, 12 B
Ire-Verben	4 B
Irrealer Bedingungssatz	15 B
Konditional	15 A
Konjunktiv Imperfekt	15 B
Konjunktiv Präsens	14 A, 14 B
Modalverben	5 A, 5 B
ne	13 B
Ordnungszahlen	3 A
Perfekt	9 A, 9 B
Plural	2 A
Possessivpronomen	3 A, 7 B

Präpositionen	
a	3 B
da	7 B, 10 A
di	5 A
in	7 A
su	12 A
quello	7 B
questo	2 A
Reflexive Verben	6 A
Reflexivpronomen	6 B
si (man)	12 A
Stammerweiterung	4 B
Steigerung	11 B
Stellung der Pronomen	6 B
Substantive	1 A, 1 B, 2 A, 12 A
tutto il ...	10 A
Unregelmäßiges Partizip Perfekt	13 A
Unregelmäßige Verben	
andare	4 A
avere	1 B, 2 A
dare	3 B
dire	9 A
dolere	6 B
essere	1 A, 2 A
fare	3 B
piacere	9 A
sapere	4 B
stare	11 A
venire	7 A
Verkleinerung	11 B
Verneinung	1 A, 7 A
Zahlen	2 A, 10 A
Zeitangaben	10 B

Immagini

Abbildungsnachweis

Agentur TOP, Michel Desjardins: 18
Artothek, Preissenberg: Bartolomeo Bettera, Musikinstrumente, Notenblätter und Bücher;
   Nr. 2964: 131
Mats Bäcker (Kungliga Operan AB, Stockholm): Christoph Willibald Gluck, Don Juan
   (Choreographie: Regina Beck-Fries, Tänzer: Göran Svalberg und Ann Brattselius,
   Aufführung vom 28. 8. 1998): 156
Christian Brachwitz (Staatstheater Kassel): Giacomo Puccini, Tosca: 185
Decca: Italian Songs. Canzoni; Cecilia Bartoli, András Schiff; Decca 440 297-2: 24
Erwin Döring, Dresden: Matthias Pintscher, Thomas Chatterton: 125
ECM Records (2000): Elogio per un'ombra, Michelle Makarski; ECM 465 337-2: 38
Deutsche Grammophon: Giacomo Puccini, La Bohème, DG 072 105-3: 45; Guiseppe Verdi,
   La forza del destino, DG 419 203-2: 67; Wolfgang Amadeus Mozart, Don Giovanni,
   DG 457 601-2: 90; Richard Wagner, Die Meistersinger von Nürnberg. Der fliegende
   Holländer. Tristan und Isolde. Götterdämmerung. Die Walküre, DG 445 571-2: 95
Thekla Hornig, Dresden: 81
Privat: 5, 7, 13, 27, 61, 75, 111, 208, 221, 237
Regina Recht, München: Johannes Brahms, Songs without words, Micha Maisky/Pavel Gililov;
   DG 453 424-2: 117
Eduard Straub, Meerbusch: Giselher Klebe, Gervaise Macquart: 200
Ruth Walz, Berlin: Alessandro Scarlatti, Griselda: 178
Alle anderen: Bärenreiter-Bildarchiv

Trackliste

Intro: Mozart, Ouverture zu *Le nozze di Figaro*; Academy of St. Martin-in-the-fields; Neville Marriner; Philips 1985

Lezione 1 und 9: Mozart, Ouverture zu *Le nozze di Figaro*; Academy of St. Martin-in-the-fields; Neville Marriner; Philips 1985
Lezione 2 und 10: Händel, *Rinaldo*; Staatskapelle Wiesbaden; Michael Hofstetter; HCA 1996
Lezione 3 und 11: Puccini, *Tosca*; Orchestra of the Royal opera house Covent Garden; Sir Colin Davis; Philips 1976/1993
Lezione 4 und 12: Monteverdi, Ballo *Movete al mio bel suon*; Heinrich Schütz Choir; Roger Norrington; Decca 1972/1992
Lezione 5 und 13: Verdi, *Otello*; Wiener Philharmoniker; Herbert von Karajan; Decca 1961
Lezione 6 und 14: Scarlatti, *Già il sole dal Gange*; György Fischer (Klavier); Decca 1992
Lezione 7 und 15: Puccini, *Turandot*; Orchestra del Teatro alla Scala; Tullio Serafin; EMI 1958
Lezione 8 und 16: Verdi, *Don Carlos*; Berliner Philharmoniker; Herbert von Karajan; EMI 1978

Hörbeispiele

Lezione 8: Giordani, *Caro mio ben*; György Fischer (Klavier), Cecilia Bartoli (Gesang); Decca 1992
Lezione 16: Mozart, *Così fan tutte*; Wiener Philharmoniker; Karl Böhm; Deutsche Grammophon 1974

Jingles Teoria/Pratica

Verdi, *Rigoletto*; London Symphony Orchestra; Richard Bonynge; Decca 1974/1982

Bärenreiter Werkeinführungen

Walter Blankenburg
Einführung in Bachs h-Moll-Messe BWV 232
(6./2001). 111 S.; Tb
ISBN 3-7618-1170-5

Alfred Dürr
**J. S. Bach
Das Wohltemperierte Klavier**
(2./2000). 459 S.; Tb
ISBN 3-7618-1229-9

Alfred Dürr
**J. S. Bach
Die Johannes-Passion**
Entstehung, Überlieferung, Werkeinführung
(4./2001). 175 S.; Tb
ISBN 3-7618-1473-9

Georg Feder
**Joseph Haydn
Die Schöpfung**
(1999). 276 S.; Tb
ISBN 3-7618-1253-1

Georg Feder informiert über historische Voraussetzungen, Entstehung, Aufführungsgeschichte und ästhetische Kritik dieses außergewöhnlichen Oratoriums und führt allgemeinverständlich in den Text und die Musik der einzelnen Sätze ein.

Alfred Dürr
**J. S. Bach
Die Kantaten**
Mit ihren Texten
(8./2000). 1.038 S.; Tb
ISBN 3-7618-1476-3

Emil Platen
**J. S. Bach
Die Matthäus-Passion**
Entstehung, Werkbeschreibung, Rezeption
(4./2000). 257 S.; Tb
ISBN 3-7618-1190-X

Die 9 Symphonien Beethovens
Entstehung, Deutung, Wirkung
Hrsg. von Renate Ulm.
(3./1999). 284 S.; Tb
ISBN 3-7618-1241-8

Christoph Wolff
Mozarts Requiem
Geschichte, Musik, Dokumente
Mit Studienpartitur
(3./2001). 255 S.; Tb
ISBN 3-7618-1242-6

Bärenreiter
www.baerenreiter.com

Neue und bewährte Literatur für Oper und Musiktheater

**Silke Leopold, Robert Maschka
Who's who in der Oper**
2. Auflage (1998) (dtv/Bärenreiter). 380 Seiten; Tb
ISBN 3-7618-1268-X

■ Alles über Don Giovanni, Aida & Co. Dieses Abc der Opernfiguren stellt alle wichtigen Handlungsträger aus vier Jahrhunderten vor, von Monteverdis ersten Meisterwerken bis zu Philip Glass.

**Rodolfo Celletti
Geschichte des Belcanto**

Aus dem Italienischen übertragen von Federica Pauli (1989). 226 Seiten mit zahlreichen Notenbeispielen; kart.
ISBN 3-7618-0958-1

■ Eine sprachgewandte, anschauliche Darstellung eines der wichtigsten Kapitel der Operngeschichte, die den Schwerpunkt auf die Entwicklung der Gesangsstimme selber setzt.

**Rudolf Kloiber, Wulf Konold, Robert Maschka
Handbuch der Oper**

8., völlig überarbeitete Neuauflage (dtv/Bärenreiter). ca. 1.200 Seiten; Tb
ISBN 3-7618-3297-4

Erscheint im Frühjahr 2002

**Catherine Clément
Die Frau in der Oper**

Besiegt, verraten und verkauft
Mit einem Vorwort von Silke Leopold. Aus dem Französischen von Annette Holoch (1994) (dtv/Bärenreiter). 326 Seiten; Tb
ISBN 3-7618-1203-5

■ Sie leiden, sie sterben und singen noch dabei. Den Heldinnen in der Oper, Isolde oder Lulu, Carmen oder Turandot, wird in der Regel übel mitgespielt. Ihr Unglück ist uns Erlebnis großer Musik. Ein faszinierender Aspekt der Oper, aufgedeckt von einer Opernenthusiastin.

»*Dass man so amüsant über Opern schreiben kann! Geistvoll, anspielungsreich und sogar ironisch.*«
(Sächsische Zeitung, Dresden)

www.baerenreiter.com